天下文化
BELIEVE IN READING

當政治成為一種產業

創造民主新制度

凱瑟琳・蓋爾
麥可・波特

THE POLITICS INDUSTRY

How Political Innovation Can Break Partisan Gridlock and Save Our Democracy

Katherine M. Gehl
Michael E. Porter

獻給我的母親。我仍然想念妳。——凱瑟琳

獻給我的孫女，Elliot Teal。願妳有美好的未來。——麥可老爹

各方推薦

一位著名商業領袖與美國頂尖商業策略家聯手，診斷我們的政治制度出了什麼問題，並開立處方。這真是及時雨。——**美國參議員羅姆尼**（**Mitt Romney**，**共和黨猶他州**）

蓋爾與波特這本大作，對我們目前的政治功能失調現象，以及實際可行的匡正之道，有深入與令人信服的分析。但願民眾與我們的領導人都能據而採取行動。——**前美國參議員貝依**（**Evan Bayh**，**民主黨印第安納州**）

這本書其實是一本行動手冊，教導美國人如何掙回我們的民主，讓我們的政治制度真正為人民、而不是為政治產業複合體工作。蓋爾與波特的寫作清晰而生動，他們對兩黨雙頭壟斷的分析極其精準，而且時機恰到好處。讀完它，然後採取行動。——**史勞特**（**Anne-Marie Slaughter**），**智庫「新美國」**（**New America**）**執行長**

蓋爾與波特這本《當政治成為一種產業》，以一種獨特架構挑戰我們政治制度的傳統。它為我們帶來一套改善我們民主政體的藍圖。無論你是名字登記在選票上的候選人，或是投票的選民，這本書都能讓我們獲益良多。——**霍布森**（Mellody Hobson），**艾瑞爾投資公司**（Ariel Investments）**共同執行長兼總裁**

這本發人深省的書解剖美國的選舉與立法機制，讓我們了解為什麼我們這個市值一百六十億美元的政治產業，讓它最重要的客戶——美國人民——大失所望。兩位作者的評估讓我們大開眼界，而他們提出的解決方案也反映了美國最精華的精神特質——創意、決心、勇氣，以及改變現狀的意志。——**舒茲**（Howard Schultz），**星巴克**（Starbucks）**名譽主席**

蓋爾與波特在這本書裡對美國政治與政府提出一項驚人指控，說美國經濟競爭力與國家福祉因它們的失敗、失職而受損。但蓋爾與波特為我們帶來的不僅僅只是分析與診斷而已。他們還提出實際可行、能結束這種毀滅性政治僵局與功能失調現狀的改革方案。這是一本熱情洋溢、即時來到的好書，值得大家拜讀。——**福斯特**（Drew Gilpin Faust），**前哈佛大學校長**

蓋爾與波特是真正的專家。他們提供的不僅是分析或冗長的評論，而是一項能帶來真正改變、讓我們變得更好的計畫。這是對美國政治的一次新檢視。——**瑟利格**（Bud Selig），**美國職棒大聯盟**（Major League Baseball）**榮譽會長**

這是我讀過的、有關我們政治分裂議題最好的一本書。蓋爾與波特帶來一種明確而令人信服的解決方案。——**沃克**（Bill Walker），**前阿拉斯加州州長**（**獨立派**）

全球各地的美國人都對美國的政治現狀沮喪不已，但沒有人敢真正採取行動加以匡正，因為這似乎是一項不可能的任務——直到你讀了這本書！——**法希**（Katie Fahey），**《時人》雜誌**（***The People***）**總編輯**

蓋爾與波特這本富有想像力、及時問世的新作《當政治成為一種產業》，從一種原創角度檢驗當今的政治功能失調現象，並提出政治創新建議以打破黨派惡鬥僵局，培養更充實、更具生產性的政治表述。——**齊默**（Robert Zimmer），**芝加哥大學校長**

太多美國人覺得我們的兩黨或民選官員不能代表我們的心聲，蓋爾與波特把這其中原委解釋得很清楚。兩黨都只是一味相互謾罵，說對方「破壞制度」。但蓋爾與波特在這本書裡沒有無謂指控，而是提出一些認真、有創意、沒有黨派色彩的改革方案。如果更多美國人能像蓋爾與波特這樣思考民主，我們的國家會比現在好得太多。——**隆威爾**（Sarah Longwell），**《堡壘》雜誌**（***The Bulwark***）**發行人**

多年來，華府的表現一直讓我深感沮喪。蓋爾與波特為我打開一盞明燈，重新點燃我的希望——想必他們也會為你帶來這樣的希望。兩人的分析太精妙了，但更重要的是，他們提出的解決方案能改變我們的政治制度。這應該是二〇二〇年最重要的一本書了。——**拉米雷斯**（Austin Ramirez），**Husco國際公司**（Husco International）**執行長**

目錄

前言——麥克·賈拉格 克莉西·郝拉漢 010
作者說明——凱瑟琳·蓋爾 麥可·波特 013
序言——麥可·波特 016
引言 021

第一部 政治競爭 039
第一章 民營產業 040
第二章 遊戲規則 070
第三章 後果與成果 100
第二部 政治創新 135
第四章 一種美國傳承 136
第五章 新遊戲規則 169
第六章 實驗室與原則 203
結語——凱瑟琳・蓋爾 236
注釋 252

前言

——共和黨眾議員麥克・賈拉格（Mike Gallagher）
（威斯康辛州，二〇一六年當選）

——民主黨眾議員克莉西・郝拉漢（Chrissy Houlahan）
（賓州，二〇一六年當選）

在擔任美國國會眾議院議員以前，我們兩人都曾在美軍服役。克莉西藉由後備軍官訓練隊（ROTC）獎學金取得史丹福大學（Stanford University）系統工程學位，在空軍服役，設計對抗彈道飛彈攻擊的防衛系統。麥克從普林斯頓大學（Princeton University）畢業後立即加入陸戰隊，在全球各地擔任情報官。我們兩人都希望能藉服務軍旅報效我們偉大的國家。

服役期間，我們都曾接觸來自各式各樣家庭背景、故事與信仰各不相同的長官與部屬。但保護祖國的這個共同目標讓我們結合在一起。服務軍旅是一大榮譽，也是我們今天繼續服務——為我們的選區、為我們的州、為我們的國家服務——的基礎。

今天，我們非常榮幸能在國會為我們的選民與我們的國家服務，但華府目前的亂象頗令我們兩人失望。像許多我們的同事一樣，我們非常沮喪。我們知道你也一樣。

身為退伍軍人，我們知道站在同一陣線、為心愛的美國而戰是什麼意義。我們的愛沒有改變。我們為心愛的美國而戰的意願也沒有改變。但為什麼現在我們不能站在同一陣線上？為什麼只因為分屬不同政黨，我們就不能分享對美國的愛，不能在許多領域和衷共濟，一起解決問題、分享成果？為什麼我們往往看起來不像同事、更像敵人？為了滿足美國人的需求，為了做到美國人對國會的期望，我們需要妥協與團隊合作，但為什麼我們像犯了集體過敏症一樣，排斥妥協與團隊合作？為什麼我們做不出造福美國人民的大事？

因為現行制度的構築為的就是分裂我們。在美國政壇，除非對方敗陣，而且是一敗塗地的慘敗，否則勝利不是真正的勝利。這種現象不應該發生，而且也不必發生。這本書可以證明這一點。

克莉西與麥克認為，「問題就出在現行制度。」最重要的是，兩人提出全面解決這個問題的特定辦法。兩人開立的處方極具威力。這道處方無分黨派，一體適用。而且它切實可行。

美國政治在近年來已經陷於功能失調與敗血的困境，新一代民選領導人不必繼續背負這種包袱。我們必須呼應我們對國家的愛，設計一種能夠服務人民而不是服務這個「政治產業複合體」（political-industrial complex）的制度。我們希望有一天，在回顧自己的公共服務生涯時，能見到我們讓所有美國人民生活得更好。

我們知道這也是你的願望。想到這種遠景就令我們興奮雀躍。這本書的問世可以說正是時機。請你與我們共襄盛舉，為了這個偉大的國家，這是我們應當做的。

作者說明

二〇二〇年疫情爆發

——凱瑟琳・蓋爾（Katherine M. Gehl）
麥可・波特（Michael E. Porter）

就在《當政治成為一種產業》出版的同時，全世界都忙著對抗一個沒有國籍、沒有臉孔的可怕敵人：冠狀病毒（COVID-19）。[1]

大城市的醫院人滿為患，醫藥補給短缺，病毒感染似乎超越了病毒檢測的速度。許多人預測經濟不景氣將接踵而至，而這對我們國家造成的衝擊會比病毒本身造成的衝擊還更嚴重。[2]

這一切似乎很不真實。

有一天，人們自會詳細檢討我們公職官員在這場危機自始至終的表現，但不是現在。現在的當務之急是「壓低染疫曲線」。而我們只能與你分享我們觀察到的三件事。

首先，這個「政治產業複合體」展現的激烈黨派鬥爭、自利與機會主義讓我們又一次失望——不過這原也不足為奇。無論情勢有多嚴重，中毒已深的政治讓我們陷於癱瘓。但我們在這一片混亂中也見到光明——某些民選與非民選政府官員挺身而出，醫療專業人士的英勇服務，全國各地志工的無私奉獻。只是我們的制度已經爛穿了核心。

其次，幾個月來讓千百萬美國人涉險的系統性失敗，更讓我們相信我們在這本書裡提出的處方非常重要。值此疫情緊迫的時刻，國會議員更加關切的仍是下一場兩黨選舉的威脅。

最後，就像冷戰、九一一事件與「大蕭條」（Great Recession）一樣，許多年以後，美國子弟也會記得當冠狀病毒疫情初次爆發時，他們人在哪裡，他們的家人發生了什麼事。這場疫病以及它的後續發展會詮釋好幾代人。但它也會重新詮釋我們的政治。

新的正常狀態來臨時，將帶來一種反思，帶來一個進行大規模、全面性改革的窗口。為了所有美國人之福，也為了紀念在疫情中喪生的人，以及千百萬世人付出的巨大犧牲，我們祈求美國人能將國家利益置於黨派之先，能投入政治創新，以健康的競爭重振我們的政治活力——並且確保我們不會又一次墜入陷阱。前進之路就擺在我們眼前。讓我們攜手並進吧！

二〇二〇年三月二十三日

序言

——麥可．波特（Michael E. Porter）

我名叫麥可．波特（Michael E. Porter），是一名經濟學者，是作者，是顧問，也是教師。我於一九七九年在《哈佛商業評論》（*Harvard Business Review*）月刊發表論文，提出了解產業競爭力的「五力」（Five Forces）架構，引發策略界的一場革命，直到今天仍在全球各地影響著商業實務與學術思考。

我在人生職涯中寫了十九本書，主題包括經濟理論與政策、競爭與競爭優勢、國家與州競爭力與經濟發展、醫療保健交付，以及商業策略。我其實從未想過有一天會寫到美國政治這個主題。但拜凱瑟琳．蓋爾（Katherine Gehl）之賜，這一切都改變了。

我過去對政治沒什麼興趣——我整天忙著政策與策略，忙著與全球各地的公司與國家領導人合作，一起實踐政策與策略。對我來說，政治「遊戲」大體上就像噪音一樣。我認為，發展優質公共政策是最大挑戰。我們如果能做到這一點，好的政策自會應運而生。像許多人一樣，我對政治的參與，基本上就是投票日去投票，然後希望我支持的那位總統或州長候選人能將我們再次帶上正軌。現在回顧起來，我對我們政治體系的停擺早已麻木不仁。[1]

當我將注意力再次轉回美國經濟政策時，這種現象開始轉變。自二〇一〇年起，我與瑞夫金（Jan W. Rivkin）教授共同主持「美國競爭力方案」（U.S. Competitiveness Project），這是哈佛商學院（Harvard Business School）推出的一項多年期研究計畫，目的在了解美國早自大蕭條以前很多年起，經濟表現一直不佳的基本原因。美國國力雖說仍然很強，競爭力卻在持續下降。很可能你也有同感：我們有各式各樣的弱點，教育、工人技能、複雜的規範、逐漸崩潰中的基礎設施等等，都是我們面對的挑戰。

但經濟議程只是政府的半個職責。另一半是社會議程。我在二〇一三年與史登（Scott Stern）等人合作，開發了「社會進步指數」（Social Progress Index）。這是一項新架構，目的在對世界各國的關鍵性社會、環境與生活品質指標，進行客觀評估與比較。我們發現了一些大多數美國人沒有察覺的事：就像我們的經濟競爭力持續下降一樣，在許多社會績效上，包括我們珍視、開創的一些領域，我們也在逐漸落後。這種社會績效的下降也導致我們的經濟挑戰——尤其是社會不公的現象。

我們將美國競爭力方案從診斷階段推進至行動階段時，我和哈佛商學院的同事提出所謂的「八點計畫」，列舉重振美國經濟競爭力所需的最緊迫的政策優先事項。我多次走訪華府，會晤國會議員，他們也一致同意我們該做些什麼。

但什麼也沒做。沒有結果。幾十年來的基本經濟衰退已經對美國人的機會與生活水準造成巨大衝擊，我們精心開立的政策處方可以扭轉這種頹勢，但為何會彷彿石沉大海、不見改革？我們的計畫已經在閉門會議中獲得兩黨支持，但為何會遲遲不見公開立法行動？

我大惑不解。

但凱瑟琳心知肚明。她是高層政治與政治改革老手。已經走過她所謂的「政治悲哀五階段」，是為我帶來政治啟蒙的理想導師。凱瑟琳已經將黨派政治拋在腦後，深深投入政治創新。但我們兩人在政治上的合作始於一項商業挑戰。

凱瑟琳在二〇一三年要我為她的公司提供策略顧問。她是蓋爾食品（Gehl Foods）的社長兼執行長。蓋爾食品設在威斯康辛州，是一家市值兩億五千萬美元的高科技食品製造公司。這家以百餘年創新自豪的老店當時正面臨市值急遽縮水的威脅。為保護父親的遺產，讓這家公司再旺百年，凱瑟琳領導員工力謀轉虧為盈。我當時並不知道，就在我們運用「五力」與其他競爭分析工具為蓋爾食品分析、發展一項策略的同時，凱瑟琳也在進行一項她稱為「政治產業」的分析。

凱瑟琳認為，競爭力架構與其他用來了解產業競爭的工具，也可以用來解析美國政治的真相。她的這項領悟就是這本書的基礎。凱瑟琳隨後說服了我，讓我相信政治不是一種再嚴密的分析也看不穿、不能觸碰的圈內人遊戲。她大膽認定，只需揭開政治神祕面紗，只需像觀察任何產業一樣觀察它，我們就可以整頓美國政治。

凱瑟琳在二〇一五年賣了她的公司，部分原因也是為了將更多時間投入政治創新。沒隔多久她就邀我與她合作寫一篇論文。我對政治雖說一竅不通，但也願意一試。哈佛商學院於二〇一七年發表我們的報告：〈為什麼美國在政治產業競爭上落敗〉（Why Competition in the Politics Industry Is Failing America）。這是一篇論點擲地有聲、發人深省的報告。我就這樣上了鉤。

我跟凱瑟琳的夥伴關係，完全不在我的預料中。但撇開命運不談，一旦構想成為報告，報告成為書，而書——我們希望——成為帶來大改革的基礎，原創故事能以一種有趣的方式自我重寫。

人們常以為我是這些構想的原創人。我不是。凱瑟琳才是「政治產業理論」（Politics Industry Theory）以及我們在這本書裡提出的政治創新策略的原創人。她同時也是在全美各地宣揚、實踐這些構想的推手。我以能夠參與其中為榮。

最後還有一件事：這本《當政治成為一種產業》是我的第二十本書。我沒有就此封筆的打算，但幾十年來，攸關公司與國家興衰、影響幾代學生、協助商界與政府領導人的策略思考，始終是我的人生職涯核心——我想這本書很可能是我最重要的一本書。為什麼？因為就在美國面臨最緊要關頭的今天，這本書談的是解決方案，是採取行動、達到成果。這本書是打破黨派政治僵局、拯救我們民主的藍圖。你會在書中讀到，美國人過去也曾成就這樣的大事。

凱瑟琳與我會告訴你，我們該如何再創佳績。

引言

二○○五年，著名作家大衛・福斯特・華萊士（David Foster Wallace）在凱尼恩學院（Kenyon College）發表畢業演說。他說了一個魚的故事做為演說開端：「有兩條年輕的魚一起游著，半途遇到一條老魚朝另一個方向游去。老魚朝兩條小魚點點頭說：『早安，孩子們。水還好嗎？』兩條年輕的魚沒有答腔，往前繼續游了一會。最後其中一條終於忍不住轉頭問另一條，『水是個什麼東西呀？』」[1]

華萊士隨即向畢業生保證，他並不是自比為那條聰明的老魚，但他要說的是：「最明顯、無所不在、最重要的現實，往往是最難覺察、最不為人討論的東西。」

對大多數美國人而言，環繞著我們的政治體系就像包覆著魚的水一樣。它就是我們唯一知道的。它就是常態。我們儘管不滿它的表現，卻並不質疑它的性質，因為我們不相信它能改變。我們接受功能失調、僵局與政府的不作為，即使國難當頭，我們認為這就是常態。當選舉日降臨，我們又來到投票所，見到選票上只有兩個選項——而且兩個我們都不喜歡——我們也接受了，因為那就是常態。過去五十年來，對太多太多美國人來說，習以為常的事還有很多：生活品質大幅降低，與其他三十六個擁有先進經濟體的民主國家相比，美國人在無數一度領先的領域已經敬陪末座。在高品質教育資源取用方面，我們名列三十三，在幼兒夭折率上我們名列三十三，在對少數族裔的歧視與暴力方面名列二十六，在潔淨飲用水方面名列三十一，等等。[2]

美國境內的水（**真正的**水）愈來愈差了。

伴隨這些社會崩壞現象而來的，還有全球經濟競爭力的重挫、有史以來最嚴重的政治僵局，以及民眾對政府信任度的新低，說偉大的美國實驗正瀕臨瓦解，其實一點也不誇張。

但政治常態包圍了我們。冷漠與退縮奪走了我們勇於改革的銳氣，也埋葬了偶爾激起的憤怒火花。那些不甘束手的人也設法採取一些行動，但他們的做法往往只是把一切賭注押在他們的政黨身上，認定問題出在另一邊。還有一些人把希望寄託在候選人身上，相信這些候選人或透過「希望與改變」，或經由「抽乾沼澤」，能帶來神奇的改變。也有人全心投入國債或移民這類重大政策問題。但美國今天的問題比人、比政黨或政策問題大得太多。造成我們政治功能失調的基本原因比這更深，但沒有人肯深入觀察——它圍繞著一個統一的主題：競爭力。美國這個體系的運作，與你想像中的運作方式已經大不相同。

大多數人認為美國的政治制度是一種公共建制，它根據憲法規定，遵循一套崇高的原則與大公無私的結構運作。但這與事實相距甚遠。美國現今的制度主要是一種自利、自我長存的民營產業，由一群唯利是圖、自己為自己寫規則的人組成。他們為自我壯大、自我累積資源而競爭——這樣的競爭未必有助於公共利益——而且他們建立人為障礙，阻止新競爭威脅他們對產業的控制。原本以解決問題、提出成果為主旨的選舉與立法領導，成為一種政商勾結的怪胎，它鼓吹不健康的競爭、阻撓美國民主標榜的創新與進步。為了解決問題而存在的政治，已經淪為問題解決的首要障礙。

造成這種墮落的引擎，是那些寂靜無聲但威力強大的潛規則、結構、範例與做法（即我們所謂的**政治機器**）——從候選人的名字怎麼登上選票，到我們怎麼投票，到一項法案怎麼成為一條法律，這些潛臺詞悄悄決定了一切。而且隔著意識型態對立的兩邊都難辭其咎。在民主黨與共和黨聯手推波助瀾下，一波波肆無忌憚的工程透過這類潛規則與做法，不斷武裝選舉與立法機制，但為的不是造福選民，而是保護政治產業本身、助長政治產業的權力。一直以來，為奪取這個體系控制權而出現的新競爭，始終刻意、有系統的相對抵消彼此勢力，使這個體系本身的功能失調與不作為不斷擴大。

華府支離破碎了，對嗎？

我們一直就是這麼說的，高舉雙手向天，不斷譴責我們的政治神經中樞。這樣的說法不可能有錯，因為不論哪一黨，幾乎每一位公職候選人都在競選集會上這樣大聲疾呼。不過，誠如前國會眾議員愛德華（Mickey Edwards，奧克拉荷馬州共和黨）所說，這句陳腔濫調在根本上誤解、甚至誤導了事實真相。事實上，華府的運轉完全中規中矩，而且也按照預定計畫交付它該交付的成果，因為這個體系的設計，原本為的就不是我們選民、社會大眾的利益。[3]在我們眼中似乎已經支離破碎的這個體系，事實上正為政治產業本身而順利運作著，並且它不會自我更正。要迫使它更正，我們必須重啟美國的政治創新傳統。要改變這個體系交付的成果，我們必須改變遊戲規則。這是這本書唯一的力量與宗旨，也是我們唯一關心的傳承。

力量與宗旨源自清晰；就像那兩條年輕的魚一樣，我們必須先看清楚我們游在什麼樣的水裡。在政治產業中，一切歸根究柢就是選舉與立法的腐敗週期——而它們的運作和你想像的不一樣。它們根本不是為我們而運作。

今天的選舉與立法究竟怎麼運作

假想你是美國國會眾議員。為因應一項全國性重大挑戰，你在考慮一個應該在兩黨基礎上處理的法案。身為民選代表的你，得考慮幾個似乎很明顯的問題：這個點子好嗎？這個政策對國家適合嗎？這是我的大多數選民要的嗎？但身為我國現有政治體系一員的你，只有一個需要你答覆的問題：如果我投票支持這個法案，我能不能在下一次黨內初選中過關？如果答案是不能，則其他問題都變得無關緊要，因為你自然想連任，保住你的飯碗，這個理由迫使你投票反對這項法案。

不過或許這一次你決定要把國家利益置於政黨利益之先。你甘冒風險，無視黨領導層的呼籲，公開支持這項法案所提的巧妙的協商解決方案。特殊利益團體對你威脅、利誘，你也不予理會。你投票支持這項法案。

你惹禍上身了。

如果你想在即將來臨的選舉中贏得連任，這個法案能不能通過並不重要。學者專家、良政改革人士或地方選民是否對你所表現的兩黨合作領導讚賞有加，其實無關緊要。法案能不能帶來好成果也不再重要。假設你想保住你的國會議席，真正重要的是剛剛被你得罪了的那個黨會怎麼反應。[4]

美國政壇最驚悚的一場鬧劇上演了：**初選緊箍咒**（primaried）。[5]當你下一次角逐**黨內提名**、在由特殊利益與意識型態鮮明的選民所支配的**黨內初選**中，如果你是民主黨，你很可能遇上一名極左派對手，如果你是共和黨，你面對的挑戰者很可能是個死硬右派。[6]

你多半過不了初選這一關。因為對一位民選官員來說，在這場烏煙瘴氣的病態政治角逐中，為公共利益服務與連選連任的可能性是沒有交集的兩件事。根據我們現行公職與立法運作體系，如果你為了選民需求而辦事，你很可能丟差。黨內初選造就一個針孔，讓那些只懂得解決問題的政治人物無法穿越。

這似乎很荒謬。但從另一個角度看，你就明白了。

假設你不是民選官員。你是一位成功的商人，而且像全美各地眾多美國人一樣，你對國會深感不滿。你憑藉能在市場辨識機會的本領而在商界出人頭地。你觀察政界，發現美國選民迫切需要較佳的選項——特別是在你的選區，又一次「兩害相權取其輕」的選舉即將到來。於是你發揮企業家的進取精神投入選舉，或許你以獨立人士身分參選，也或許你玩大的，乾脆自組新政黨參選。

一開始，你的進展很好。你提出的政綱與解決方案頗能獲得共鳴。儘管是新手，但你很快就站穩腳步。選民開始注意你的競選資訊，至少他們希望看到你站在辯論臺上。

你那區的選民大多數主張兩黨協商，不希望政府因僵持而停擺，於是你保證一旦進入國會山莊，將與對手積極溝通。或許更令人耳目一新的是，你承諾**正向**競選，絕不在討論議題的過程中將對手妖魔化。你的民調數字開始上揚。你愈來愈有競爭力。

但問題來了。隨著你聲勢漸隆，地方意見領袖、政治圈內人，甚至你的親友都開始找上你，請你退出。他們對你說，想打贏一場選戰真是談何容易，你得到的每一張選票都是從一個大黨候選人——如果不是因為你自己加入選戰，你會盡全力支持的那位候選人——那裡偷來的。如果你不現在就退出選戰，你會瓜分這位大黨候選人的選票、造成他的敗選，**攪亂了這次選舉**。你一定認為這樣的論點太不公平。在選民渴望更多選項的今天，較少的選項——較少的新構想——怎麼可能對選民比較好？

這是美國選舉中的明顯現實：繼續選下去，很可能意味著你把勝利拱手交給兩大惡黨中那個**最惡的**——那個你拚全力想擊敗的候選人。

你之所以競選公職，是因為你發現一個為民眾利益發聲的機會，你要利用這個機會為民眾提供遭到現任公職人員忽略的解決方案。你的參選可以填補市場上一個缺口。但美國選舉的**相對多數決制**——簡單多數、勝者全拿的投票制度——造成這種「攪局」現象，讓像你這樣有心參選公職的人打消參選意念。

這種霸凌自由市場精神、絕對非美國式的干擾讓你沮喪、驚訝，於是你像任何一位有公民意識的好美國人一樣，做了你認為該做的事：你採取法律行動，認為你可以打一場穩操勝券的反壟斷官司。但你很快又一次遭到晴天霹靂。與大多數產業情況不一樣的是，反壟斷法規不適用於政治——沒有任何獨立規範當局能為你挺身而出。[7]

歡迎來到政治產業。在這個產業，黨內初選與相對多數決制聯手懲罰公共利益。在這裡，解決問題的動機幾乎不存在，是否能做出成果也沒有人問責。此外，這裡也沒有重建健康競爭的反制力量……還沒有。

政治產業理論基本要件

政治產業的核心，是標準的「雙頭壟斷」（duopoly）式競爭：民主黨與共和黨的競爭。圍繞著這種雙頭壟斷式競爭，衍生而出各式各樣的參與者和組織，包括特殊利益團體、遊說人、大筆獻金捐款人、超級政治行動委員會、智庫、民調業者、顧問業者，以及做為華府與全美各地溝通橋梁的媒體。從幾乎每一個角度來說，這個雙頭壟斷模式以及圍繞著它的支援機構——即我們所謂的**政治產業複合體**——都在不斷成長茁壯。一項最近出爐的統計數字應該可以讓你窺見這個政治產業複合體的常態：二〇一六年聯邦選舉週期間的花費超過一百六十億美元，比至少十幾個國家的年度預算都多。

像這麼成功的產業，怎麼能把它的客戶——美國民眾——得罪到這樣的地步？換成任何其他規模這麼大、市場這麼旺的產業，若是出現這樣嚴重的客戶不滿意度，一些企業家早就抓住這個大好時機創建新競爭對手、響應客戶需求了。但政治產業沒有這樣的事。為什麼？想答覆這個問題，得先了解選舉與立法的競爭性質。

我們運用的基本方法是「五力」（Five Forces）架構。四十年前，為了解產業結構，以及產業結構對牟利產業競爭性質的影響，我們研發了這種架構。[8] 五力架構自問世以來一直就是黃金標準。它認定產業是一種錯綜複雜的體系，涉及無數一方面競爭、但同時也合作的業者。

我們即將在下文見到，在任何產業塑造競爭的五種力量——現有競爭者、買家、供應商、新進入者的威脅、替代性產品的威脅——同樣也是塑造政治產業競爭的推手。逐一探討這些競爭力，以及它們彼此間的關係，我們就能將不健康競爭的嚴重影響——不正常的誘因結構、貧乏的成果與欠缺問責、沒有注入競爭的反制力——公諸於世，並進一步探討如何因應其他重大問題：

- 為什麼美國能在這麼多領域創新，卻不能在政治上創新？
- 為什麼選民在選票上總是只存在有限而且往往令人失望的選擇？
- 為什麼華府什麼事都做不成？
- 為什麼獨立候選人當選的機會總是如此渺茫？
- 根據我們的期望，一個功能良好的政治制度應該有什麼成果？
- 最重要的是，我們可以做些什麼來獲致這些好成果？

透過這些新透鏡觀察政治，我們就能發現，為什麼以一個黨取代另一個黨，或以一位民選官員取代另一位民選官員，不能克服我們的政治挑戰；為什麼新政策或用意良好的政治改革，解決不了我們面對的問題。這些透鏡還能賦予我們力量，讓我們實踐這本書的承諾：以必要的政治創新打破兩黨政治僵局，拯救我們的民主。在了解這個制度如何運作以後，我們才能更客觀的找出最佳創新之道。

目前為止，改革政治產業的行動，大體上圍著一堆改革構想打轉，其中包括終止「傑利蠑螈」（gerrymander，譯按：以不公平劃分選區的方式操控選舉成果）、減少政治獻金、規定任期限制，或將選舉日定為國定假日等等。我們雖說贊成其中一些改革想法，但它的許多建議或者不能匡正系統性失敗的根本原因，或者從一開始就不可行。或兩者兼具。但什麼才是可以做而且值得做的？什麼才是強有力而且可實現的？只有**政治創新**。（見圖1）

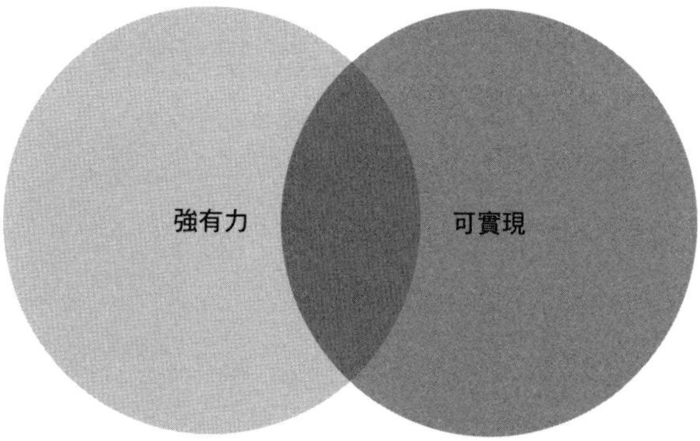

圖1

政治創新是一種針對系統性失敗基本原因而設計的非黨派架構，目的在提供可以評估的成果。

我們且將這兩個政治創新要件做個區隔。**強有力**的創新能處理功能失調的基本原因（不只是病徵），設計要旨在於協助政治制度為民眾謀福。**可實現**的創新是完全沒有妥協餘地的無黨派做法（不是那種謀求黨派利益的特洛伊木馬），理論上不必費幾十年，只需幾年時間就能實現（舉例來說，憲法修正案就過不了這個坎）。

政治產業理論是建立這個架構的關鍵。只需揭開政治特性的神祕面紗，測繪運作其間的各種勢力，創新處方也就呼之欲出：改變政治機器——改變選舉與立法的治理規則。就跟生活中的情況一樣，遊戲規則總能影響遊戲如何進行，以及遊戲的結果。政治產業遊戲規則的最終結果就是不健康競爭。無論在任何產業，不健康競爭的結果就是客戶得不到好的服務。既然如此，就讓我們改變這些規則吧。我們的建議如下。

針對選舉機制問題，我們提出：「五強投票制」（Final-Five Voting）。根據這個制度，我們建議(1)以非黨派開放式初選取代黨派封閉式初選，選出得票最多的五個人角逐普選，(2)在以後的普選中，以排名選擇投票制取代相對多數決制。（不必擔心，怎麼取代，還有它的轉型威力，這一切的一切，等你看到第五章就明白了。）

針對立法機制問題，我們建議以一種現代模型做法，取代臃腫而老舊過時的立法規則、慣例與常規，從基礎開始謀求跨黨派的問題解決之道。

這些創新做法統合運用，可以改變美國政壇的競爭性質，取得成果。

我們的宗旨、程序（與政治）

我們的核心要務就是釋出美國政治的健康競爭之力，重建一個能為真實人生解決真實問題的制度，帶來更多選擇、更多聲音、更好的成果。[9]這個核心要務的中心有以下幾項關鍵性特質，根據這些特質就能清楚認識我們的研究與結論。

首先，打從一開始，我們的宗旨一直就是行動，不只是分析而已。僅只是分析，就算再有見解仍然不夠。我們不惜費時耗力以了解政治產業，為的就是想出辦法匡正它。各式各樣的評論、怨嘆，或解釋性的政治分析，早已堆積如山，但能夠提出真正可行解決之道的分析卻少得可憐。如我們所說，我們關切的是可以留下什麼給子孫。

其次，我們從商界借來這些競爭透鏡觀察政治，但這不表示我們認為管理政府就應該像經營商務一樣。我們並不這麼認為。政府擁有與商界大不相同的授權與結構。我們在這裡關心的是政治制度——不是政府本身（機關、部會、公務員等等）。用於了解商界競爭的工具，能幫我們了解我們的政治制度面對的挑戰與解決之道。

第三，我們的關注焦點是政府為它的人民提供的成果。能不能帶來理論上更好或更公平的民主或代議政制，並不是我們的目標重心。我們醉心民主，也嚮往民主保證的自由與平等。對我們來說，沒有其他制度能與民主媲美。但我們也很實際。自由、平等與代議制本身已經不足以支撐美國的民主。我們提出的創新做法可以支援民主價值、代議制與廣議民主。不過主要的關鍵在於，它們能讓**政府**更可能在公共利益方面**交付成果**。當政府不能交付成果時，民眾會憤怒。歷史告訴我們，在這種情況下，世界各地的人民會願意放棄代議制政府的自由，換取威權主義鐵腕。[10]

最後，雖說討論政治，這本書卻不帶**政治色彩**——或者說不帶黨派色彩。身為共同作者的我們，掩蓋了政治光譜。凱瑟琳原是民主黨員，現在自稱是一位「政治上無家可歸的中間獨立人士」。麥可一生都是麻州共和黨員。此外，如果只因為根本問題不能隨政黨或政治人物更迭而變換，就怪罪一邊或另一邊，既不正確也於事無補。我們重複一遍：跨越所有選舉週期與政府當局都不變的根本原因是制度——政治產業——不是特定的人、政黨或政策。

讀這本書的指南

在讀這本書的時候，你會發現，我們為了以不同的方式討論與思考政治，使用了一些新（或許還有些奇怪的）名詞。舉例來說，「**雙頭壟斷**」指的是把持政治產業的民主與共和兩黨。我們使用這個名詞以保持中性，更精確的描述政治產業動能。

雙頭壟斷存活在我們所謂的「**政治產業複合體**」。為進一步闡明這個產業的結構，我們以「政治產業複合體」這個名詞覆蓋美國政界內、外整個生態體系，以及與今天的政黨互動、犧牲幾乎所有他人利益而自肥的一切人等。以這個例子來說，我們絕不中性；現有形式的政治產業複合體，代表對公共利益的可怕後果。

雙頭壟斷競爭主要有兩個競技場：選舉與立法。我們注意到，人們很容易就會假定這兩個競技場是任何人都無法迄及、永遠不可改變的結構。但真相就要大白，事實並非如此。為形容這些結構，我們使用「**選舉與立法機制**」這個名詞。人設計機器，目的是根據特定規格推出產品。今天的選舉與立法機制訂定各種經雙頭壟斷優化的規則、範例與程序，讓雙頭壟斷更能控制選舉，在選舉取勝，更能通過想通過的法案。這種機器對美國政治的成果有深遠、確實的影響。

最後，當我們談到選舉與立法時，我們基本上談的是國會。基於幾個理由，我們選擇聚焦於選舉與立法。

首先，強有力、可實現政治創新的主要目標就在於整頓國會。其次，美國「制憲人」（Framer）當初制憲的意旨，就是要讓國會成為美國政府第一機構，《美國憲法》第一條有明文規定。儘管行政部門權力大幅成長與中央化，國會仍是美國代議式民主的核心。第三，國會是遭到不健康競爭後果最深遠、最具毀滅性影響的所在。無論在任何時間點，約有半數美國人對白宮的表現表示贊同，另一半則不贊同。但絕大多數美國人認為國會「沒什麼」表現。第四，雖說我們大部分的分析與分析後的建議都適用於州（甚至城市）選舉與治理，但造成我們分裂的是全國性政治。

只要國會仍然是政治產業複合體的囊中物，這些挑戰只會持續激化。我們要在這本書的兩個部分探討這些挑戰，提出我們開創政治創新新紀元的構想。

在第一部——從第一章到第三章——我們要談政治產業競爭的5W1H：何人（who）、何事（what）、何時（when）、何地（where）、為何（why）、如何（how）。在第二部——從第四章到第六章——我們集中探討創新，一方面透過美國史研究，一方面將我們的研究與理論轉換成有力、可行、打破黨派僵局、拯救美國民主的計畫：「五強投票制」，以及一個現代立法機制模式。在本書的結語，我們描述前進之道，以及如何採取行動。

***

最後還有一件事：根據這本書的預定發行日期判斷，你非常可能早在二〇二〇年夏天或秋天就能看到這本書。也就是說，這本書會在美國總統選舉接近沸騰的喧囂聲中問世。果真如此，你在這一切紛紛擾擾的雜音中翻閱本書，大概不會相信現行選舉機制真能推出好的候選人。我們也有同感。

當我們展開這本書的寫作之旅時，就政治日曆而言，二〇二〇年十一月似乎還遠在天邊。這項政治產業理論於二〇一三年誕生，之後我們以哈佛商學院報告形式將它發表，一方面對我們的思考進行測壓，並藉以鼓舞相關討論。在這前後幾年的過程中，我們很清晰的發現這個理論與美國選舉的潮起潮落沒有關係。除非我們在書裡面談到的關鍵性政治創新已經獲得採納、實施，二〇二〇年總統選舉儘管早已成為歷史也沒有關係。現在就是這本書再好不過的問世時機。

如果不能整治這個制度的根本，我們將永遠困在同樣、不健康的這一頁歷史——無論昨天、今天、明天都沒有差別。讓我們與你一起翻轉這一頁吧！

—Part 1—

POLITICAL COMPETITION

第一部

政治競爭

第一章　民營產業

在國際史上，獨樹一幟的美國政治制度，一度是全球豔羨的對象。它提升公共利益，推動經濟與社會進步，造就一頁成就輝煌的治理史。儘管自美國建國以來，從各種角度而言，這一切進步的果實都稱不上全民平等共享，華府倒也不曾一味**倒行逆施**。政客與政黨總是為奪權而爭戰不休，但有時為了今天與明天，也能推出經由協商產生的解決方案與行動，從而獲得廣大民眾支持。如第三章所述，這就是我們期望政治制度能為我們帶來的成果。

我們會在下文談到，這個傳承是美國創新——現代代議制民主，以及尊重自由市場的政治競爭傳統——的產物。但到了今天，這些傳承已經幾乎蕩然無存。

美國的政治制度已經成為我們衰微的主因，它不但不能解決它理當解決的問題，還成為解決這些問題的主要障礙。美國人拿政治僵局與功能失調問題一籌莫展，更糟的是，已經不再關心這些問題。幾十年來，這個體系已經從原本的冥頑不靈、不能解決問題，淪落到今天的自肥與極度派系運作，而美國人也已經接受了它，視它為常態。我們所以接受這種新常態，部分原因在於我們已經習慣聽天由命。我們認為，我們的政治制度好歹也是一項公共建制，是制憲時代那些大公無私法律的產物。

但我們錯了。美國現今的政治制度大體上與《美國憲法》已經扯不上關係。《美國憲法》中只有六小段文字敘述國會應如何運作，而且只有幾句話描述國會應如何選出。規範今日政治制度的常規準則，大都是政客為他們自己以及他們在政治產業複合體的盟友加油添醋、甚至無中生有的產物。美國的平民百姓幾乎無法從中受惠。今天的美國，只有在政治這個大型產業裡，競爭對手——民主黨與共和黨——可以自己寫自己的規則，而且幾乎不受限制。

開國元老對政黨頗有疑慮。華盛頓（George Washington）總統在一七九六年「告別演說」（Farewell Address）中，以相當篇幅警示這個年輕的國家小心提防政治黨派的危險。[1]華盛頓的接班人亞當斯（John Adams）說：「最讓我擔心的事，莫過於這個共和國分裂成兩大政黨，各有各的領導人，而且想方設法彼此針鋒相對。」第三任總統傑佛遜（Thomas Jefferson）也說：「如果我必須入黨才能上天堂，我寧願不上天堂。」[2]傑佛遜、亞當斯與華盛頓都曾遭反對派與政治傭兵惡意攻訐。在他們那個建國初期的年代，熱衷黨派政治的人不在少數。他們或他們的親信若是來到今天，見到我們沒有聽從他們的建議、小心提防政黨勢力無限膨脹的風險，見到不健康政治競爭已經綁架了民主本身，想來也不會大驚失色了。

但問題不在政界人士或政黨本身。大多數政界人士在從政之初也真心想為公益獻身，但都困在他們無法隻手改變的制度中。政黨將需求與抱負相同的人組織在一起，宣揚政綱與理念以幫助選民做出明智的決定，在民主政治中扮演關鍵性角色。[3]多年來，在不同關鍵點上，兩大黨也引領美國朝前邁進。我們支持強有力的政黨——條件是，它的黨員必須因它的強大而能訂定、推出有利於公益的立法。這與現今政黨的能力成強烈反差：現今政黨即使施政成果遭到全國普遍不滿，仍能不斷贏得選舉，阻止新對手加入競爭。

今天的問題出在政黨與政黨、政客與政客之間的**競爭性質**，以及圍繞著他們的產業業者與組織。[4]美國政治制度的設計，與這種政治產業複合體的私人利益配合得天衣無縫：民營企業可以利用這個制度厚植實力與營收，還能取得免於威脅的保護。政治制度的設計，理當以服務選民為要旨，因為選民是政治產業最重要的客戶，但美國的政治制度並不能服務選民。

美國政界不是一種公共建制，而是置身公共建制內的億萬美元民營產業。從這個新角度進行觀察，可以讓我們進一步了解這個體系，讓我們了解，理當由民眾掌控的選舉與立法規則，已經淪入爭權奪利的民營業者之手，民眾必須奪回選舉與立法規則掌控權。我們的挑戰是如何將政治產業轉換成為公益發聲的進步推手，而不是讓它淪為拖累民主的包袱。

如我們在引言中所述，政治產業理論的目的不是自怨自艾，而是行動。我們希望藉以激勵政治創新，最後帶來進步與成果。我們必須馬不停蹄的揭露美國政治制度的真實性質，以描繪其參與者、權力結構與運作誘因圖。為繪製這張圖，我們運用研究產業競爭的關鍵架構：「五力架構」。這本書裡，我們會提供「五力」分析的一份高階摘要。想閱讀分析全文的讀者，可以翻閱我們在二〇一七年發表的哈佛商學院報告《為什麼美國在政治產業競爭上落敗》。[5]

將五力運用在美國政治上

我們之所以研發「五力架構」，原本為的是檢驗(1)競爭性質；(2)買家（通路與客戶）權力；(3)供應商權力；(4)替代性產品的威脅；以及(5)新進入者的威脅，對塑造營利產業競爭力特性的力量進行全面性觀察。產業結構是這五種競爭力的整體構成。這種不斷變化的關係網能決定一個產業如何競爭、這個產業可以提供的價值，以及誰有權取得那個價值。產業結構還能幫助我們了解，何以即使在客戶不滿的情況下，競爭對手或其他參與者仍能大發利市——政治產業競爭就是特別的不健康。

健康競爭是雙贏的好事。對手們**激烈**競爭，以滿足客戶需求。**客戶**可以選擇光顧其他業者的生意，以懲罰產品與服務品質不佳的競爭對手。伸向客戶的**通路**能教育客戶，迫使競爭對手提供更好的產品與服務，以強化健康競爭。**供應商**競相提供更好的投入，讓競爭對手改善他們的產品與服務。由於市場沒有過高的障礙，**新進業者與替代性產品**可以加入競爭，以新的方式為客戶提供服務。在健康競爭中，客戶感到滿意，競爭對手也成長茁壯。

第一次將「五力」用於政治分析，成果發人深省，它顯示美國政界競爭是一種讓國家為之癱瘓的、不正常的競爭。一代又一代，競爭對手不斷加強他們的雙頭壟斷，在客戶——我們人民——滿意度這方面卻表現得一團糟。雙頭壟斷為自己訂定自肥規則，一面扭轉可以帶動問責的健康競爭力（見圖2）。

不健康的政治競爭

在政治產業，競爭出現在兩個關鍵層面上——爭取選戰勝利與通過（或阻撓）法案的競爭。我們的選舉與我們的立

圖2　五力：政治產業結構

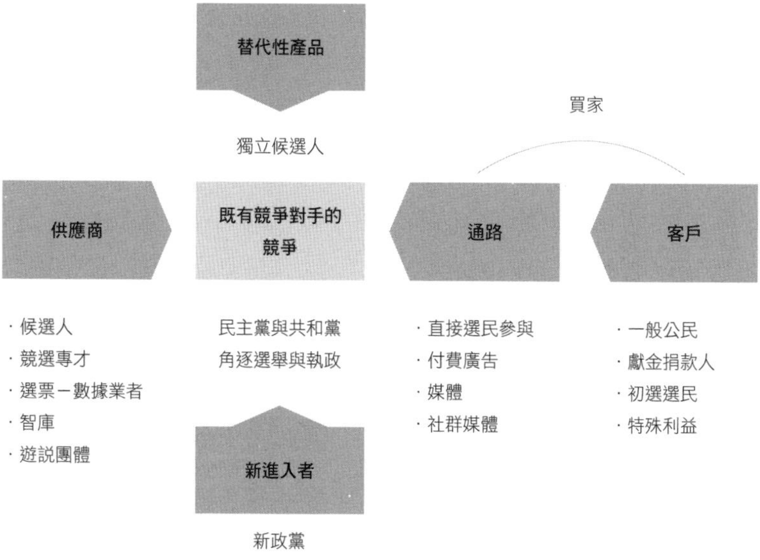

法正沉溺在不健康的**贏**－**輸**競爭中：雙頭壟斷贏，我們輸。造成這個悲劇的，就是政治產業結構。但在深入探討這個結構以前，你必須先了解政治產業的特性。

政治產業的雙重貨幣

政治產業有**兩種**貨幣：有些客戶用選票付費；有些用金錢。[6] 我們稱這為「雙重政治貨幣」。

在很大程度上，政治產業的客戶群之間權力差距過大——普通選民幾乎沒有權力；特殊利益團體、獻金捐款人、黨內初選投票人卻擁有龐大權力——是選票對金錢相對權力的結果。且聽我們解釋。

相對於金錢貨幣，選票貨幣的價值始終低了許多。選票增加的實用性有限（你只需比你的對手多得一張選票就能勝選），而金錢卻是多多益善（錢當然愈多愈好，你總能在政治產業複合體中找到你想買的東西）。一直以來，在國會選舉中，選票幾乎被視為理所當然，因為八〇％以上的選區根本沒有競爭——勝利者的名單早在初選時已經決定了。能運用兩種貨幣的客戶——例如捐獻政治獻金又能催動選票的特殊利益團體——特別有權力。

以另一種方式來說，與選票貨幣相比，投入政治運作的金錢貨幣投資報酬率（ROI）**高得多**。既然如此，該怎麼做才能削減金錢對政治產業這種太超過的影響力？我們的做法是，降低金錢的投資報酬率，增加選票的投資報酬率，讓選票政治貨幣的價值高過金錢政治貨幣的價值。讀到本書後文，你會清楚發現，政治產業競爭的結構與規則以人為方式貶低了選票價值。重建健康與有活力的競爭（我們會在本書第五章提出做到這一點的處方）可以提高選票相對於金錢的價值，讓原本就應當家作主的選民成為政治產業的重要客戶，打破目前兩大黨對這個產業過大的操控。

競爭對手：雙頭壟斷控制

無論在任何產業，組成競爭核心的都是競爭對手。它可能是通用汽車（General Motors）與福特（Ford）；可能是卡夫食品（Kraft）、通用磨坊（General Mills）與聯合利華（Unilever）。政治產業的競爭是雙頭壟斷之間的競爭，組成競爭核心的是共和與民主兩個大黨。

雙頭壟斷在先天上並無好壞之分。但以現有政治結構而言，共和黨與民主黨這兩個競爭對手，無論在服務公益上表現得多差都能保證繼續掌權。這對任何產業的客戶而言都是問題——對民主國家的選民來說，這是夢魘。

這兩個大黨並沒有為了爭取同樣的選民——亦即所謂的「中間」選民——而短兵相接，而是將選區劃分為相互排斥的黨派勢力區，拉攏高度投入（往往是單一議題或意識型態色彩較濃厚）、最可靠或願意出錢的選民。不僅如此，雙頭壟斷中的競爭對手都知道，儘管他們在競爭，但兩個競爭對手都能因「誘人的產業」而獲益。從雙頭壟斷的角度來說，所謂「誘人產業」就是能強化既有角逐方式；能限制供應商、通路與客戶的權力；能以高門檻阻止新競爭者加入競爭的產業。

在雙頭壟斷中，競爭對手相互都會採取行動提升產業的誘因，避免傷及這些誘因。這種相互勾結與反競爭行為特別具有損害性，因為可以向競爭對手問責的獨立監理機構並不存在，反壟斷法規也不適用於政治產業。兩大競爭對手以及整個政治產業複合體可以隨心所欲進行勾結，提升本身的利益。

這種默許兩黨各自分割選區、拉攏極端選民的做法造成政治兩極化。它宣揚非理性、意識型態色彩濃厚、情緒衝動的言論，壓制民眾迫切需要的、以解決問題為宗旨的對話。

客戶：權力傾斜

政治制度理當為公共利益服務，所有民眾都應該是它的客戶。但事實上，政治產業並不能公平對待它所有的客戶。就像老謀深算的企業會將它最有利可圖的客戶列為優先服務對象一樣，雙頭壟斷也將最能有效推動它本身利益的客戶列為優先服務對象。在政治產業中，最重要、有利可圖的客戶是黨內初選投票人、特殊利益團體與獻金捐款人，因為他們能夠可靠的提供選票與金錢兩種政治貨幣。（見圖3）

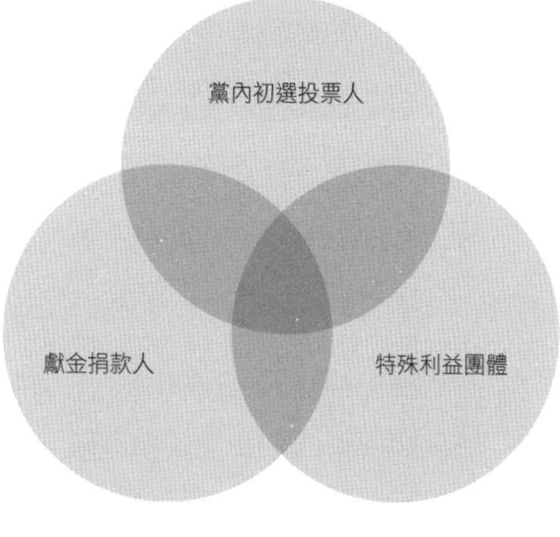

圖3　政治產業的客戶權力

雙頭壟斷最重視三個勢力重疊的團體，這三個團體能夠可靠的帶來金錢與選票。

黨內初選投票人：這些客戶是看守門戶的警衛。每一名政黨候選人都必須通過黨內初選投票人這一關，才能成為普選候選人。黨內初選投票人一般而言在政治上比較投入，更具黨派色彩，在各自黨內屬於極左或極右派。他們也比較肯定會參加普選投票。[7]在肯定親紅或親藍的選區，或由於刻意的「傑利蠑螈」，或由於自然地緣劃分，黨內初選是真正重要的唯一選舉。在二〇一六年的普選中，不到一〇％的美國眾議院競選具有競爭性，而具競爭性的參議院競選也只有二八％。[8]其他的都是安全席次；勝利者名單在初選已經定案。

結果是，黨內初選投票人人數雖不多，但真正影響力遠遠超過他們的人數。只有不到二〇％的合格選民能參加大多數國會的初選。[9]在大約半數的州，初選不對非黨籍選民開放，或僅對非黨籍選民半開放。在這些州，意識型態色彩較濃的黨內初選投票人影響力更大。在這些州，不肯登記入黨的選民不能在這些決定性選戰中投票。[10]人數相對較少的黨內初選投票人，於是對誰能贏得初選擁有不成比例的影響力，從而將候選人進一步推向左邊或右邊。我們會在第二章詳細說明初選投票人與初選制度的性質。

特殊利益團體與獻金捐款人：這些團體是權力超大的客戶，因為他們能帶來金錢，或選票，或兩者。特殊利益團體是有組織的團體——或有特定議題，或有特定組織——他們為了謀求一己之利，極度關切如何在特定議題上影響政策。特殊利益團體對政黨的資助，可以透過花錢影響選舉與遊說以影響立法兩種形式進行。例子包括製藥業遊說、保險業遊說、槍械業遊說、小企業遊說，以及工會。以美國步槍協會（National Rifle Association）為例，在二〇一六年除了指導它的五五〇萬名會員如何投票，還在政治活動上花了四·一二億美元。醫療保健業界投入二·六八億美元影響選舉，還在二〇一五至二〇一六年選舉週期在遊說上花了一〇·二億美元。[11]

政治獻金捐款人由於雙頭壟斷（以及政治產業複合體中其他實體）想方設法募款，權力也很大。大筆政治獻金捐款人包括富有的個人、組織與公司，而且往往與特殊利益團體重疊。這些錢有直接獻金與「獨立開支」兩種形式。直接獻金有金額上限，需要接受審查；獨立開支不設金額上限，不直接捐給候選人或政黨，但用來支援候選人或政黨（例如透過獨立廣告）。獨立開支大多俗稱「黑錢」，因為它的帳目不必公開，也不必接受審查。[12]

近年來，小額捐款人透過線上集資開始影響政策與選舉，力量不斷擴大，不過他們不像大筆獻金捐款人那樣、能將他們的捐款指定交給特定候選人。

一些特殊利益團體還能在民選官員卸任時為他們提供優渥職位以影響他們。許多民選官員現在遵循的就是這種模式。以二〇〇九至二〇一五年間為例，在所有卸任的國會議員中，約四二%的人加入一家遊說公司，其他二五%的人進了一家與遊說有瓜葛的公司。[13]這樣的比例大得令人稱奇，但這只是冰山一角。幾近半數註冊遊說人士原是政府官員，往往曾經負責監理，對規則制定與執法程序有影響力，或是曾經擔任國會幕僚，懂得如何寫出有利於產業利益的法律。[14]

普通選民：這個客戶群代表大多數選民，他們幾乎只在普選中投票，他們**不參加**初選，也不會定期捐助獻金。一般而言，他們在意識型態方面比較溫和，對當今的政治情勢沒有什麼權力與影響力。

政黨確實也會注意普通選民的心聲，以增加本黨票倉的投票率，或壓制對手黨票倉的投票率、爭取搖擺選民。但由於普通選民在大多數普選中只有兩個選擇，政黨對他們的重視有限。政黨並不會為了爭取普通選民而努力營造有利於普通選民的成果，他們只會想辦法表現得沒競爭對手那麼討人厭，或做得略好一些。政黨無須提出解決方案，只須讓普通選民相信自己比另一黨好一些，讓普通選民兩害相權取其輕就行了。

在一個正常產業，當一名業者忽視這麼一大群客戶，會讓新的競爭對手有機可乘。但如我們前文所述，新的競爭在政治產業並不構成威脅，所以政黨可以隨心所欲集中力量，為他們強大的黨內初選投票人、獻金捐款人與特殊利益團體提供價值。

不投票的選民：這些是最沒有分量的客戶。幾近四〇％的美國合法選民沒有參加二〇一六年的普選投票。這些不投票的選民等於把他們的客戶權力讓給雙頭壟斷與其盟友。這些選民往往是政治立場比較溫和、比較獨立的人，而可悲的是，也是比較不關心政治的人。

最近的研究支持我們有關客戶權力的這些結論。舉例來說，普林斯頓大學的吉蘭斯（Martin Gilens）與西北大學（Northwestern University）的佩吉（Benjamin Page），在二〇一四年檢驗了國會有關一千七百七十九項政策議題的行動。他們發現，「在經濟精英的偏好與有組織利益團體的立場控制下，一般美國人的偏好對公共政策只有非常小、幾近於零、就統計角度而言沒有意義的影響。」15

通路：已經不再公正

通路存在於競爭對手與終端客戶之間。舉例來說，倉庫與雜貨店是食品製造業者與雜貨購物人之間的通路。在政治產業，雙頭壟斷透過關鍵通路以資訊和文宣向我們招手。這類資訊與文宣包括直接選民接觸、付費廣告、傳統獨立的媒體，以及近幾十年來重塑通信市場的新媒體通路平臺。就歷史角度而言，通路介入政治的做法是，直接、間接從雙頭壟斷取得資訊，加以組織、分析，然後以經過驗證、公正可靠新聞的形式傳播給全國的選民。但新聞媒體聲勢不斷墜落造成的市場顛覆，以及政治產業複合體基於本身利益而創造或鎖定通路的做法，已經大幅削弱了健康競爭。

直接選民接觸：這些接觸透過面對面會議、集會、募款會、街頭宣傳、電話訪談、簡訊等新興數位通信方式進行，而且自始至終就在雙頭壟斷嚴密控制下。雖說這個通路沒有大幅成長，雙頭壟斷已經利用更精密的選民數據進行更有針對性的接觸，找出可以拉攏的選民，對其餘選民則採取不理會或者壓制投票率的做法。16

付費廣告：這個通路也在雙頭壟斷與其獻金盟友的嚴密控制下。它出現在電視、電臺與數位媒體上。這類廣告幾乎清一色為負面性質，主要反映、強化著雙頭壟斷運用的分裂戰術。但對傳統與新媒體公司而言，政治廣告是選舉年總營收的大宗，也因此，現行黨派競爭對媒體有利。[17]

傳統獨立媒體：就歷史角度而言，傳統獨立媒體一直大幅介入資訊流通與說服、勸導作業。現今，主流媒體在營收與收視率兩方面都持續下挫，雙頭壟斷利益團體正在積極攻占特定媒體。更值得注意的是，新興媒體平臺讓雙頭壟斷業者可以略過主流媒體，直接與客戶取得連繫。由於這類變化，過去獨立、有影響力、廣受歡迎的媒體節目，現在已經染上政治意識型態色彩，而且往往淪為不折不扣的黨派喉舌。許多民眾已不再重視、信任它們，甚至厭惡它們。[18]

顛覆性的新媒體：這類新媒體包括社群媒體同溫層、內容整合者、線上論壇，以及不斷變化的部落格空間。它們威力強大，令人流連忘返，但同樣也充滿足以影響選情的道德與影響力議題。與主流媒體平臺相較，臉書（Facebook）、YouTube、推特

（Twitter）等新媒體業者，儘管營收與影響力龐大得驚人，仍然過於年輕，未經妥善規範。我們顯然生活在一個危險的「去中介」（disintermediation）與混亂的紀元中——主流媒體不擇手段、尋找二十一世紀收視率與營收模式的做法，是造成這種現象的部分原因。

＊＊＊

在當今的通路中，交叉點似乎比過去視為神聖的分界線還多。什麼是新聞，什麼是廣告——甚至是宣傳——有時讓人很難區分，特別是在線上情況尤其如此。在過去，新聞是刊在雜誌或報紙上的一篇報導，是電視或電臺播出的一段節目。現在的新聞，從十五秒鐘的一段影片到一篇兩百八十字的推文，可以用各種面目呈現。過去出現在地方新聞節目上一段公正無私的觀點，現在可能是一段有人花錢買來的廣告。過去至少經過一番審慎與平衡處理的報導，現在可能只是語不驚人死不休的一篇狂言。現今新聞媒體能像過去那樣聘用好編輯、好記者的情況已不多見。

在總結可信媒體對民主的價值時，傑佛遜曾說，如果他必須選擇「沒有報紙的政府，或沒有政府的報紙，我會毫不遲疑的選擇後者」。[19]

但到了今日，許多讀者、觀眾與聽眾已經不再相信公共資訊，對我們這些相信「第四權」（Fourth Estate，譯按，即媒體）神聖性的人而言，這是一種附帶損害，是讓人痛心的事實。政治產業複合體內的業者現在可以找上媒體，運用我們仍然不了解、無法掌握的方式，對民意進行鎖定、塑造。我們該怎麼做才能再造我們對新聞的共信？

《推銷員之死》（*Death of a Salesman*）作者、著名劇作家米勒（Arthur Miller）曾說：「在我看來，一份好的報紙是一個國家的自我對話。」[20]我們這本書的矚目焦點雖說是直接與政治有關的來龍去脈，若能夠重建一種全國性的、溫和的、有節制的對話，就更加喜出望外了。

供應商：已經被雙頭壟斷占有

供應商提供有價值的投入，讓競爭對手生產他們的產品與服務。就像為食品製造業者供應糖與油等原料，或律師與會計師事務所為這類業者提供服務一樣。在政治產業，由於雙頭壟斷對關鍵性政治產業供應商的滲透與占有，黨派競爭得以強化、擴大。政治產業供應商有五大團體：候選人、競選與執政人才、選民數據業者、智庫等理念供應業者，以及參與立法研議與法規實施過程的學者與遊說人。

候選人：這群人非常仰賴政黨提供法律顧問、經費、基礎設施、實地作業、選民名單與數據分析、辯論布署，以及打一場現代選戰的其他需求。由於欠缺這類政黨提供的支援，非政黨候選人就算只是想加入選戰都得面對巨大障礙，更別說想打贏選戰了。政黨還會決定它要積極支持哪些候選人——或對哪些候選人完全置之不理。這使雙頭壟斷威權更甚，更能迫使個別候選人遵照黨派路線行事。

專才：政治產業專才包括競選經理、政治顧問、民調專家、公關人員、數據分析師、社群媒體總監、服務處競選幕僚、立法事務幕僚。但大多數專才只為雙頭壟斷的一方或另一方工作。[21]你要麼是民主黨民調專家，要麼是共和黨民調專家，要麼是民主黨競選幕僚，要麼是共和黨競選幕僚，等等。為未經政黨同意、挑戰現任黨員的候選人工作，或為挑戰兩黨的獨立候選人工作，都可能遭到除名厄運。[22]舉例來說，在二〇一三年，全美共和黨參議院委員會（National Republican Senatorial Committee）公開宣布，將一家廣告公司納入黑名單，因為這家公司為一名挑戰共和黨現任參議員的共和黨候選人工作。[23]在二〇一九年，民主黨國會選戰委員會（the Democratic Congressional Campaign Committee）向許多家公司提出警告說，如果它們為挑戰現任國會議員的候選人工作，一旦被發現，將被列入黑名單。[24]歐曼（Greg Orman）在二〇一四年以獨立候選人身分角逐堪薩斯州參議員，他的選戰雖打得轟轟烈烈（不幸以失敗收場），他的幾名顧問卻只敢在私下裡為他獻策。

選民數據業者：這些組織對現代選戰的成敗至關重要。像其他產業的數據分析師一樣，累積、分析新取得的選民資料需要大規模、持續不斷的投資。候選人與民選官員想有效耕耘支持者、募款、決定選戰主打議題、讓選民踴躍投票、訂定治理優先順位，都得極度仰仗龐大的選民檔案數據。不過這類數據不是任何候選人都能得到的。就像NGP VAN與民主黨掛勾、i360與共和黨掛勾一樣，選民數據供應商與雙頭壟斷互通聲氣。他們蒐集最詳盡的選民專屬數據庫與分析，以及可能投票的選民名單——他們嚴密控制這些數據，使用者必須簽協議書，以保證數據不會流入他人手中。哪些候選人可以用多少代價取用這些數據由黨工決定。政黨支持的候選人占了極大優勢。

理念供應商：這些思想領袖提出、鼓吹政策理念，以納入黨綱、候選人政策與立法。關鍵性理念供應商包括學者與估計約一千八百三十五家智庫，總預算高達好幾十億美元。[25]理念供應商曾經是立場超然的人士，他們發出各種聲音，創造有活力的競爭，是美國政治體系的一股重要力量。但現在有愈來愈多的理念供應商已經在雙頭壟斷選邊站。[26]在美國最優秀的三十五家專注於公共政策的智庫中，約七〇%具有濃厚黨派色彩，或有黨派傾向。[27]許多智庫已經超越純研究範疇，建立政治行動單位。

同時，國會幕僚以及負責提出、檢討、微調理念的研究人員也遭到大幅刪減。從一九八五年到二〇一五年，國會委員會幕僚人數減少了三五%。[28]由於專業幕僚欠缺，國會不得不更加仰仗投機的供應商——例如遊說人。

遊說人：這些政治勢力掮客往往運用巨額捐款手段，為特殊利益影響法案與法規。遊說人受雇於特殊利益團體，做為特殊利益團體的一部分，為雙頭壟斷在第一線立法的核心客戶牟利。遊說人已經逐漸成為替政府幕僚提供議題研究、政策理念與立法支援的重要工具。他們受聘為資源不足、壓力愈來愈大的國會幕僚提供立法構想，有時甚至為國會幕僚草擬法案與論點話題。[29]遊說人已經成為獨樹一幟的巨大生意。根據報導，二〇一六年的聯邦遊說開支達三一．五億美元（實際開支遠遠超過這個數目）。[30]在二〇一四年，當遊說開支達到高峰時，公司為影響公共政策而花的錢，比國會為了本身政策目的而花的錢還多。[31]

無數研究顯示，遊說開支往往透過對立法的影響，成功造成法規調整或免責，帶來巨大好處，投資報酬遠甚於開支。[32]遊說人扭曲立法，有時遊走於遊說與貪汙之間的灰色地帶，照顧的是客戶利益，不是公共利益。

進場障礙與替代性產品：龐大而笨重

不能滿足客戶需求的產業，導致新競爭對手加入，以整頓市場、為客戶提高價值。進入產業的障礙可以決定新競爭對手加入市場的難易度。在政治產業，新政黨的創辦等於新對手加入競爭。替代性產品與新競爭對手代表不同的競爭方式——有些像是優步（Uber）對計程車，或是亞馬遜（Amazon）對傳統超市零售業者。在政治產業，替代性產品可能是與政黨沒有關係的獨立候選人。[33]

在政治產業，阻止新對手加入競爭的障礙非常龐大——替代性產品也遭受極為嚴苛的束縛。美國自一八五四年反奴隸制的輝格黨（Whig Party）黨員退黨、創辦共和黨以來，就沒有出現過重要新政黨，這證明了跨入美國政治產業的門檻很高。進步黨（Progressive Party，一九一二年）與改革黨（Reform Party，一九九五年）都曾經做得有板有眼，但都在推出少數幾名候選人之後，不出十年就宣告解體。今天幾個最有分量的第三黨，包括自由黨與綠黨，在每個選舉週期中都推出無數候選人，但直到目前為止，就連一席國會議員與州長席次都沒有拿到，更別說總統了。[34] 儘管選民對現有政黨極度不滿，今天美國第三黨的成績仍然很差。同樣情況也適用於獨立人士，儘管自稱獨立人士的民眾比例很高。[35]

新競爭面對的障礙多得不勝枚舉，包括：規模經濟；現任官員在品牌知名度、關係、專業技能與基礎設施方面的優勢；關鍵性供應商與通路的取用；某些選舉法規如「輸不起法」（sore-loser laws，譯按：這是一種美國選舉法，它規定在初選落敗的候選人不得以獨立人士身分或代表另一政黨參加普選）；選舉經費的取用。例如：雙頭壟斷創造的募款法規，規定單一捐款人每年可以向全國性政黨（民主黨、共和黨，或兩個黨都捐）捐助八十五·五萬美元，但每一選舉週期——兩年——只能向獨立候選人的競選委員會捐助五千六百美元。[36]

有趣的是，最大的進場障礙是三個在民眾眼中似乎完全正常——無論從任何角度來說，都合情合理——的結構。這三個結構是前文已述的(1)黨內初選，(2)（選舉機制中的）相對多數決制，以及(3)黨派色彩濃厚的立法機制。我們將在後文詳細討論這些障礙，以及我們去除這些障礙的計畫。

最後，與幾乎所有其他產業不一樣的是，政治產業沒有獨立的監理機構。參與這個產業的業者本身可以決定他們的問責。唯一的聯邦監理機構是水門（Watergate）事件過後，為實施選舉法，而於一九七四年建立的聯邦選舉委員會（Federal Election Commission, FEC）。聯邦選舉委員會儘管表面上是獨立機構，事實上一點也不獨立。它的六人委員會是由雙頭壟斷所把持，一般而言是民主黨三人、共和黨三人，各擁半壁江山。

自二〇一九年八月以來，由於一名共和黨委員辭職，將聯邦選舉委員會委員人數減為三個人，低於採取行動的法定門檻，而川普（Donald Trump）總統又沒有指派繼任人選，這個委員會實質上已經停擺。政治產業這個例子堪稱**監理俘虜**的經典——就像美國證券交易委員會（US Securities and Exchange Commission）由摩根大通（JP Morgan

Chase & Co.）與美國銀行（Bank of America）的董事會共同管理一樣。[37]

這顯然違反壟斷法則。但為什麼聯邦貿易委員會（Federal Trade Commission）或司法部（Justice Department）沒有介入調查？原因很簡單：反壟斷法不適用於政治產業。

「川普效應」？

川普在二〇一六年的當選有沒有改變我們的政治制度結構，或我們的分析、結論、建議？正好相反，他的當選更證明了我們這些分析、結論或建議的效益。

二〇一六年選舉充分凸顯民眾對現狀的極度不滿——選民很顯然以選出「圈外人」的方式，表達對雙頭壟斷的抗拒。不過他們最後沒有成功。

川普在既有雙頭壟斷架構下競選，他知道以真正獨立候選人的身分競選不會成功，因為獨立人士或第三黨候選人得面對極高的進場障礙。據說川普在二〇〇〇年試探以改革黨（Reform Party）候選人身分參選時得出這個結論。彭博（Michael Bloomberg）在二〇一六年考慮以獨立候選人身分角逐總統時也達成同樣的結論，這當然並非巧合。彭博之後在二〇二〇年以民主黨候選人身分加入總統選戰。

川普在選戰中的異軍突起，意味著競爭性質已經改變、政黨影響力已經告終了嗎？沒這回事。事實上，由於通路與供應商的淪陷與不再公正，黨派競爭與分裂情勢只有更變本加厲。

我們可以將川普總統視為傳統雙頭壟斷的混合替代品，但不能視為真正的競爭。儘管在一開始沒有獲得共和黨全力支持，但他以共和黨黨員身分參選，運用傳統黨務體系與競選優勢進入初選與普選，最後取勝。川普的勝利反映的是一個非常特別的個人與政治環境。他的高品牌知名度為他帶來兩大利益：(1)他由於競選風格吸引觀眾，得到前所未有的免費廣告加持；(2)他能透過推特直接訴諸民眾。[38] 這兩項個人利益降低了他的競選成本，再加上他本身的財力，使他能夠跨過進場門檻。

以所謂「圈外人」的面貌在政黨架構內參選，今後可能成為一種其他人仿效的方式。但有鑑於川普獨特的個人情勢，他的成功可能主要是一種反常。當然，川普的勝選已經在共和與民主兩黨黨內引發重大調整與顛覆，但政治產業的結構與誘因並沒有因此出現根本性變化。事實上，政治競爭分裂情勢惡化只會使國會停擺的問題更加嚴重，因為共和黨人只要發言違反川普政府路線，民主黨人只要不能表現得像個徹底的阻撓派，都會遭到「初選緊箍咒」。

我們認為，政治產業性質是美國民主一直以來被迫吞服的一粒不健康的藥丸，川普政府的政績佐證了我們這個說法。在川普政府主政期間，華府仍然像過去一樣，未能在根本上因應美國面對的最大挑戰，但雙頭壟斷與更廣的政治產業複合體仍然不動如山。改革美國政治制度、創造更健康競爭、更好成果的需求仍然不變。

欣欣向榮的政治產業複合體

共和黨籍的艾森豪（Dwight D. Eisenhower）總統在一九六一年的告別演說中，警告美國人要提防「軍事產業複合體」的威脅與不良影響：「這種龐大軍事建制與大型軍火產業的結合，是美國經驗的新體驗。每一個城市，每一個州，每一個聯邦政府機構，都無法避免它造成的整體影響，包括經濟、政治，甚至精神層面的影響。我們知道這是一種迫於需求的必然發展，但我們必須看清它造成的嚴重衝擊。這個問題影響到我們的辛勞、資源與生活，還有我們的社會結構。在政府各部會裡，我們必須對抗這種軍事產業複合體有意無意間帶來的不適當影響力。不當勢力災難性崛起的可能性確實存在，而且會持續存在。」39

艾森豪預見的是美國軍方與國防產業間的強大聯盟。他認為，如果任由這個聯盟不斷壯大、不加節制，會形成一種「製造購買國防開支週期」，使產業腳步超越實際需求，產品服務的對象不再是「客戶」（美國國家安全利益），而是軍事產業複合體本身。軍事產業複合體會創造一種為供應而供應的國防商品供應機制，終於像其他許多美國現代產業一樣，變得太大、太強而不能倒。

美國政治產業變化趨勢也幾近雷同。政治雙頭壟斷與其周邊眾多早已沿著黨派選邊站的業者與利益團體，形成名副其實的**政治產業複合體**。用幾乎每一種標準衡量，這個複合體都在成長茁壯。選戰沒完沒了，造就龐大的經紀人、民調專家、選務工作人員隊伍。頂級競選顧問炙手可熱，媒體利益達於頂峰。整體開支——通常是代表產業成功的表徵——逐年增高。[40]因為投資報酬率高，資金熱錢不斷湧入。

在二〇一六年選舉週期，聯邦層級的直接政治開支至少高達一百六十億美元。[41]其中約四〇%，即大約六十億美元，為候選人、政黨、政治行動委員會、超級政治行動委員會與其他組織的開支；另外四〇%為公司、產業協會、工會與其他特殊利益團體花在國會與政府部門遊說方面的開支。[42]

對媒體而言，政治也是一門大生意。選戰期間，花在CNN、福克斯新聞（Fox

News）、與微軟全國廣播公司（MSNBC）這類頻道的廣告開支至少有十五億美元。[43]其他開支流入「美國進步中心」（Center for American Progress）或「傳統基金會」（Heritage Foundation）這類重要智庫的預算。總計，政治產業至少提供了一萬九千個就業機會，外加好幾千個顧問職位。[44]而且別忘了，這些數字只限於政治產業的聯邦層級。如果再加上州的層級，這些數字會暴漲。[45]

這些數字雖說令人震驚，但它們仍然嚴重低估了政治產業的規模。由於低報的情況極為普遍，實際的直接政治開支，遠遠高於這些數字。舉例來說，只需納入所謂「影子遊說」的估計開支，就能輕而易舉的將總額再加上六十億美元。[46]而且這項估計開支，還不包括美國步槍協會、山巒俱樂部（Sierra Club）、美國公民自由聯盟（American Civil Liberties Union）、繁榮美國（Americans for Prosperity）等政治活躍的非營利與社會福利組織——所有這些組織都卯足了勁來影響公共政策。如果我們將所有這些政治組織的營收都算進去，政治產業在每一選舉週期的開支會超過一千億美元。[47]

最重要的是，政治產業可以決定政府如何支出一筆金額大得幾乎難以想像的錢——在二〇一六會計年度，單就聯邦層級而言，這筆開支的金額就高達三．九兆美元。[48]除了控制政府花些什麼錢、如何花這些錢，政治產業還能制定政策、影響每一領域的經濟與社會開支，對整體經濟形成巨大效應。

無論就任何標準而言，政治產業都是一門大生意。對主要政治對手而言，推動民主不再是核心要務，至於那些輔助性政治實體——資助這個體系的核心客戶、被控制的供應商、遭籠絡的通路——所謂民主使命就更加不提也罷。所有這些個人與團體，一方面助長了不健康競爭，一方面也從不健康競爭中獲益。

政治產業是一場擁有一個黃金規則的遊戲，這規則就是讓雙頭壟斷繼續當道。改寫新規則的時機已至。而且這種事我們以前早就做過了。

第二章　遊戲規則

至少對一些人來說，總統大選前的政黨候選人電視辯論是必看的重頭戲。對網路與政治產業複合體的其他重要參與者來說，二〇二〇年是筆大生意。在二〇一六年選舉週期中，總統辯論的收視率媲美超級盃（Super Bowl）；數以百萬計的廣告費滾滾流入廣播業者口袋裡。廣告主得花二十五萬美元才能買到哥倫比亞廣播公司一段三十秒的政治廣告。

為什麼政治產業的生意這麼好？為什麼它能為它本身運作得這麼好，卻對所有其他人都沒有好處？只有抽絲剝繭、對雙頭壟斷世世代代以來制定、優化的關鍵規則與做法——選舉與立法機制——進行剖析，我們才能答覆這些問題，提出拯救我們民主的解方。但首先，我們所謂的規則究竟是指什麼？

我們且回到總統辯論這個問題。從一九七六年到一九八四年，總統辯論的贊助單位是「婦女選民聯盟」（League of Women Voters）。可想而知，做為非黨派組織的婦女選民聯盟，不時與雙頭壟斷發生衝突。

以一九八〇年為例，卡特（Jimmy Carter）總統就曾抵制那一年舉行的第一場總統辯論，原因是婦女選民聯盟邀請了安德森（John Anderson）。安德森是一位退出共和黨、以獨立人士身分參選的自由派國會議員。[1]四年以後，婦女選民聯盟譴責雷根（Ronald Reagan）與孟岱爾（Walter Mondale）的競選陣營，說他們企圖控制總統辯論提問，「全面霸凌這個程序。」到一九八四年總統選戰開打時，共和黨全國委員會與民主黨全國委員會已經開始設法自行操控辯論進程。共和黨全國委員會主席小法蘭柯福（Frank Fahrenkopf Jr.）一針見血的說明了這麼做的理由：「兩大政黨應該竭盡一切所能加強他們自身的立場。」[2]

幾個月後，喬治城大學（Georgetown University）戰略與國際研究中心（Center for Strategic and International Studies）提出報告，贊成「將總統辯論主辦權交還給兩大黨」。[3]這篇報告的結論與它的發表時機並非偶然。負責撰寫這篇報告的委員會，成員包括政客、政治顧問與新聞主管，都是政治產業核心份子，而且由一名前共和黨國會議員與前民主黨全國委員會主席擔任委員會共同主席。[4]當時的現任民主黨全國委員會與共和黨全國委員會主席都支持這篇報告。另一方面，婦女選民聯盟負責人萊丁斯（Dorothy S. Ridings）提出警告：「如果未來的總統論壇純由兩大黨主導，重要的獨立或第三黨候選人想加入這樣的辯論，將艱難得匪夷所思。」[5]事實證明她的話沒錯。

一九八七年，雙頭壟斷欣然接受這篇報告的建議，成立「總統辯論委員會」（Commission on Presidential Debates），由共和黨全國委員會與民主黨全國委員會負責人擔任共同主席。在宣布成立總統辯論委員會的聯合記者會中，兩位新共同主席坦承他們不大可能讓第三黨加入這種辯論。[6]

一九九二年，億萬富翁、政治新兵裴洛（Ross Perot）以改革黨候選人身分參選，讓這項不容第三黨加入辯論的政策面臨考驗。總統辯論委員會原本打算不讓裴洛加入辯論，但小布希（George H. W. Bush）與柯林頓（Bill Clinton）的競選陣營都認為裴洛加入辯論會挖走對方選票，因此進行遊說，讓裴洛加入辯論。[7]裴洛在那年十一月贏得幾近二〇%的選票，證明他確實有加入辯論的分量。

但到了一九九六年，總統辯論委員會拒絕讓裴洛加入辯論。[8]與四年前不同的是，這一次雙頭壟斷候選人都認為讓裴洛加入辯論不符合他們的利益。選戰奪標呼聲最高的柯林頓不希望辯論會節外生枝，他的對手杜爾（Bob Dole）也認為裴洛的參選損害了共和黨上一次的選舉。總統辯論委員會自然樂於從命。套用杜爾的競選委員會主席的說法，「你要他們怎麼做，（總統辯論）委員會就會怎麼做。」[9]

不過這項不讓裴洛加入辯論的決定與選民的意旨不符。四分之三的合法選民支持裴洛加入辯論，結果失望了。[10]《紐約時報》發表一篇題為「匡正總統辯論」（Fixing the Presidential Debates）的社論，抨擊總統辯論委員會這項決定，說「委員會已經證明自己是兩大黨的工具，而不是美國利益的守護者」。[11]

從那以後，總統辯論委員會努力粉飾規則，例如它規定候選人必須在全國性民調中獲得至少一五％的支持才能獲邀參加辯論。[12]雖說這一五％的規則看起來似乎很中性，實際上它一點也不中性。非兩黨候選人想趕在九月期限以前跨過這個門檻，可能性微乎其微。[13]沒有全國性電視辯論帶來的媒體關注，新競爭對手幾乎不可能獲得這種層級的選民支持度——而一五％這個規定，正好把他們拒絕在全國性電視辯論這個平臺之外。

雙頭壟斷只用了一招自訂遊戲規則的伎倆，就成功占領了總統辯論這個關鍵性通路，還將進場障礙要塞化。

參與者訂定規則

從許多方面來說，雙頭壟斷擴大勝利戰果的做法，與我們觀察到的其他產業的情況並無不同。無論在任何產業，參與者總是不斷磨練競爭策略，以增加獲利能力，並隨著監理規範的變化而不斷調適。以職業運動為例。奈史密斯（James Naismith）一八九一年發明籃球時，每進一球都是兩分，所以球隊將進球率做為最高優先，爭取能夠在攻、守兩方面主控籃框附近禁區的球員。為了將比賽現代化，讓球迷看得更刺激，國家籃球協會（National Basketball Association, NBA）於一九七七年採納三分線規則。這項規則改變了策略優先與團隊組合。現今的比賽步調很快，以「不分位置」（position-less）的三分球射手與能夠拉開場上空間的防守球員（floor-spreading defenders）取代曾經是主力的大前鋒與中鋒。在職業籃球，就像在其他職業運動一樣，一個獨立的權威機構改變了規則，不斷監督、規範著賽事。

政治產業最為厚顏無恥之處就在於，經過許多年變化，雙頭壟斷**本身**從根本上優化了遊戲規則。只有從中找出最重要的規則與做法，並想出新的，我們才能設計出解決方案，為選舉與立法注入健康的競爭。

政治機制

任何真正專業的調查記者都知道，想查出一個重大新聞事件的來龍去脈，幾乎千篇一律都是要跟著金錢的痕跡摸索。想知道政治產業的規則這許多年來是怎麼寫的，這項指導原則同樣也可以派上用場。

跟著金錢走：政治產業的核心貨幣是金錢與選票。正因為如此，決定**如何打贏選戰**、**如何制定法律**的規則——賺取、花用金錢與選票的競技場——最具影響力。

美國的選舉與民選官員的立法結構，取決於一套龐大、晦澀、有益雙頭壟斷的規則與做法。如前文所述，我們稱這些規則與做法為政治產業的機制。不妨將這種機制視為政治制度的軟體，它隱身幕後、悄悄運作，看不見也摸不著，卻強有力的塑造著候選人與國會議員的競選方式。

我們可以將這機制分為兩部分。首先，我們如何決定誰的名字可以登上選票？我們怎麼決定誰贏？處理這些問題的規則就是政治產業的**選舉機制**。其次，一旦一名候選人當選，成為民選官員進駐華府，他（她）怎麼起草法案、怎麼將法案轉為法律？決定國會運作的規則與做法是什麼？這些就是政治產業的**立法機制**。這兩種機制加起來，組合成規範政治產業競爭——也扭曲了健康競爭——最重要的規則。且讓我們進一步觀察。

選舉機制

在目前的選舉機制主導下，溫和派出不了線，爭取協商的人受到懲罰，獨立人士與第三黨被擋在門外。現今的選舉機制有兩個關鍵特性，是造成不健康競爭的首要因素：黨內初選與相對多數決制。雙頭壟斷並非這些特性的原創者，但它利用這些特性而不斷壯大。

黨內初選

我們大多數人不會參與黨內初選，但我們一般都知道有初選這回事。黨內初選是選舉的正式起跑線。儘管所有黨內初選都將普選競技場縮小，但規則因州而異。在封閉式初選的州，只有黨籍選民才能參加黨內初選，獨立人士與第三黨候選人完全被擋在門外。在開放式初選的州，任何選民、無分黨籍都能參加黨內初選。

黨內初選的起源可以回溯到二十世紀初期的一項創新，它廢止原本由政黨領袖在政黨大會中選擇政黨候選人的做法，改由人民直接選舉政黨候選人。這項創新本是一項良政改革，而且也確實帶來一些好處。但到了今天，黨內初選已經演變成一種良政之敵。雙頭壟斷已經學會如何利用黨內初選以加強意識型態純粹性、強化政黨忠誠度。

如前文所述，在黨內初選中，一小群意識型態色彩較濃厚的選民（客戶）成為守門人。守門的權威使這一小群黨性堅強的份子成為政治產業中最有力的客戶區塊。根據最近的研究，意識型態色彩愈走極端的選民，愈認為自己能影響政府，而這種現象並非偶然。[14]黨內初選能夠篩除解決問題的候選人，同時獎賞極端派候選人。

當拜登（Joe Biden）在二〇〇九年成為副總統時，大家都以為共和黨國會議員卡紹（Mike Castle）會接替拜登，成為德拉瓦州下一任參議員。[15]卡紹在一九八四年當選德拉瓦州州長，並於一九八八年以超過七成的得票率高票當選連任。

由於任期限制，卡紹之後進入華府，擔任代表德拉瓦州的唯一眾議員，建立善於解決問題的溫和派國會議員美譽，連任九屆，創下德拉瓦州紀錄。卡紹進入國會時，適逢共和黨籍眾議院議長金里奇（Newt Gingrich）掀起的政治衝突風波。卡紹成為「共和黨主流夥伴」（Republican Mainstream Partnership）派系領導人，力主與民主黨合作，通過實際可行的政策。布希總統將他納入「沒有孩子落後」（No Child Left Behind）教育政策，但在二〇〇八年金融危機中，卡紹沒有遵守共和黨黨派路線，投票支持華爾街紓困方案。

卡紹的共識導向政治做法，即所謂「德拉瓦之道」（Delaware way），讓他在德拉瓦聲譽如日中天，成為二〇一〇年總統選舉最熱門的人物。但卡紹不時與共和黨正統派衝突的做法也得罪了許多人。對一些右派人士來說，卡紹的中間路線代表對保守派議程的反叛。他由於支持同性婚姻、幹細胞研究與槍枝管制，被安上RINO（Republican in name only，虛有其表的共和黨人）的標籤。在那年秋天的共和黨參議院初選中，共和黨內派系聯手支持卡紹的對手奧登納爾（Christine O'Donnell）。奧登納爾是茶黨共和黨候選人，五年來曾兩度角逐參議院，均以失敗收場。在獲得茶黨國家級明星與保守派倡議團體的財務支援下，奧登納爾演出戲劇性翻盤，以三萬零五百六十一票對卡紹的兩萬七千零二十一票，在低投票率的初選中取勝。[16]

這對卡紹而言是一次令人震驚的挫敗，不過這只是初選罷了。如果卡紹能以獨立候選人身分角逐十一月普選，勝利前景依然光明可期。奧登納爾由於爭議纏身——例如她的前競選經理指控她挪用捐款支付她的租金——實力很弱。[17]卡紹的聲望也超越民主黨參議員提名人昆斯（Chris Coons）。民調預測，儘管在初選失利，卡紹能以二一%的比數在普選中擊敗昆斯。以美國選舉的條件來說，這會是一場壓倒性的大勝。[18]

但「參議員卡紹」始終沒有出現。這裡有個大問題。德拉瓦州採用所謂「輸不起法」。這條可笑的法律規定，在初選落敗的候選人，即使以獨立人士身分也不能角逐普選。[19]德拉瓦州聲望最高的政治人物，就這樣只因為在一場不到六%的民眾參與的初選中以三千票（德拉瓦州有近百萬選民）些微之差落敗，而失去參加普選的機會。[20]由於「輸不起法」，卡紹就連參加普選的資格都沒有。昆斯於是擊敗奧登納爾，進入參議院。

「輸不起法」是政治產業業者本身自訂規則的例子。這些規則不是美國憲法制定人發明的，而是營私圖利的政黨的大作。第一條「輸不起法」是密西西比州在一九〇六年頒布的。隨著時間不斷過去，這類法規逐漸熱門，到一九七〇年已有二十個州採納。在一九七六至一九九四年間，又有二十一個州採納「輸不起」結構。[21]今天，美國有四十四個州實施這種古怪的法規，禁止初選落敗的候選人參加普選。[22]

在少數幾個沒有這類不民主法規的州，選舉結果可以大不相同。舉例來說，二

○○六年康乃狄克州參議員萊伯曼（Joe Lieberman）在民主黨初選中遭到拉蒙（Ned Lamont）的挑戰。拉蒙指責萊伯曼與布希的白宮合作，獲得黨內自由派的大力支持，結果以一萬票些微之差在初選中擊敗萊伯曼。如果這件事發生在德拉瓦州，萊伯曼參議員的仕途將就此打住。但康乃狄克州是當時全美僅僅四個沒有「輸不起法」的州之一，萊伯曼於是以獨立人士身分參加普選並且取勝，證明他才是選民的選擇。[23]

政黨為了自肥，為了限制競爭，祭出許多違反民主原則的法規，「輸不起法」不過是其中比較令人側目的做法而已。例如許多州訂有不公平的參選規則，使獨立與第三黨候選人很難參選。候選人需要蒐集一定數目的簽名，但特別對那些欠缺必要基礎設施與資源的新手而言，要蒐集這麼多的簽名非常困難。以阿拉巴馬州為例，候選人必須蒐集到上一次州選舉選民總數三%的簽名。自一九九七年這條規則訂定以來，獨立與第三黨候選人只有一次滿足了這項要求。[24]

黨內初選是選舉機制的主角。它們確保公共利益與一個人的選任可能性沒有交集點。如本書前文所述，國會議員在考慮一項有兩黨合作可能的大型法案時，必須考慮的一個最重要的問題是：「我如果投票贊成，下一次黨內初選能過關嗎？」今天，在大多數情況下，這個問題的答案都是「不能」。

前眾議院多數黨領袖坎特（Eric Cantor）為學得這個教訓而付出慘重代價。[25]他在二〇一四年因提出共和黨版本的「夢想法案」（Dream Act，主張放寬移民限制），遭茶黨共和黨員祭出「初選緊箍咒」懲罰，在初選落敗。以坎特的例子來說，雙頭壟斷雖說運用初選規則自肥，有時也會成為這類規則的犧牲品，就連黨內高層也在劫難逃。從那以後，儘管美國人民在意識型態組成比例上並無變化，眾議院共和黨人卻繼續右傾，幅度為近年來僅見。對美國來說，黨內初選是個巨大的問題，但不是唯一的問題。我們用來計算選票的制度也是個問題。

相對多數決制

許多美國人可能不敢相信，我們的選舉制度設計，為的不是讓最能獲得選民青睞的候選人當選。事實上，在候選人超過兩人的情況下，政治人物**無須贏得多數選票**也能當選。

舉例來說，在一場三人角逐的選戰中，一名候選人只要贏得三四%的選票——意味有三分之二的選民將選票給了另外兩人——就能勝選。二〇一〇年，茶黨共和黨候選人勒佩吉（Paul LePage）就以僅僅三七・四％的選票，贏得緬因州州長初選。他隨後以三七・六％的選票贏了普選，當選緬因州州長。換言之，幾近三分之二的選民——有民主黨，也有共和黨——沒有投票給勒佩吉，他們中意的是其他候選人。儘管在任期內成為美國最不受歡迎的州長，勒佩吉於二〇一四年同樣也在沒有贏得多數選票的情況下贏得連任。[26]這種投票制度獎勵候選人不必跨選區爭取廣泛民眾支持，只要鎖定夠大的黨派票倉、能夠比對手略勝一籌就行了。

不過這只是相對多數決制造成的最小衝擊罷了。相對多數決制還能造成「攪局者效應」。再回到緬因州。勒佩吉儘管不受歡迎卻能連任州長，他究竟怎麼辦到的？以獨立人士角逐州長選舉的庫勒（Eliot Cutler），在這場選戰中贏了超過八％的選票。民調顯示，如果庫勒沒有參選，投給他的大多數選票將轉而投給勒佩吉的民主黨對手。換言之，庫勒「**攪亂**」了這場選舉，瓜分了民主黨候選人的票，讓勒佩吉取勝。

「攪局者效應」使選民不敢把票投給他們最喜歡的候選人，因為這樣做可能會無意間讓他們最不喜歡的候選人取勝。且以二〇一六年總統選舉為例。你不敢投票給綠黨候選人史坦（Jill Stein），因為這樣會瓜分希拉蕊（Hillary Clinton）的票，破壞了希拉蕊勝選的機會。而在選戰另一邊，選民不敢投票給自由黨候選人強森（Gary Johnson），因為這樣會瓜分川普的票。

相對多數決制對我們的民主大潑冷水，因為它為加入政治角逐的新人創造一個單一最大的障礙：攪局者論點（你不能參選，你只要把名字登記在選票上就已經攪亂了這次選舉）。每一位有意與雙頭壟斷競爭的人都得面對這樣的障礙。事實真相是，緬因州州長選舉中那位獨立參選的攪局者庫勒是個特例。大多數有意參選的新人根本連站上起跑線的機會都沒有——面對「攪局者論點」，他們只能知難而退。

假設你想以獨立人士身分競選參議員。不僅雙頭壟斷將你視為威脅的一方，會向你施加龐大壓力；政治產業複合體也將你視為威脅的一方，會傾盡全力將你從候選人名單中除名。以舒茲（Howard Schultz）為例。這位星巴克（Starbucks）前執行長在二〇一九年考慮以獨立人士身分競選總統。來自民主黨的反對聲浪很高，而且往往很毒辣，因為民主黨人認為，舒茲如果參選，會便宜了川普。共和黨人如果認為可能有人瓜分他們推出的候選人的選票，也會採取同樣行動。而且雙方都認為他們「霸凌有理」，因為在現行制度中，在選戰輸給另一方已經構成「存在性威脅」，為對抗這種威脅，即便使出霸凌伎倆也不為過。這正是相對多數決制帶來的問題。

仔細想一想，你會發現，這世上只有一個產業不斷告訴我們：競爭愈不激烈，對客戶愈好。這個產業就是政治產業。現在，舒茲能不能成為一個好總統已經不重要——我們都應該認清的是，我們的政治體系不讓更多有才幹的成功之士加入競爭，這非常不健康。

但這不是相對多數決制的唯一問題。它不僅讓許多原本可望加入角逐的候選人卻步，還創造「廢票」論點，讓許多加入競選的人落敗。每當我們投票給一名勝算不高的候選人時，就會有人說我們在浪費我們的選票。歐曼說，因為選民總希望他們投下的票舉足輕重，相對多數決制造成一股「引力」，讓新挑戰者難以出線。[27]我們怎麼會有這樣一種不健康的投票制度？當美國憲法制定時，世上僅有的選舉模式是英式多數決制度。根據政治學者卓曼（Lee Drutman）的說法，「當年其他較現代化的選舉制度都還沒有出現，所以美國憲法制憲人對國會選舉這個議題並無深思。」他們只是抄襲了英國的做法。[28]

制憲人做了許多了不起的事，但相對多數決制是一項錯誤。所幸，如下文所述，我們可以改造這種選舉機制。我們的做法還包括改造立法機制——相對多數決制在不健康競爭中的夥伴。

立法機制

如果一名候選人度過黨內初選關卡，在至少一次相對多數決制選戰中取勝，進駐華府時，會發現已經淪為黨派俘虜的立法機制等在那裡。像選舉機制一樣，立法機制也是一套確保政治產業複合體利益優先的強有力規則。我們且先從一個預算故事、邊緣政策，以及一個鮮有人知、在所有立法機制背景中運作、衍生獨特後果的規則談起。

國會每年必須為聯邦政府制定預算。如果直到新財政年度展開都還沒有達成協議，政府的部分運作就會停擺。在二〇一三年，分裂的政府以及醫療健保改革議題造成的兩極化，讓華府陷於癱瘓。民主黨雖能控制參議院與白宮，共和黨握有眾議院，而且決心廢止、取代《平價醫療法案》（Affordable Care Act, ACA）。[29]任何共和黨員都得保證一旦當選必將全力廢止這項法案，否則過不了初選這一關。[30]

在二〇一三年底，這項保證見真章的時機到了。隨著財政年度尾聲將近，共和黨全黨也展開動員，準備與民主黨攤牌。八月，八十名眾議員聯名呼籲眾議院議長貝納（John Boehner）運用預算撥款程序廢了《平價醫療法案》。[31]許多產業利益團體也展開行動。保守派智庫「傳統基金會」的政治打手「傳統行動」（Heritage Action）在各大城展開行動，爭取支持。

政治產業複合體充滿一片劍拔弩張的肅殺之氣。隨著戰線涇渭分明、限期逐漸逼近，共和黨控制的眾議院與民主黨控制的參議院——參議院拒絕接受《平價醫療法案》預算遭砍——之間的討價還價也不斷升溫，直到時間耗盡。[32] 十月一日，聯邦政府關門大吉。從若干方面來說，這次關閉不過是眾議院、參議院與白宮之間談判僵持不下的典型故事。眾議院共和黨人堅守競選承諾，誓言砍除《平價醫療法案》經費。參議院與白宮不肯屈服。雙方都不退讓，直到舉債上限及十月十六日違約限期逼近的壓力打破僵局、迫使眾議院讓步為止。[33]

不過，這樣的三言兩語沒有說明問題重點。這場政府關門的鬧劇本來可以不必拖延十六天。它原本可以不必發生的。或在政府關門之前，或在十六天停擺期間，無論在任何時間點，**只要舉行投票**，眾議院幾乎一定可以通過一項為支出撥款的法案。[34] 事實上，直到眾議院議長貝納決定召開眾議院院會，表決一項已經獲得參議院通過並獲得眾議院多數支持的法案，這場停擺鬧劇才終於落幕。貝納運用一項名不見經傳但異常強大的規則，將美國劫持了十六天。這項規則就是所謂的「哈斯特規則」（Hastert Rule）。

哈斯特規則是現今黨派立法機制發威的例子。[35] 儘管沒有任何成文根據，這已經成為今日眾議院議長的標準做法，兩黨都一樣。根據哈斯特規則，一項法案如果不能獲得多數黨——眾議院議長所屬政黨——支持，**就算這項法案能在眾議院全院會議中通過**，眾議院議長也不會讓它在院會中進行全體表決。

除非眾議院議長不理會這項慣例——這種情況極為罕見——獲得少數黨（以上述支出撥款法案的例子來說，就是民主黨）支持與多數黨（共和黨）若干議員支持的兩黨法案，只能胎死腹中。由於沒有進行投票，獲得大多數美國人與大多數國會眾議員支持的法案沒有機會過關——事實上，連對法案辯論的機會都沒有。這項法案到不了院會。沒有審查，沒有修正，沒有投票。沒有透明度。沒有問責。

這項美國憲法中不存在、沒有法律明文依據，甚至翻遍眾議院規則也找不到的規則，就成為政黨控制國會的有效工具。以上述二〇一三年政府停擺事件為例，儘管九〇％的美國人不願見到政府停擺，但它發生了，而且持續十六天，耗費了美國兩百四十億美元。36

值得注意的是，這類型黨派機制已經像「水對魚兒」一樣，成為大多數美國人——包括記者與寫社論的主筆——見怪不怪的例行公事。當二〇一三年政府停擺鬧劇登場時，沒有人撰文討論這整起事件的瘋狂：單單一個人（在一個州內的一個選區、由一個政黨的少數初選選民選出的一個人）竟能阻止民主選舉產生的國會解決一個幾乎全國民眾都想解決的問題。至於浪費兩百四十億美元公帑的事就更加不提也罷。這不是民主。這是黨派寡頭政治。

我們不能接受以這種方式治國。我們必須解決這個問題（進一步詳述見第五章）。

政黨接管國會

就像「輸不起法」一樣，哈斯特規則也是雙頭壟斷用來塑造立法程序以謀自肥的許多辦法中的一個而已。想了解政黨如何全面接管美國國會，我們且先退後一步。[37]

從二戰到一九七〇年代初，美國眾議院與參議院的運作有時被政治學者稱做「教科書國會」。[38]不是政治學者的美國人，很可能也聽過這段時期國會的另一名號：「校舍搖滾國會」（*Schoolhouse Rock Congress*）——音樂動畫《校舍搖滾》中描述的國會。在那首著名歌曲〈我只是一個法案〉（I'm Just a Bill）中，一個經選民倡導、國會議員擬妥、等著成為法律的法案，唱著它的希望：

我只是一個法案。是的，我只是一個法案，經長途跋涉終於來到國會山莊。
嗯，現在我卡在委員會，我坐在這裡等……

雖說這是一部為孩子製作的動畫故事，但它貼切的描述了二十世紀中葉國會運作的方式。誠如〈我只是一個法案〉所述，法案的命運決定於委員會。在這段期間，美國國會圍繞農業、外交事務等議題分別組成幾個強大的委員會，進入國會的法案得先交付相關委員會。在委員會主席領導下，來自兩黨的委員會成員要進行辯論、提出修訂、決定是否將法案送交院會表決。

值得注意的是，這首歌裡面沒有提到民主黨或共和黨，只提到委員會的國會議員。這反映出一九五〇年代與一九六〇年代的華府和今天的華府之間一項關鍵性的差異。在一九五〇年代與一九六〇年代，政黨還沒能控制立法程序；委員會控制這個程序。拜「資深制」等一套慣例之賜，委員會可以不受政黨的控制。根據資深制，委員會主席不由政黨領導層決定，而取決於服務年資。[39] 政黨領袖由於欠缺人事控制權，對執政過程的控制大打折扣。[40] 委員會是國會議員聚在一起對話、審議、談判，以及聚在一起找出問題、草擬解決方案的所在。[41]

當〈我只是一個法案〉這首歌在一九七六年初次在電視上播出時，黨派接管的現象在華府已經存在了好一陣子。帶頭接管的是民主黨。民主黨自一九五五年起一直是眾議院多數黨，直到一九九五年，共和黨終於取得眾議院控制權，開始重塑國會，讓美國政治制度走上功能失調與停擺之路。

黨派接管事件在一九七〇年代的眾議院引爆，導火線是保守派議員利用委員會擱置自由派法案，惹怒了民主黨多數。[42]國會民主黨內有一個名為「民主研究團」（Democratic Study Group）的自由派派系，自一九五九年成立以來，一直大力倡導自由派立法，主張創建「必要立法機制與黨內團結，以保證採取行動、實施我們黨綱中保證的那些民主黨方案」。[43]一開始，這項接管行動規模不大，只是恢復了民主黨黨團而已。原本大多數國會議員在就任後極少與政黨領袖接觸，但這個情況在一九六九年改變了：從這一年起，所有民主黨國會議員每個月舉行集會，訂定議程、設計立法策略、進行協調以統一言論口徑。[44]

第二個陣線是對委員會的攻擊。首先，民主黨國會議員縮減委員會主席的權力，限制他們對委員會議程的控制，將指派小組委員會主席的權限轉到政黨領袖手裡。在民主黨人對委員會主席權力設限以後，下一步是選擇委員會主席人選。民主黨在一九七一年宣布，資歷將不再是委員會主席人選考量的唯一標準。[45]僅僅四年後就有三位現任委員會主席下臺。在一九六〇年代，基於非資歷考量而出任委員會主席的人僅有一．一％，到了一九七〇年代，這個數字躍升為一五％以上。[46]

這個訊息愈來愈明確：意識型態純粹性與黨派忠誠度（往往披著道德外衣）成了現在的支配性因素。[47]想取得委員會主席的職位，黨員得展現對政黨領袖的忠誠。任何委員會主席如果膽敢不理會政黨的指示，一切後果自負。

在招撫委員會主席之後，民主黨領導層開始著手整頓基層黨員。一九七五年，委員會任務指派的工作，由「籌款委員會」（Ways and Means Committee）轉移到新成立的「指導與政策委員會」（Steering and Policy Committee）手裡。指導與政策委員會由議長兼任主席，成員都是政黨幹部。此後，黨員的仕途得靠與政黨領袖的交情了。

在控制委員會成員之後，由於兩黨委員會仍然能做成關鍵性決定，民主黨人還是感到不滿。於是從一九七〇年代起，民主黨開始運用政黨特別小組來管理重要政策，完全繞過委員會。這些特別小組的成員都是由議長選派、遂行政黨議程的民主黨員。

為建立一個徹底的黨派立法機制，民主黨人鎖定眾議院法規委員會（House Rules Committee）。這個委員會擔任眾議院法案的主要守門員，扮演關鍵性角色。法案在離開委員會或管轄機關後必須通過眾議院法規委員會，它能否排上辯論與表決日程，由該委員會決定。

眾議院法規委員會傳統上頗以中立裁判人自詡，它會根據擬議法案的規模數量與重要性，對哪些法案應送交院會、以什麼先後秩序、根據哪些辯論規則進行辯論、投票的問題等，做成公正決定。但民主黨在一九七五年強占了這個委員會，授予議長指派委員會主席與民主黨委員的權力。從此以後，法案未經議長批准就到不了院會。在撰寫法案時，委員會不必再考慮什麼是最好的政策、什麼法案能獲得眾議院多數贊同，因為任何政策都必須經過政黨領袖指定、完全控制國會議程的黨團幹部同意才可能出線。

將國會推入黨團利益的第一階段雖是民主黨主導的，但共和黨經過幾代沉潛、在一九九四年控制眾議院之後，開始進行這項行動的第二階段。時任眾議院議長的金里奇不但沒有廢除民主黨構建的黨派立法機制，反而將這個機制進一步擴大延伸。在指派委員會主席人選時，他不考慮年資，唯忠誠度高低是問。[48]他打破傳統，將資歷最淺的新手安插到最重要的委員會裡。在心腹紛紛進駐重要位置之後，他便能進一步控制委員會運作——例如他能迫使撥款委員會（Appropriations Committee）委員簽下一紙削減開支的保證書。[49]

金里奇還廢了長久以來一直是國會日常立法工作支柱的非黨派結構。他將國會的專業幕僚——為委員會工作、不為個別委員工作的經濟專家、律師與調查人員——削減三分之一。在委員會資源逐漸枯竭的同時，議長辦公室的資源卻不斷增加。[50]金里奇並將「政府問責辦公室」（Government Accountability Office）與「國會研究服務處」（Congressional Research Service）的工作人員裁減三分之一。問責辦公室與研究服務處是純為國會整體運作而設的兩個非黨派機構。他還關閉了負責為國會委員會針對複雜科技議題提供公正分析的「科技評估辦公室」（Office of Technology Assessment）。[51]金里奇就這樣以鯨吞蠶食的手法有效鞏固了他對國會的管控。

除了運用削弱委員會、刪減非黨派輔助幕僚人數等手段，將法案起草權力中央化，金里奇還對法案能不能送交院會、甚至對法案是否開放辯論的問題施以黨派控制。就這樣，在民主黨奠定的基礎上，金里奇控制下的眾議院法規委員會變本加厲，發出數量空前、禁止法案審議的「閉門規則」，封殺一切不能與黨派議程密切配合的法案。[52]在金里奇出任眾議院議長的第一年結束時，法規委員會發表的法規中，允許公開辯論的法規僅占法規總數半數。[53]

有鑑於此，有人指金里奇是「政治操盤手」。[54]但這個綽號太抬舉他了。接管國會與黨派立法機制的創建，是國會兩黨幾十年來不斷策畫、實作的結果。

今天，美國立法體系不能推動實際可行的解決方案或妥協之道。誠如二〇一九年年底的報導所說，一名民選官員的籌款以及將籌得款項貢獻給黨內同志的能力，對於這名官員的權力積累極其重要——達到籌款目標的國會議員往往能獲得較好的委員會任命。[55]這個體系讓一般選民不滿意，卻能讓黨派為它們的核心黨人與特殊利益客戶提供最大價值。

在今天，法案如何成為法律

美國國會經過精心設計，已經建立一套方便黨派運作、不利兩黨合作的體制。想了解今天的黨派立法機制運作狀況，不妨觀察一項法案在眾議院的旅程。

遭到占領的委員會

一項法案一旦提出，一般都會送往相關的委員會。如前文所述，委員會現在已是政黨領袖的囊中物。委員會委員只想做忠黨戰士，因為膽敢偏離意識型態純粹性，就有失去位子、無緣晉升的風險。[56]多數政黨領袖享有很多特權，可以決定委員會規模、分配兩黨委員的席次與幕僚，還有權決定委員會主席人選。[57]

政黨領袖選定的委員會主席，對於委員會議程等重大決定擁有相當控制權。以二〇〇三年為例，共和黨控制的眾議院籌款委員會設法在民主黨籍委員還沒來得及閱讀法案內容以前，趕忙通過年金改革法案。當民主黨員抗議時，委員會主席湯瑪斯（Bill Thomas）召來國會山莊警察，把民主黨員趕出委員會圖書館。[58]

黨派政治把國會委員會從談判與解決問題的天堂轉變為戰場。國會委員會聽證會曾是聽取當事人與專家意見、集思廣益的地方。但今天已經面目全非。從一九九四年到二〇一四年，委員會舉辦聽證會的次數少了一半。而且就算舉行聽證會，目的也不是真想從公眾那裡學習。二〇一六年，一項對四十年來委員會聽證會所做的研究發現，這些聽證會愈來愈以發動黨派戰爭為目的，而不以發掘健全的政策解決方案為目的。[59]

如果聽證會出了差錯，沒能帶來令人滿意的法案，政黨領導層有權在法案離開委員會以後改寫法案。[60]不過，運用政黨領袖更能操控的黨派特別小組替代委員會，乾脆繞過兩黨協商的虛假做作，已經愈來愈常成為多數黨慣用的伎倆。[61]舉例來說，二〇〇六年重新取得眾議院控制權之後，民主黨人在國會開議後的頭一百小時內，就在沒有委員會介入、沒有談判、沒有協商的情況下通過一大堆法案。[62]眾議院共和黨人完全無力介入立法程序。在民主黨主導的這個第一一三屆國會中，約四〇%的重大法案完全略過委員會這一關。[63]

政黨控制的眾議院院會

絕大多數法案就在委員會中銷聲匿跡。但確實也有少數法案熬出頭。不過這些法案的下一關不是眾議院院會，而是法規委員會的一個多數黨小黨團。這個小團體就像選舉機制的初選投票人一樣，扮演守門員角色，決定法案能不能交付院會表決——如果交付院會，是否能進行公開辯論與修訂。[64]未經法規委員會批准的法案不能提交院會。[65]

眾議院議長就在這裡運用哈斯特規則。有感於身為少數黨議員的自己曾因眾議院院會辯論不斷減少而沮喪不已，萊恩（Paul Ryan）在二〇一五年出任眾議院議長時，保證要讓眾議院立法程序更加開放。但他最終還是不敵黨派機制。在二〇一七年的立法過程中，萊恩沒有允許過法案公開辯論，一次也沒有。[66]（可想而知，參議院也有自己一套令人難以理解的做法——至少值得我們另闢專章說明——但結果都一樣：黨派控制。）

黨派把持的會議委員會

如果一項法案在眾議院闖過黨派立法機制的頭兩關，而且一項類似法案也在參議院克服層層險阻出線，立法程序的最後一步是會議委員會。[67]傳統上，這些委員會將參、眾兩院的兩黨國會議員聚在一起，以消弭對法案的分歧，並提出一份彼此同意的最終版本，交由兩院進行表決。

但今天，會議委員會已經近乎絕跡。以第一一四屆國會為例，只舉行了八次會議委員會，而十年前的第一〇四屆國會舉行了六十七次會議委員會。[68]現在，當一個政黨控制兩院時，多數政黨領導層會舉行閉門會議，然後將它的內部談判結果通知另一黨就簡單了事。

會議委員會如果真的召開，由於成員都是政黨領導層指派的人選，當然會根據政黨的意旨行事。在共和黨控制的參議院就二〇一七年《減稅與就業法案》（Tax Cut and Jobs Act）進行是否送交會議委員會的投票以前，民主黨參議員懷登（Ron Wyden）說：

「今天參議院要辯論是否與眾議院召開會議委員會，以解決共和黨通過的這兩項稅務法案帶來的分歧。不過，不要搞錯了——將在今後幾天內召開的會議委員會不過是作秀而已。不會有什麼真正的辯論。」[69]

＊＊＊

今日，這個機制已經運轉得滴水不漏、可靠之至，就算換了新人或新政策也改變不了現狀。也因此，為今之計，美國必須以重整政治遊戲規則、建立健康競爭、為民眾謀福利為最高優先。這項任務既簡單又艱巨，而且時間已經不多。政治產業複合體若充斥不健康競爭，後果極其恐怖，一旦這種情況淪為常態，將更加不堪設想。

只有共和黨或民主黨人才能站上總統辯論講臺向美國民眾發表政治主張，已經成為美國人接受的常態。

當麥康奈（Mitch McConnells）與佩洛西（Nancy Pelosis）——美國目前最有權勢的兩名國會領袖——得意洋洋的公開宣布，說他們的最高優先是抗拒現任總統（當時是川普）或幫更多本黨人士當選時，美國人接受了，認為這是政治常態。

兩黨法案儘管獲得多數支持，仍然遭到國會封殺，這是美國人接受的常態。

過去十年，靠遊說賺了大錢的「遊說指數」（lobbying index）公司，業績已經超越標準普爾五百指數（S&P 500）[70]，這是美國人接受的常態。

全世界最富有的國家美國，竟然由於黨派政治惡鬥而遭信評降級，這也是美國人接受的常態。談到不負責任，還有什麼能比這更惡劣？

我們不要自欺欺人：美國正在衰落。但美國可以不必如此。

第三章　後果與成果

健全的民主、長程經濟競爭力、繁榮與社會進步共享，是美國實驗的三大支柱，而今這三大支柱已經因毫無節制與偏頗不公的政治產業而遍體鱗傷。仔細觀察這些後果，不難發現政治產業的真正特性，與它造出的東西息息相關。

這一章是這本書最黑暗的一章，在讀這一章的過程中，眼見美國這幾十年來的不斷沉淪，你會感到痛心疾首——不過請你相信，隧道走到盡頭，終將迎來光明。我們會在這一章結尾與後續文中，甩開痛苦困境，討論讓我們重新振作的傳承與政治創新。我們將探討如何打破黨派僵局、扭轉這種悲劇走勢的策略，引領你扭轉沮喪的負能量，鼓起勇氣，挺身而出。

後果：沉淪中的民主

政治產業的不健康競爭，為我們的民主帶來五個可怕後果。從本書前文的討論中，你應該能夠輕易察覺它們。

不能解決問題

如本書前文所述，民選官員能不能為公共利益發聲，與他們當選連任的可能性幾乎毫無交集。在我們現有政治制度中，你若因應選民需求、盡到民選官員應盡的職責，反而會讓你更有可能丟官。這樣的設計真是何其荒唐。而且還有更糟的，因為現今的制度實際上是獎勵**不**解決問題。真正的解決方案——強調兩黨協商、強調拋開意識型態純粹性的解決之道——毫無疑問會讓雙方陣營裡一些狂熱支持者與可靠的獻金捐款人失望。

反之，讓問題或一項造成分裂的議題繼續存在、發酵，卻是百試不爽的靈丹妙藥，能吸引黨性堅強的選民、特殊利益與獻金捐款人，帶來選票與金錢兩種貨幣。為什麼不解決這些問題？因為問題一旦解決，相關的選票與金錢也消失了。

最後，即使在一些兩邊陣營有協議的領域，國會議員有時也不願通過代表進步的法案。他們這樣做的目的在於不讓對手陣營在下一次選舉前有任何向選民邀功的機會。也因此，在今天的政治角逐中，真正重要的法案往往只有在一黨控制下才有望通過。

過去，社會安全、公路、公民權等里程碑式法案，會在兩黨支持下通過。今天，重要法案只會

圖4 兩黨對里程碑式法案的支持度逐年遞減（1935～2017）

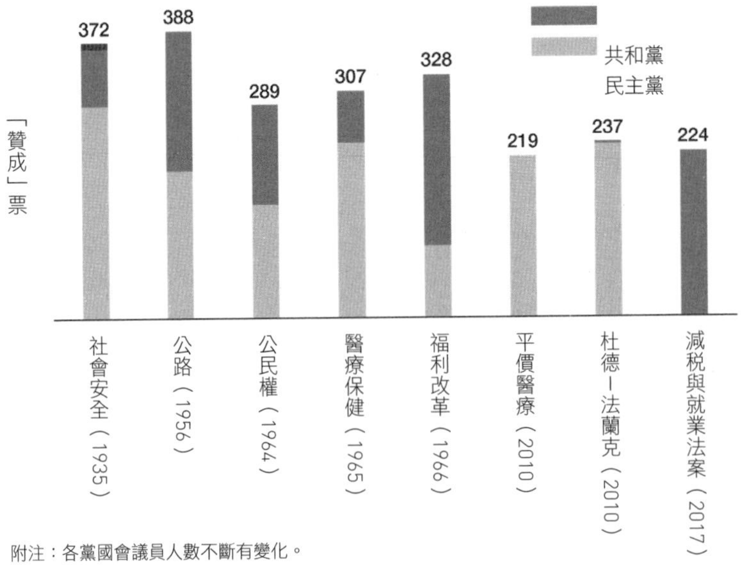

附注：各黨國會議員人數不斷有變化。
資料來源：GovTrack.com，2017年8月取用。

沿著黨派路線（見圖4）通過。而另一方在奪回控制權時，只會設法廢了這項法案，不會想辦法加以改善。

以黨派路線為本的法案之所以主宰一切，部分原因是能夠在兩派極端之間做為溝通橋梁的溫和派人數不足。在參、眾兩院，溫和派國會議員人數已經逐年遞減——無論共和黨或民主黨，情況都一樣（見圖5）。[1]

現今，美國國會很

圖5　逐漸從眾議院與參議院中消失的溫和派（1951～2018）

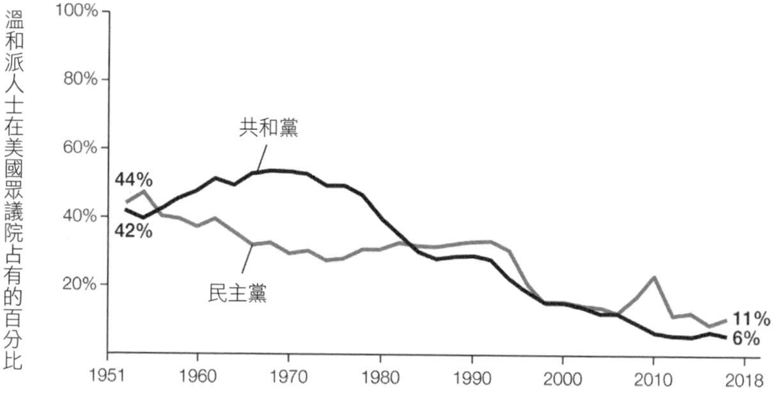

附注：各黨黨內溫和派的定義，是在從左到右〔自由派（ 1）到保守派（+1）〕的意識型態光譜上，位於 0.25到+0.25之間的人士。黑線代表共和黨溫和派人士數目，灰線代表民主黨溫和派人士數目。

資料來源：數據來自喬治亞大學（University of Georgia）的普爾（Keith Poole），voteview.com，2017年8月取用。

難出現協商與成果，只有多得創紀錄的僵局。[2] 而且陷於僵局的都是最重要的議題（見圖6）。

除非發生迫在眉睫的危機與國債問題，否則不會採取行動

國會**確實會**針對重大議題採取行動，不過通常只在兩種情況同時存在時才會行動：危機出現，以及可以運用赤字融通。當發生國家安全危機、全國性災難出現、政府關閉或債務情況惡化時，國會確實也會採取行動，有時甚至還能迅速採取行動。不過付出的代價是，國會這些行動的經費幾乎從來不會來自現有預算。國會運用**赤字融通**，增加國債開支，將成本轉嫁到今後幾代美國人身上。一味增加開支，卻不提供相應財源的綜合撥款法案，結果可想而知。為達成這些交易，共和黨與民主黨相互放水，都把他們喜歡的開支與稅務調整塞進綜合法案中，以討好他們的核心選民，同時也默許對方陣營悶聲獲利。美國的國債就這樣持續高漲。再也沒有一個政黨願意勇敢扛起財政責任；共和黨與民主黨都知道，在沒有真正的競爭對手提出這個議題的情況下，肩負財政責任沒有政治利益可言。

圖6　國會在突出性議題上出現的僵局逐年暴漲（1947～2016）

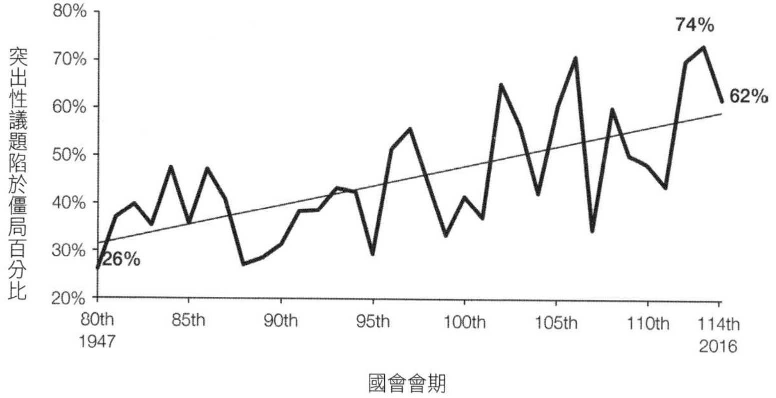

附注：每一屆國會的突出性議題的選定，以《紐約時報》社論對該議題的關注分量為標準。所謂陷於僵局的議題，指的是國會與總統沒有在會期間採取因應行動的議題。

資料來源：《政治學年度評論》（*Annual Review of Political Science*），賓德（Sarah Binder）的「功能失調的國會」（The Dysfunctional Congress）（2015）。

在面對基礎設施年久失修這類「非緊急」危機時，國會的效率很差。基礎設施危機無疑會造成長遠影響，但它不像舉債上限屆滿那樣為國會帶來斬釘截鐵的期限。它也不像國家安全議題或天然災害事件發生時那樣，顯然需要立即有所行動。在沒有限期、不必立即採取行動的情況下，什麼事情都做不了。國會只會把問題踢給下一屆國會。

更分裂的國家

競爭逐漸個人化。它涉及的不只是政界人士，也涉及公民。在不很用心的觀察家眼中，政黨的競爭似乎很激烈，但這樣的競爭其實頗為約束，因為爭奪中間選民的正面競爭只會造成兩敗俱傷。也因此，競爭的目標逐漸轉為強調彼此間的差異。政治產業複合體愈來愈迷戀這種認同政治遊戲，把站在另一邊的同胞描繪成敵人。前眾議院議長萊恩在宣布退休後談到這個現象，說美國現在的制度「玩弄人們的分歧，利用人們的沮喪以及與其他人的分歧——將人們分化以奪取政治利益，以建立一個五〇（%）加一的聯盟」。[3]

政治幻滅

美國民眾從來沒有像現在這樣對政治制度失望。民眾對聯邦政府的信任徘徊在近六十年來的低潮。在一九五八年，每四個美國人有三個信任政府。[4] 到二〇一七年，每五個美國人只有一個信任政府（見圖7）。另一方面，自二〇一〇年以來，對國會表現的贊同率平均每年都不滿二〇%。[5]

兩大黨都將這一切怪罪給對方，但愈來愈多美

圖7　民眾對聯邦政府的信任不斷減少（1964～2018）

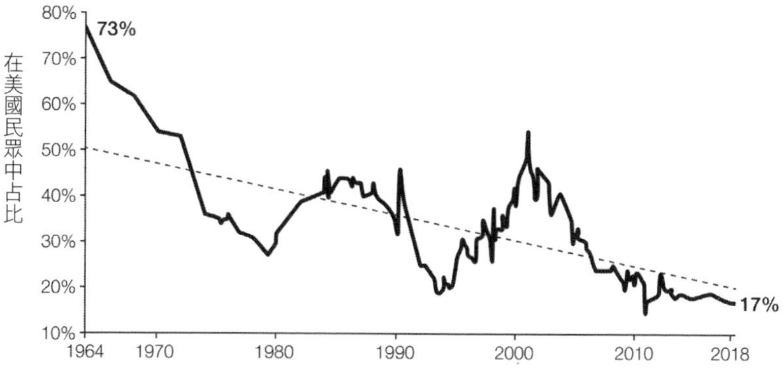

附注：數據是個別民調的移動平均值。

資料來源：數據來自「民眾對政府的信任：1958～2019」（Public Trust in Government: 1958–2019），皮尤研究中心（Pew Research Center），2019年4月11日，www.people-press.org/2019/04/11/public-trust-in-government-1958-2019.

國人知道，之所以走到今天這個地步，兩黨都難辭其咎。今天有一半美國人對民主黨與共和黨表示厭惡，政治幻滅之情幾乎不下於水門案（Watergate）造成的創紀錄政治大幻滅。[6] 愈來愈多美國人拋開他們的政黨標籤，宣布他們的政治獨立立場，以表達他們的不滿。自稱政治獨立人士的美國人占四一％，已經幾乎來到歷史高峰，相形之下，自稱民主黨的人有三〇％，自稱共和黨的人有二八％（見圖

圖8　美國的政治獨立人士愈來愈多（2004～2019）

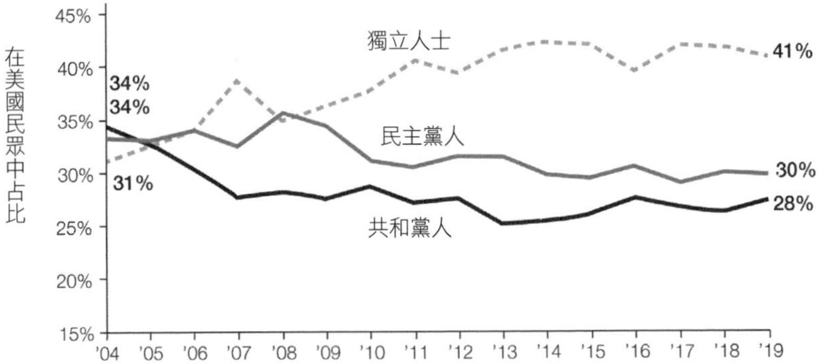

附注：數字是根據一項蓋洛普（Gallup）政黨忠誠度民調做成的年度均值。數目代表受訪者在答覆「在今天的政治環境中，你自認為是共和黨人、民主黨人還是獨立人士？」的問題時，認為自己是「共和黨人」、「民主黨人」、「獨立人士」占有的百分比。
資料來源：數據來自蓋洛普「政黨忠誠度」（Party Affiliation）民調，https://news.gallup.com/poll/15370/party-affiliation.aspx，2019年11月取用。

8）。[7]幾近三分之二的美國人認為美國必須有第三個大黨（見圖9）[8]進行產業顛覆的時機已經成熟——只要有一名候選人或政黨能跨過那些高門檻、加入角逐，事情就會發生。

在沒有其他可用選項的情況下，美國人只有以情緒性宣洩的方式在既有兩黨間不斷搖擺，表達不滿。[9]民主黨在二〇〇六年上臺，但很快就在二〇一〇年敗在共和黨手裡。歐巴馬（Barack Obama）於二〇一二年勝選

圖9　希望有第三大黨的美國人愈來愈多（2003～2018）

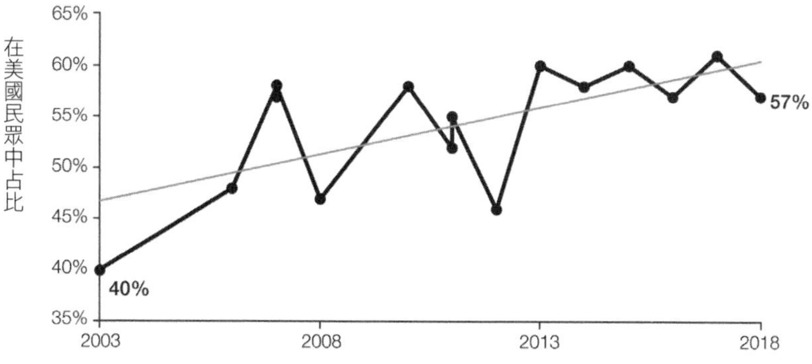

附注：圓點對應民調日期。蓋洛普第一次針對「是否有建立第三黨必要」這個議題舉行的民調，日期是2003年10月10～12日。

資料來源：圖表數據來自蓋洛普「大多數美國人仍然認為美國需要第三黨」，https://news.gallup.com/poll/244094/majority-say-third-party-needed.aspx，2019年7月取用。

連任之後，民主黨似乎東山再起，但共和黨在二〇一四年奪回參議院，民主黨又一次失去主控權。在川普於二〇一六年拿下白宮後，共和黨完全掌控華府。但僅僅事隔兩年，民主黨奪回眾議院，一致政府也再次破局。

許多美國人已經開始對民主做為一種政府制度的這件事失去信心。僅有三分之一的千禧世代（在一九八〇至一九九六年間出生的人）表示，生活在一個民主治理的國家至關重要。支持威權主義的美國人愈來愈多。[10]

缺乏問責

換成其他任何一個規模這麼大——而且還在不斷壯大——只有兩個玩家、客戶滿意度又這麼差的產業，企業家一定會抓住這個千載難逢的大好機會，因應客戶需求提供服務，加入競爭。但這樣的事在政治產業沒有發生，因為雙頭壟斷以一種特定方式密切配合，操控遊戲規則，讓新的對手無法加入競爭。兩大黨建立巨型障礙，不讓新手加入競爭，此外，如我們在「五力」分析中所說，健康競爭的其他許多制衡措施也遭到破壞。

換成其他產業，通路或供應商會對產業競爭對手施壓，迫使它們為客戶提供更好的服務，否則就拋棄它們。新競爭對手或替代性產品出現。如果一切手段用盡都不能奏功，獨立的監理機構會介入以保護消費者。但在政治產業，這一切勢力或遭威懾噤聲，或遭去除。與商業週期不同的是，我們的政治制度並未處於一種不斷演化的階段；它不會自我修正。

選擇不解決問題：以移民為例

想充分了解不健康競爭全貌，不妨探討一下引起爭議的移民問題。在過去，兩黨會就移民問題達成協商，以提出真正的解決方案，不斷修訂移民政策。兩黨在一九六五年廢除了種族歧視色彩濃厚的配額制度。[11] 在一九九六年，兩黨重回談判桌，起草一項強化執行力度的法案。[12] 這些行動與今天訂定移民政策的做法大不相同。

移民政策有幾個明確議題，包括加強執法、處理已經非法入境的移民，以及調整合法移民制度，即使是在現今這個充滿爭議的時代，各方也都承認現在的移民政策仍然圍繞著這幾個相同的主軸。[13] 但全面性的移民改革似乎仍只是幻夢。

在小布希總統任內，兩黨協商之門似乎一度開啟。[14] 二〇〇六年，在幾乎所有民主黨人與幾近半數共和黨人支持下，參議員馬侃（John McCain）與甘迺迪（Ted Kennedy）共同提出的一項法案在參議院通過。[15]不幸的是，共和黨籍眾議院議長哈斯特（Dennis Hastert）祭出哈斯特規則，不肯將這項已經獲得參議院通過的法案交付眾議院院會投票——理由是，進行投票會有損共和黨人的意識型態純粹性，會讓共和黨的鐵粉與特殊利益團體失望，減少他們在期中選舉的勝算。[16]

那年稍後，民主黨人還是拿下了國會，移民改革的希望也因此重燃。參議院在二〇〇七年初將馬侃－甘迺迪法案稍事修整，再次提出。但這項擬議中的法案涉及一些妥協，惹毛了兩個陣營的若干核心選民。「特赦非法移民」讓保守派憤怒，法案中的外籍勞工計畫也招來美國勞工暨產業工會聯盟（AFL-CIO）的抗議。為了通過參議院，這項法案需要避開由心懷不滿的團體所主張的修正案（也就是說，得與僅僅幾個月前通過的那項法案一樣）。納入這些所謂「毒丸」的修正案會導致法案最後遭到封殺。[17]

當這項法案在六月間提交參議院院會時，時任參議員、幾個月前才宣布角逐總統的歐巴馬提出這樣一個毒丸修正案。好在這項修正案被拒。[18]但歐巴馬很快又支持另一項毒丸修正案。這項由工會提出的修正案主張為一項共和黨擴大外籍勞工計畫的構想訂定日落條款。[19]這項修正案最後以一票之差驚險過關。[20]

移民改革就這樣畫上句點。兩黨都將它封殺。

移民改革的失敗對美國雖是一項重大挫敗，對歐巴馬卻是一項戰術性勝利。在當今政壇裡，犧牲實際立法行動以堅持意識型態立場是聰明的策略。歐巴馬迎合他的民主黨基本盤，不讓日後的競爭對手馬侃取得重大立法勝利，還將一個具有高度黨派爭議性的議題留在檯面上以爭取選票。

歐巴馬在競選時承諾會在就任第一年處理移民問題。儘管在他的第一個任期間，民主黨在國會占有超級多數，移民改革行動始終沒有出現。[21]等到民主黨企圖於二〇一三年在參議院推動移民改革時，共和黨已經重掌眾議院，封殺了這項行動。共和黨採取的是民主黨在小布希政府最後幾年成功運用的那套戰術：等待下一任總統、避免協商、把時間拖完。[22]

雙頭壟斷一直沒能解決美國面對的這項重大議題。十多年過後的今天，二〇二〇年，美國仍然沒有出現全面性移民改革。唯一採取的只有以行政命令進行的一些黨派決策，這些決策受到對手陣營法律訴訟的挑戰。而法官的判決可想而知總是偏袒那個提名他們的黨。[23]

不過，在保護、擴大移民議題做為製造分裂的問題這方面的價值，雙頭壟斷倒是成功了。十年前，在談到移民是否能使美國更強大這個問題時，民主黨人與共和黨人的看法一般來說並無不同。現在，他們的看法南轅北轍。[24] 移民已經淪為政治武器，成為一種製造兩極化、激發狂熱支持者的利器。在沒有新競爭的威脅下，雙頭壟斷對共事協商與解決問題自然興趣缺缺。

不過，雙頭壟斷雖然能安度兩極化——甚至能趁機大發利市——許多美國人沒這麼幸運。我們且來看看我們面對的是什麼。

後果：不斷惡化的經濟競爭力

競爭力對每一個國家的福祉而言都是中心要件。一個國家如果能創造條件，讓兩件事同時發生，這個國家就有競爭力。這兩件事是(1)境內企業能在全球市場成功競爭，同時(2)提高一般民眾的工資與生活標準。當這兩件事同時發生時，這個國家就能欣欣向榮。這項定義明白指出，真正具有競爭力的國家必須是均富的。

一個企業大賺特賺、大多數民眾卻陷於苦苦掙扎的國家，並不是具有競爭力的國家。一個民眾享有優厚待遇、企業卻在市場上節節敗退的國家，也不具備競爭力。這兩種狀況都不好，也都難以為繼。

根據這些標準，美國今天的競爭力如何？龐大證據顯示，美國經濟只實踐了這項競爭力定義的一半。美國境內的大型與中型公司正在欣欣向榮，為公司創辦人、經營人與投資人創造財富。但就像許多小企業一樣，中產與工人階級美國人都在為生存而苦撐。重點是，儘管目前美國情勢看來耀眼——連續一百二十六個月經濟擴展，寫下不間斷擴展最長紀錄，市場占有率也創下歷史新高——我們的經濟就長遠而言並不樂觀，繁榮共享的均富理念也還不是我們的現實。25

美國曾經是全世界最有競爭力的國家之一。大量有生產力、有創意、有活力的美國公司主宰著全球市場。同時，美國號稱擁有訓練最精良的工人，他們為公司創造業績，也享有不斷增加的高工資。許多美國人可以充分發揮潛能，享受富裕人生。這樣的紀錄讓我們躊躇滿志，認定我們的前景必然一片大好。但情況並非如此。幾十年來，隨著我們的經濟表現在許多關鍵層面不斷惡化，這個幻夢已經破碎。

自二十一世紀以降，生產力成長已經落後歷史走勢，導致經濟產出大幅跌落，迫使美國民眾只能分食較小的餅。已經有規模的公司開始減少投資，隨著新企業組建速率放緩，我們的經濟動能漸失。工人——我們最有價值的國家資產——不能獲得充分利用。

近年來雖說經常見到就業機會增加、吹捧低失業率的新聞標題，但事實真相是數以百萬計的美國人因為工資不足以餬口而被迫兼差打工，或乾脆放棄找工作的念頭。

經過數十年來穩步成長，自二〇〇〇年起，勞動力參與率已經退縮到一九八〇年代以來未曾見過的低谷。這種衰退反映了美國公司創造的就業機會已經比過去少的事實。新創造的就業機會，不成比例的集中在不受國際競爭影響的低技能領域。這一切因素加總在一起，壓低了工資。一般美國家庭的收入與二十年前相比所差無幾。就這樣，太多美國家庭陷於捉襟見肘的財務窘境中。美國夢逐漸褪色。美國人過去保證，他們的子女長大以後所賺的錢一定比父母多，現在這話不過是說說罷了。[26]

繁榮共享的時代已經結束。後二戰時代上半段，所有美國人，從最富裕到條件最差的美國人，都能眼見他們的財富隨經濟成長而增加。今天，雖說中產階級美國人得勒緊褲帶，與其他國家工資較低的工人競爭，技術品質較高的美國人卻能因全球市場與科技進步而受惠。也因此，近年來美國的高收入族群占盡經濟利得。

美國社群的財富也愈來愈分歧。舊金山（San Francisco）、波士頓（Boston）與紐約（New York）這些城市及其周邊地區，因知識性聚落群聚而蓬勃發展。聯邦政府所在地的華府更是比過去任何時刻都更興旺。只不過，即使在這一片富裕之海中，仍然有許多在過去二十年來平均收入不斷下降、陷於掙扎的小島。貧富懸殊現象急遽惡化，腐蝕著社會團結，製造一種毀滅性的零和競爭，使窮人卯上富人，無產階級卯上有產階級，工人對抗企業，華爾街（Wall Street，譯按：意指權貴精英）對抗主街（Main Street，譯按：意指平民百姓）。

有些人認為這類令人困擾的經濟結果是「大蕭條」（Great Recession）餘波盪漾所致，但事實並非如此。這類現象於一九九〇年代末期成形，有些跡象甚至在那以前已經出現。

自二〇一一年起，為進一步了解這類經濟現象的根本原因，哈佛商學院的「美國競爭力計畫」（U.S. Competitiveness Project）對哈佛商學院校友與社會大眾進行年度調查。[27]圖10顯示從二〇一一六年起對校友進行的調查結果。在每一個競爭力層面上，橫軸代表美國相對於其他先進經濟體的地位，縱軸代表美國的表現相對於競爭，是有所改善還是正在退步。儘管美國在世界一流大學、雄厚資本市場、高品質公司管理這些領域上仍然實力堅強，圖左下角卻也暴露出美國愈來愈多的競爭力弱點。美國的健康照護體系貴得嚇人，而且極度不公；監理與法律制度過於繁複，成本太高；稅法千瘡百孔；公共教育體系不能讓孩子學得因應新經濟所需的技能；老朽敗壞、讓國家蒙羞的公路、鐵路與機場。**而且情況還愈演愈糟**。

很顯然，美國的強項集中在民營企業帶動的領域，弱點則一般都是州與聯邦政策帶動的領域。其他國家不斷改善商業環境、提升標準，美國政府卻一直沒能做出必要投資。情況並不是我們不知道應該從何處著手以釋出我們的競爭力。我們知道。華府內外，幾乎每一個人都同意我們必須改善我們的基礎設施，必須精簡法規，必須匡正國際貿易制度的弊端，必須平衡聯邦預算。我們在這些議題上達成的共識，數量驚人——至少在非正式的談話中如此。問題是，這些共識不能帶來解決方案。

換言之，我們面對的不是政策問題，而是**政治問題**。也難怪哈佛商學院校友與社會大眾不斷將美國政治制度視為美國單一、最大的競爭力弱點（見圖10）。

後果：生活品質的蕭條

經濟競爭力的停滯也影響到美國的生活品質。儘管美國終於爬出大蕭條的谷底，我們仍然困在比大蕭條嚴重得多的生活品質蕭條中。[28]

我們愈來愈了解一國人民的福祉與這個國家的競爭力及經濟機會密不可分。「社

圖10　相對於其他先進經濟體，不斷腐蝕中的美國競爭力

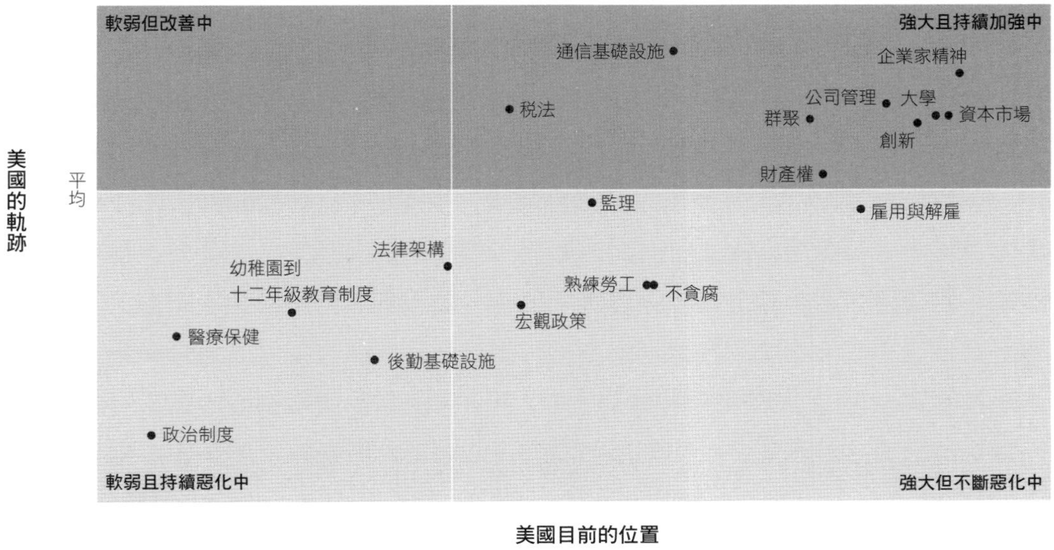

附注：數據來自2019年對哈佛商學院校友的美國競爭力態勢調查。

資料來源：波特等人所撰，〈一場白白糟蹋了的復甦〉（A Recovery Squandered），哈佛商學院，2019年12月。

會進步指數」（Social Progress Index）針對各個重要層面進行追蹤，包括國家在滿足營養、健康、教育、人身安全、環境品質等人類基本需求，以及個人權益、政治權益與宗教容忍度等自由與包容度，藉此評估世界各國年復一年的進步狀況。近年來，它的評估結果令人震驚。

大多數美國人認為美國在社會表現上是世界領導人——就歷史角度而言，我們確實是的。從第一所公立小學到「授田大學」（land grant College，譯按：聯邦政府補助建立的高等教育機構），我們是普及公共教育的先驅。我們是世界上第一個將電力帶進每一個家庭的國家。讓出生在美國的每一個孩子有機會充分發揮他或她的潛能，曾是我們的集體使命。但今天，我們在這些目標上都落後甚遠。根據客觀標準，**美國在社會進步總體排名上已經跌落到第二十六名**。[29]就連葡萄牙、斯洛維尼亞這類遠遠談不上先進與富裕的國家，排名都在美國前面。讓人更難堪的是，其他國家都在不斷改善，而美國卻是社會表現持續下挫的唯一先進國家。

表1顯示美國在「經濟合作暨發展組織」（Organisation for Economic Cooperation and Development, OECD）的三十六個成員國中，在選定的一組關鍵指標上的排名。OECD成員國包括德國、日本與英國這類具市場經濟的已開發民主國家，但也包括希

表1　與經濟合作暨發展組織成員國相比，美國的社會表現每下愈況

指標	美國排名*	指標	美國排名*
教育		**人身安全**	
高品質教育的取用	33	交通死亡	35
中學入學	22	凶殺案死亡率	35
		政治殺害與酷刑折磨	29
環境		**包容性**	
基本飲用水的取用	31	對少數族裔的歧視或暴力	26
溫室氣體排放	29	對男、女同性戀者的接納	16
生物群落保護	34	社會經濟團體的政治權利平等	34
		性別的政治權利平等	24
健康		**權利與自由**	
產婦死亡率	35	表達意見的自由	23
兒童死亡率	33	得到公正審判的自由	27
非傳染性疾病夭折率	28	宗教自由	21
六十歲成人的預期壽命	27	婦女財產權	29

* 在36個經濟合作暨發展組織國家中的排名。
資料來源：數據來自「2019社會進步指數」。

臘、土耳其、匈牙利、墨西哥這類一般並不認為表現一流的國家。

在中學入學率——公民成長機會的主因素——美國在三十六國中名列二十二。在ＯＥＣＤ之外，我們與塞爾維亞相當，但塞爾維亞的經濟力只有美國的四分之一。

儘管在健康照護體系上的開支遠遠超過任何其他國家，美國的產婦死亡率與兒童死亡率排名卻分別是第三十五名與第三十三名。在ＯＥＣＤ之外，我們的整體健康成果與約旦或巴拿馬不相上下，近年來我們的預期壽命實際上還更短了些。

我們的凶殺案死亡率暴漲，來到第三十五名，在ＯＥＣＤ中，我們對少數族裔的歧視與暴力排名令人不安的排在第二十六名。美國公民往往無法獲得最基本的必需品——在基本飲用水取用方面，美國排名第三十一名——我們的社區也愈來愈不安全。就全球而言，在人身安全方面，我們比印尼、迦納及獅子山這些國家還不如。

美國憲法中保障的那些核心權利也受到威脅。我們的表現自二〇一四年以來已經大幅衰退。在ＯＥＣＤ三十六國中，我們現在的政治權利排名第三十二名，表達意見自由排名第二十三名，得到公正審判自由排名第二十七名，宗教自由排名第二十一名。我們的包容性排名比匈牙利略遜一籌，匈牙利是ＯＥＣＤ成員國，它的領導人奧班（Viktor Orbán）宣稱他要建立一個「不自由的國家」。[30]

我們不再是我們心中嚮往的那個國家。

我們的社會正在分裂。許多美國人的生活品質每況愈下。我們一度認為牢不可破的美國重要成就現在岌岌可危。曾有人對我們說：「這道理很簡單。我們（我們的政府）過去能解決問題，現在我們不能了。」同時，儘管背離公共利益，表現甚至爛到危及人命，政治產業仍繼續成長、茁壯。

現代的成果：我們的民主必須為我們帶來什麼

如前文所述，美國政治制度的競爭正在產生背離公共利益的結果。在思考原因之前，我們需要先釐清我們想要什麼樣的成果。在商業上，我們要的東西很明確：獲利與成長。但我們人民對民選官員應該期待什麼重要的成果？

儘管這個問題如此重要，有關政治產業應有什麼成果的討論卻少得驚人，至於我們要的是什麼成果，共識就更少了。我們的政治產業有的是無休無止的鬧劇，以及誰對誰幹了些什麼、永遠扯不完的口水戰。這種對結果的漠不關心造成一種真空，讓政治玩家各吹各的法螺。為匡正這個現象，我們提出五個健全民主政治制度的關鍵成果。

解決方案

所謂解決方案指的是，能夠處理重大問題或為人民擴大機會的政策。一項解決方案是一項真正有效、讓事情好轉的政策做法。雖說解決方案的重要性顯而易見，但在今天的美國政治制度裡，解決方案幾乎不存在。我們對有效政策解決方案的特性了解多少？儘管對什麼解決方案才是最好的解決方案這個問題，三言兩語很難說得清楚，有關意見也很多，但解決方案有幾個基本特性。

有效的解決方案處理的是真正的問題，而不是意識型態。運用形式化意識型態原則，通常產生不了有效的解決方案。有效的解決方案很少純右或純左。舉例來說，問題不在於「大政府或小政府」，問題在於如何在政府必須扮演的各種角色上求得正確的平衡。同樣的，議題不是「監理或不監理」，而是如何在不對被監理的對象或納稅人造成不必要成本的情況下進行監理，並帶來期望的社會或經濟利益（例如降低汙染）。

有效而持續的解決方案不是單一向度的。它們細緻入微，是各式各樣相關、重要考量的集大成之作。這些解決方案必須考量各類選民的不同觀點，權衡輕重，進行有效取捨與整合。解決方案通常需要協商與兩黨合作。

好的解決方案公正公平，盡可能被最大多數的人民接受。挑戰是，並非每一個人都能從政府那裡取得他們想要的一切，特別是在民主國家，情況尤其如此。好的解決方案會有取捨，也就是說，有些個人或團體會因一項政策而比其他人獲得更多的好處，有些人會負擔較多（或較少）的成本。但總體成果就長程而言必須公平、公正。通常只有在沒有任何團體或黨派能夠予取予求的情況下，才能達成好的解決方案。

最後，好的解決方案帶來真正的進步，但很少能立即完成一切目標。關鍵性的考驗是：「我們有所改善嗎？」有效的解決方案往往在一開始需要朝正確方向跨出小步，隨著時間不斷過去，情況也漸入佳境。

《社會安全法案》（Social Security Act）是有效解決方案的標準範例。在這項法案於一九三五年立法以前，退休美國人被迫仰仗親友支持才能生活。但隨著經濟現代化，愈來愈多美國人失去他們的安全網，不得不在老了以後繼續為生活打拚。大蕭條加速了這種走勢。為尋找解決之道，小羅斯福（Franklin D. Roosevelt）總統建立「經濟安全委員會」（Committee for Economic Security, CES），讓政府、商界、學界與公民社會領袖齊聚一堂，研擬一套能平衡所有受影響者利益的計畫。經濟安全委員會以六個月時間研究世界各地的年金制度，並與有關各造進行互動，找出最有效的做法。隨後，民主黨與共和黨攜手合作，運用委員會找出的這些做法，建立一套社會保險方案，一直沿用到今天。[31]

只有透過協商才能解決我們國家最顯著的問題——這似乎已經成為堪稱痛苦的事實。但許多美國人早已習慣多年來的黨派意識型態與政治角逐，並不指望政治制度能為我們帶來解決方案與真正的進展。

行動

我們目前的制度帶來的往往是僵局，不是行動。但我們需要政界人士採取行動，透過立法來解決重大問題。但政界人士如果認為阻撓立法能獲得政黨的獎勵，如果不採取行動也不會遭到選民懲罰，他們不會把公共利益擺在第一位。不切實際的保證與光說不練當然分文不值，但這就是目前的政治制度所帶來的東西。

小羅斯福總統在簽署《社會安全法案》時承認，「這條法律代表的，也是一個正在建造、但絕對還未完成的結構中的一塊基石。」[32]自《社會安全法案》通過以來，從詹森（Lyndon Johnson）總統到雷根（Ronald Reagan）總統都曾努力改善這項方案，擴大覆蓋範圍，並且在必要時縮減成本。

現今的政治產業複合體將行動視為威脅。如果一個像是特殊利益團體這樣的強勢客戶反應不佳，怎麼辦？或者如果像是黨派色彩濃厚的主流媒體這種重要的言論管道，在數以百萬計的觀眾面前，指責這項行動，又將如何？兩黨候選人與政治領袖許下的諾言絕大多數都不能兌現，因為這些諾言一開始就不切實際，而那些可以帶來行動的協商又都遭到汙名化。就這樣，真正有意義的法案很少在國會中被提出，更不用說獲得通過與施行了。

封殺、譁眾取寵、裝腔作勢都能獲得獎勵；行動卻被視為票房毒藥。舉參議院於二〇一〇年以六十票對三十九票通過的《平價醫療法案》為例。[33] 每一位民主黨參議員都投了贊成票，每一位共和黨參議員都投了反對票。由於分裂過深，沒有人還想對這項法案做任何改善。在之後七年間，共和黨發動五十幾次投票，意圖廢除或刪減這項法案的關鍵條款，卻始終不肯與民主黨合作、異中求同，以改善這項法案。[34]

但共和黨並不真想廢了這項法案。共和黨很清楚，在歐巴馬任期內，他們不可能廢止《平價醫療法案》。發動這些投票的目的，不過是在向客戶群表態，表示他們還在努力奮鬥罷了。[35]一切都只是裝腔作勢、沒有意義的浪費時間而已。[36]一旦跑完龍套，共和黨人於二〇一七年奪回國會兩院控制權、入主白宮，事態也告明朗：共和黨人拿不出真正可以實施的醫療方案。

儘管多年來做了許多空洞承諾、演出許多鬧劇、投了許多沒有意義的票，他們甚至爭取不到足以廢止《平價醫療法案》的多數票。[37]共和黨眾議院議長萊恩在評論這種情勢時說：「我們當反對黨當了十年。反對黨就是要反對……現在我們嘗試成為一個執政黨，想做一件事得先爭取二百一十六個人同意才行。」可想而知，為反對而反對很簡單，實際執政就難得多了。[38]

逐漸獲得廣泛接納

好的解決方案應該能逐漸獲得民眾合理的廣泛接納與共識。雖說任何政策都不會獲得百分之百的支持，但真正的解決方案大都涉及兩黨的合作，一般都能獲得各界選民的支持。政治對話若能協助人民了解政治選項的現實，了解政策運作所需的理性協商，人民就會接受這項解決方案。

這並不是說，民選官員只能回應民意。有時，政治領袖必須走在民意前面，以帶動國家向前或做正確的事（這才是領導啊）。

美國歷史上——從說服美國人一個年輕的國家需要更強大憲法的麥迪遜（James Madison），到南北戰爭後宣揚統一與寬恕的林肯（Abraham Lincoln）——充滿了超然於政治噪音之上、帶領國家向前的政治領袖。真正的政治領袖能推動反映全民利益的政策。即使在權力平衡從一黨轉到另一黨的情況下，也有助於宣揚共同利益、推動進步與政策持續性。最健全的政治競爭應該能教育、團結、鼓舞民眾。

短期與長程需求的平衡

好的立法還能在目前與未來的需求及利益之間取得平衡。這種平衡使解決方案可以持續長久，以免政策驟然告終、造成日後危機，最後迫使當局大幅改變政策，讓那些在原始政策中沒有發言權的人受到懲罰。在設計社會安全方案時，民主黨與共和黨同意年金必須由現行薪資支票中支付，而不是由政府從一般收入中或由政府舉債支付。這項遠見是社會安全方案能長久有效的基本要件。

現今情景大不相同。為創建永續聯邦預算而展開的兩黨合作行動「辛普森－鮑爾斯（Simpson-Bowles）計畫」，就是一個明顯的例子。[39]二〇一〇年，歐巴馬總統成立「國家財政責任與改革委員會」（National Commission on Fiscal Responsibility and Reform）——通常根據委員會兩位共同主席，前參議員辛普森（Alan Simpson）與鮑爾斯（Erskine Bowles）的姓氏，而簡稱為辛普森－鮑爾斯委員會。

辛普森－鮑爾斯計畫的成果是一份報告，報告中提出一項精心製作、平衡目前與未來國民利益的折衷解決方案。報告在前言中說：「總統與國會兩院的兩黨領袖，要我們針對我們國家今後十年與之後的財政挑戰提出解決方案。我們已經努力提出一項積極、公正、平衡且具兩黨合作特性的建議——就像我們面對的問題一樣，我們這項建議也很嚴肅。我們沒有一個人喜歡這項計畫的每一項要件，但為了達成原則性妥協，我們每一個人都得容忍我們過去或現在反對的若干條款。我們願意拋開歧見來訂定一項計畫，因為若沒有這樣的計畫，我們的國家一定會迷失。」[40]

但辛普森－鮑爾斯計畫一直沒有成真。兩黨都不願違背各自的正統派，都不願開罪特殊利益團體。辛普森－鮑爾斯計畫的結局是遭兩黨封殺出局。[41]委員會成員之一的眾議員萊恩對這項計畫投了反對票。建立這個委員會的歐巴馬總統不肯予以強力支持。其他國會議員也沒有一個人挺身相助（不過兩黨都有人勇敢發聲，公開相挺）。由於害怕在初選中遇險，大多數國會議員不願違背黨派路線。

辛普森－鮑爾斯計畫還揭露另一項重要現實：掌控現今政治競爭的雙頭壟斷無須為結果負責。無論是眾議員萊恩、歐巴馬總統，或是國會，都沒有因為未能針對這個緊迫的全國性問題提出解決方案而付出政治代價。歐巴馬總統贏得連任，眾議員萊恩當選議長，那一屆國會的連任率高達九〇％。[42]

今天，我們的政治領袖不重視可持續性，只知道不斷推出一些就連他們自己也承認只是把問題踢給接班人的短程措施。

忠於憲法

我們認為，這最後一項成果很基本。但重新強調基本法總是值得的，尤其是當我們見到民選官員意圖扭曲我們這項立國基本文件時。美國以獨一無二的方式承諾建立一種自我治理的統一架構，這個讓我們團結在一起的架構非常重要，比任何急功近利的解決方案都重要。

從不健康的競爭到政治創新

一種成功的政治制度能在尊重憲法的前提下，找出解決方案，展開行動並逐步改善，讓人民逐漸加以支持，且能平衡目前與今後世代子孫的需求。透過健康競爭，這些成果都是可能的。

你或許仍然抱持懷疑。或許政治產業的重要現實現在已經十分明確，但整頓這個體系的遠景可能仍然遙遙無期。你這麼想沒錯；這項工作的後果太過重大，不能不加思索、妄自輕信。

但這本書不是一種華府的產業智庫；我們比較喜歡把它比成類似賈伯斯（Steve Jobs，譯按：蘋果創辦人）的車庫一樣的東西，現在我們邀請你走進這間車庫，看看我們的做法。我們請你以**不同的方式**思考。

政治創新是可能的，如果你需要更多靈感或證據，不妨想一想：美國過去也幹過這樣的事。

我們在第四章就會談到，一個多世紀以前，美國也曾陷於一場類似危機。在政治產業不能為人民提供滿意服務的情況下，許多美國人自問，什麼地方出差錯了？他們當年找到的答案，與我們今天面對的這些問題的答案一樣：那是一個制度問題。

一百多年前，美國人見到了「水」。他們改變了它。

—Part 2—

POLITICAL INNOVATION

第二部

政治創新

第四章 一種美國傳承

一七九六年九月十九日，在第二任總統任期接近尾聲時，華盛頓發表一篇告別演說——為他還在蹣跚學步的年輕國家提出一連串頗有先見之明的警告。[1]

由於當時共和黨與聯邦黨之間的惡鬥已經逐步成形，華盛頓在這篇演說中，預測了兩個強有力的政黨並立，或由一個政黨「輪番支配」另一政黨的局面，所可能帶來的危險。他並且告誡美國人不要持續高舉國債，「小氣苛薄的將我們應該肩負的重擔丟給後代子孫」。有感於美國北方人對抗南方人、東部人對抗西部人，他懇求美國人抗拒分裂主義，並提醒美國公民，他們都是經由「出生或選擇」的美國人。

華盛頓的洞見先機在這篇演說中展露無遺。直到兩百多年以後的今天，政黨、國債與分裂主義仍是美國面對的重大問題。但這篇演說還有比此一影響更深更遠的意義。它的意義不僅僅在於它說些什麼——它的存在本身就意義非凡。這篇演說的標題「華盛頓將軍就他婉拒美國總統職位一事對美國人民的演說」引起極大震撼：已經做過兩任總統的華盛頓不願再爭取連任。誠如歷史學者魯班斯坦（Harry Rubenstein）所說：「在那個年代，政界人士戀棧權位，像國王一樣，一直到死都不肯離職。」[2] 華盛頓發表這篇演說時，也提出一項劃時代創舉：鞠躬下臺。

與現今不同的是，當時美國沒有總統任期限制的規定，也沒有人認為總統——特別是像華盛頓這樣一位全民擁戴的總統——不能一再連任。如果華盛頓當年決定爭取第三任，他幾乎肯定當選。但華盛頓警覺國家首腦戀棧不去的危險，建立任期限制的傳統。一七九七年，亞當斯（John Adams）在權力的和平移交中繼任總統，讓美國在全球政治史上大放異彩。

從立國初期起，美國的建國工程就依賴一連串創新。每一代美國人的創新都說明一項非常具有美國特色的承諾：美國的政治絕非一種生來命定的東西，美國的政府體系不僅可以改變，而且必須改變——例如確保我們的總司令定期更替。

事實上，美式民主這個構想本身就是一項革命性創新。政府由人民授權進行治理，是一種古來已有的概念。但現代的代議制民主——由人民選出代表，代表人民做決定的制度——是由美國獨立革命帶上世界舞臺。在美國擊敗英國之後，開國元勛對他們不久以前才剛排斥的君權統治自然心有餘悸，但直接民主——由人民直接決定政策的「多數派暴君」——同樣讓他們膽戰心驚。開國元勛的解方是一種中介體系——以人民有權選舉、有權罷免的國會議員與政府領袖來擔起執政的工作。今天看來，選舉代表來執政似乎是理所當然的事，但情況當然並非一直如此。

我們先人的創新層出不窮。《美國憲法》為民主提供了第一份正式法律文件。它明文訂定一套當年在國際舞臺上鶴立雞群的政治制度，強調制衡結構，限制任何特定部門的權力，提出公民至上的革命性概念。美國當年的制憲人訂定明確原則，但容許它隨著美國國情變化而不斷修正、改變——就這樣，他們締造的這部憲法，是當今世上存活得最久的書面政府憲章。事實上，每一項經過批准的修正案，都有一段引起全國辯論、為美國政治制度帶來根本性改變的故事。政治創新是一種美國傳承。

但只是「保持」我們的民主從來就不夠。民主需要不斷創新。開國元勛與制憲人當年建立的不是一個十全十美、只需要我們保護的政府，而是一個需要演進、調適的政府。當年「制憲會議」（Constitutional Convention）推出的成果既出類拔萃，又有嚴重瑕疵。美國人始終相信制度性的大改革——美國人過去能夠長期、艱苦奮鬥以改善憲法，就是來自這種信念，今後的改革也必將來自這種信念。隨著時間過去，各式各樣強有力的原則、構想競相吸睛，改革家也不斷提出不同論點，力謀改變民心、民意。傑佛遜很了解美國這種精神。他寫道，隨著環境變化，我們的「體制也必須精進，以便跟上時代腳步」。[3]

今天，大多數美國人認為目前的制度已經無可救藥，我們不能怪他們有這種想法。眼見政治產業只知對付人民、為雙頭壟斷牟利，美國人當然很容易就相信我們的政治問題是解決不了的。每一個選舉週期都有一堆改革呼聲與承諾，但最後都不了了之。儘管許多人有這種想法，身為美國公民的我們有權力改革美國政治，重建我們的民主。有歷史為證。

鍍金時代：政治功能失調促使美國人奪回他們的民主

一八九七年二月十日，在一波經濟不景氣中，紐約市社交圈名流馬丁夫婦（Bradley and Cornelia Martin），邀請八百名朋友和同事參加兩人在華爾道夫酒店（Waldorf Astoria Hotel）舉行的化裝舞會。來賓都穿著繡花晚禮服，打扮得像國王、王后一樣盛裝赴會。用今天的幣值換算，這場舞會耗費近一千萬美元。而當年美國人平均年收入為四百美元左右。[4]

這場豪華盛會成為所謂「鍍金時代」（Gilded Age）的象徵。貧富懸殊與兩極化現象急遽升溫。貪腐與停擺成為華府常態。民主的存亡命懸一線。讀到這裡，你有似曾相識的感覺嗎？

二十一世紀的挑戰誠然巨大，但對美國人來說不是第一次。我們的政治制度過去也曾敗壞不堪，無力因應國家面對的那些最緊迫的問題。以兩極化為例。雖說當前兩極化問題已經嚴重得令人心驚膽戰，但它們並非史

圖11 美國的政治兩極化（1880～2019）

目前兩黨之間的意識型態差距，已經來到自鍍金時代以來前所未見的高峰。

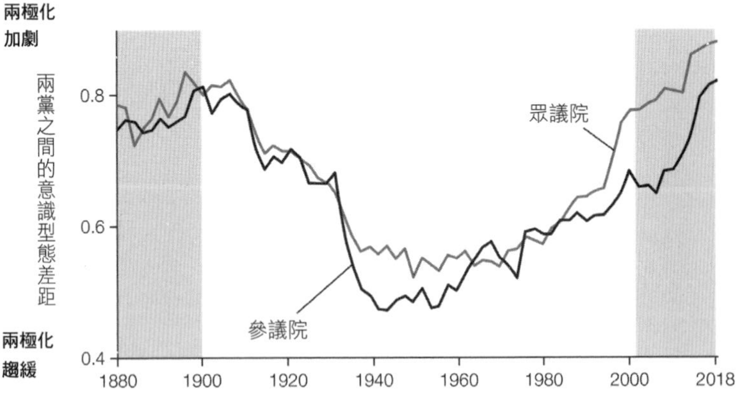

無前例。事實上，如圖11所示，在一八〇〇年代末，馬丁夫婦大宴賓客的那個年代，兩極化情況與今日相比毫不遜色。[5]

像今天一樣，鍍金時代的美國也飽受許多相同弊病困擾。壟斷政治產業的共和黨與民主黨，忙著為自己與特殊利益團體的利益競爭，將平民百姓的需求拋諸腦後。像今天一樣，雙頭壟斷為一己之私而操控政治規則，為了彼此競爭，它們劃分選民，滲透政府重大領域以擴大影響力。因而導致的黨派仇怨與政府功能失調、停擺，為美國帶來重創。到了十九世紀末，美國已經處於解體邊緣。所幸有一群群美國人挺身而出，展開一代政治創新，終於帶領美國走出這一波低谷，進一步壯大了美國的民主。

到一八八〇年代末，美國人民再也無法忍受。從一八九〇到一九二〇年間，全美各地湧現的政治改革者採取行動重建美國民主，開啟了後人所稱的「進步時代」（Progressive Era）。這裡所謂「進步」，指的是透過結構改革，推動國家向前邁進，與現今左派意義上的「**進步**」不同。

這些進步派人士很清楚，想掙脫黨派忠誠的束縛，就得積極改寫政治遊戲規則。儘管不能將所有可望改善的領域做得面面俱到，但進步派人士改變了美國走向，為美國的民主帶來深遠影響。

進步派的改革為我們的民主帶來許多好處。現今，候選人由初選選出，而不是由政黨領袖在煙霧瀰漫的密室裡決定。美國參議員由普選投票，而不是由黨派在州議會產生。今天，我們投的是不記名單一選票，而不是容易招來威迫與賄選的政黨選票。企業也不再能不做申報、漫無止境的為政治人物提供獻金。最後，在美國境內二十四個州，選民可以根據選舉法繞過政治人物，直接投票通過法案。

這些進步派改革開啟了美國民主政治史上一個解決問題的紀元，讓美國在兩次殘酷的世界大戰與週期性的經濟不景氣中勇往直前。這些制度性改革，加上經濟成長與戰後擴張，使美國不僅成為全世界最富有、最強大的國家，還是一個能妥協、能推動全民機會與共榮的國家。

這項進步改革運動還為我們帶來重要教訓，讓我們知道今天如何實現迫切需要的政治創新。首先，無論事情糟到什麼地步，身為公民的我們，仍然保有對政府的控制權——只要我們行使它就行了。身為公民的我們，只要能建立全民認知，讓民眾都了解美國政治制度究竟如何運作，從而採取行動，就能改變政治性質，重塑美國民主結構。進步時代也說明了不分意識型態、團結一致的重要性，不能讓黨派或政策偏見阻止我們追求政治創新。

最後，這項進步改革運動還向我們顯示，我們絕不能將民主視為理所當然。政治產業複合體無時無刻不想著為了一己私利而扭曲這個制度。只有公民才能起而阻止他們。這一切全仰仗我們自己。

政治功能失調的前兆

作家馬克．吐溫（Mark Twain）將十九世紀末的美國比喻為鍍金時代，因為這是一個金玉其外、敗絮其中的年代。經濟與社會動亂造成緊張、社會分裂與種族偏見。這種社會凝聚力的喪失，遂為政治產業參與者帶來可乘之機，讓他們塑造對自己有利的政治制度。

經濟因素是重要的催化劑。做為許多社群經濟與社會基石的農業，因機械化而崩解。[6] 經濟工業化造成國與國的競爭加劇，自給自足的地方經濟體無以為繼。過去分離的社群與市場，因鐵路與電報而連結在一起，全國性大公司崛起，擠掉許多較小型的在地化企業。[7] 舉例來說，本地實體店面零售業者不是像今天這樣面臨電子商務競爭，而是因為西爾斯（Sears）這類巨型郵購業者的競爭而災情慘重。

第一批真正的全國性企業出現，金寶湯（Campbell's）、桂格麥片（Quaker Oats）、寶僑（Procter & Gamble）、柯達（Kodak）、勝家（Singer）與奇異（General Electric），成為家喻戶曉的廠牌。[8] 產業集中走勢加劇，公司不斷合併，范德堡（Vanderbilt）、卡內基（Carnegie）、洛克斐勒（Rockefeller）與摩根（Morgan）這類「強盜貴族」領導的托拉斯壟斷整個產業，進一步操控競爭。[9] 這些產業巨頭不僅壟斷市場，還運用他們龐大的資源取得不正當的政府影響力、扭曲政策、強索特殊好處。

在美國改頭換面、成為現代化工業國家的轉型過程中，許多美國人覺得自己遭到遺棄。[10] 新產品與降價雖然嘉惠了消費者，但許多社群困苦不堪，既有生活方式蕩然無存。[11] 許多小企業關門大吉，員工被迫尋找過去完全未經訓練的工作。工人放棄農場與地方工廠，成群進入都市尋找就業機會，卻發現數以百萬計的移民也在城裡與他們競爭。[12] 關於「成為美國人」意味著什麼，成為爭議焦點。[13] 本身也曾是移民的美國人宣稱，新來到的移民——許多是南歐與東歐來的移民——不能同化、融入美國社會。反移民情緒高漲，三K黨（Ku Klux Klan）大行其道，許多人認為應該根據種族或信仰決定是否夠格成為美國公民。[14] 反移民情緒還滲入法律。國會在一八八二年通過《排華法案》（Chinese Exclusion Act），創下美國公然禁止一整個族群移入的首例。隨後便發生了針對華人社群的暴力事件。[15]

工資漲了，但貧富懸殊現象急遽惡化。[16]馬丁夫婦在華爾道夫酒店舉行化裝舞會的同時，美國境內最富有的四千個家族的財富，等於所有其他美國家庭財富的總和。[17]迅速工業化導致經濟強有力的成長，但惡性繁榮也帶來更加嚴重的經濟波動。[18]一九八〇年代與一九九〇年代的不景氣，使數百萬美國人陷入貧困，而且他們沒有可以倚靠的社會安全網。[19]

美國面臨前所未見、單靠地方社群行動已經無法因應的新經濟與社會挑戰。但就在問題持續惡化、美國需要有效的政府來應對時，美國人面對的這些壓力與分裂也使政治派系與分裂的政府應運而生。政策出現僵局，國會議員整天忙著發動早在內戰結束後已經展開的黨派惡鬥，而不是制定政策解決方案。

如何緩和政治競爭

美國在一八七六年迎來立國百年紀念。但出現在這個國度的不是對民主的慶祝，而是「大重建」（Reconstruction，譯按：南北戰爭結束後，一八六五至一八七七年的全國和解、重建運動）的戛然而止，自私自利的政治組織已經將制憲人的設計蹂躪得面目全非。[20]

內戰結束後，過去遭奴役的非洲裔美國人積極投入民主程序，組織選民，將黑人候選人送入地方、州與聯邦機構。他們制定了較平等的州憲法，將公共教育引進南方諸州，第十四與第十五修正案——確保法律之下人人平等，無分種族都有投票權——也在國會通過了。在內戰帶來的極端毀滅結束後，美國享有一段短暫、熱烈、充滿朝氣的民主活動期。

南方白人以恐嚇與暴力手段，展開對「大重建」的極力抵抗。他們壓制選民，操弄選舉，對州憲法進行不合民主程序的篡改，讓美國新近取得的民主成果付諸流水。人頭稅（Poll taxes）與識字測試讓黑人選民無法投票，「白人初選」的設計更是將所有黑人選民完全擋在門外。這些伎倆果然有效。從一八七六到一八九八年間，南卡羅來納州與密西西比州登記投票的黑人選民人數分別暴跌九七%與九三%，其他南方諸州情況也大同小異。[21]感覺有些熟悉嗎？

這些倒行逆施是雙頭壟斷幕後交易的結果。一八七六年，在共和黨的海斯（Rutherford B. Hayes）與民主黨的蒂爾登（Samuel Tilden）之間的總統選戰中，兩名候選人為鞏固己方陣營，都向對方發動謾罵攻訐。支持海斯的人將民主黨人描繪成不忠誠的南方人。支持蒂爾登的人則說，共和黨以發動內戰為由，懲罰民主黨主控的南方人。

在選民分裂的情況下，這場選舉的勝負關鍵取決於共和黨控制的路易斯安那、南卡羅來納與佛羅里達三個州。主持計票的政黨官員宣布海斯獲勝。贏得選民票的蒂爾登抗議。一場憲政危機於是爆發，直到兩黨達成一項幕後交易才終告平息。根據這項交易，海斯當選總統，民主黨則為它的特殊利益團體爭取到贊助、補貼、政府合約等各種好處，而影響最大的是，聯邦軍隊從南方撤軍。在內戰結束後，聯邦政府一直在南方諸州駐軍，以保護新建的共和黨州政府。在聯邦駐軍撤離後，南方白人可以暢行無阻地重建禁止黑人參政的政府。

一八九八年，路易斯安那州召開以建立「白人優越地位」為宗旨的州制憲會議。在一八九六年，路易斯安那州有十三萬零三百四十四名登記在冊的黑人選民。到一九〇〇年，新州憲通過後的第一年，這個數字暴減為五千兩百三十人。[22] 兩黨串通的共謀結束了「大重建」，開啟了一個人稱「吉姆．克勞法」（Jim Crow，譯按：即黑人歧視法）的種族歧視時代。[23]

雙頭壟斷雙方都從這場憲政危機中撈到好處，但國家成了輸家。這場危機也成為鍍金時代與今日不健康競爭的前兆。

鍍金時代政治產業的五力

要了解鍍金時代政治功能失調的起因，我們可以將之前用來了解現今政治功能失調的政治產業分析工具再次派上用場。用來說明產業結構的「五力」分析，也能解釋競爭對手如何能一面迴避對公共利益的責任，一面自肥。

競爭激烈，但搞錯了角逐層面

今天壟斷美國政治的兩大黨民主黨與共和黨，是南北戰爭的產物。兩黨間競爭激烈，但競爭的目的不是為了推動公共利益。一八七〇年代初，雙頭壟斷透過新法規、新方式擴充權力，開始重塑政治產業，卻對民眾需求置若罔聞。[24]

普通百姓欠缺客戶權力

就像今天的雙頭壟斷，當年的民主與共和兩黨也開始爭取能為它們帶來金錢與選票的支持者。但普通百姓沒有影響力。[25]由於贊助制度以及政府賣官的做法遭到削減，加以競選開支飛漲，金錢對政治來說愈來愈重要。[26]共和黨全國委員會主席漢納（Mark Hanna）在一八九五年說：「政壇有兩件事很重要。第一件事是金錢，而第二件事是什麼我已經記不起來了。」[27]

為吸引更多資金，兩黨開始向新出現的企業特殊利益招手。它們提出誘人的「價值主張」（value proposition），包括津貼、贈地、關稅保護等政府政策。[28]就像今天一樣，這類政商勾結的交易，毒害、扭曲了商界與政界的競爭。

操控通路

當年的兩黨也像今天一樣，操控與選民連繫的通路。如果今天的新聞媒體看似兩極化，鍍金時代兩極化情況則更為嚴重。報紙就連假裝獨立、公正與平衡這道手續都省了。大多數城市都有兩家由黨派支持的報紙——其中一家是民主黨支持的，另一家是共和黨支持的。[29]每家報紙都鼓吹自己的黨綱，攻訐反對派。忠誠的編輯人可以獲得政府職位做為獎勵。[30]

以直接向選民訴求為宗旨的激進組織也在鍍金時代初試身手。地方政黨組織舉行大型集會。它們還分送競選文宣——這些文宣由於享有免郵費優惠，等於部分由納稅人買單。[31]

控制供應商

隨著經濟產業化，政治也產業化了。一個當年稱為「政治機器」的大型政治產業複合體出現了。政治機器的成員包括政黨領袖、競選幕僚，以及負責控制提名作業、分配政府職位、加強黨紀、經營重要選舉組織、向選民行賄以爭取選民支持的黨工。[32]

政治機器能為政黨培養日後候選人，能以愈來愈精確的民調預估選情，還能營造精密的催票機制，確保目標選民都能出來投票。[33]由於政治在很大程度上在地化，華府智庫或遊說團體還不多見。但政黨已經牢牢控制選舉基礎設施，非黨員想衝破阻攔、進入這個產業，幾乎是不可能。

進入政治產業的障礙

惡劣的政治成果使許多美國人另謀解決之道。有意闖入政治產業的新人前仆後繼。[34]在一八七〇年代與一八八〇年代，綠背勞動黨（Greenback Labor Party）崛起於左派。右派方面，因不滿共和黨貪腐而脫黨的共和黨「脫黨派」（Mugwumps），成為一股左右選戰勝負的關鍵性力量，還將民主黨的克里夫蘭（Grover Cleveland）送進白宮。在一八九〇年代，自稱代表工人與農民利益的人民黨（Populist Party）崛起。人民黨雖說沒能建立一個真正可以鼎足而立的新黨，他們確實在民主黨內部建立了一處基地。但新黨想加入競爭，面對的障礙實在太大。有些障礙，例如經濟規模，是自然而生的。但有些障礙，例如拉攏通路與供應商，是人為的，是雙頭壟斷為謀一己之私而設立的。

鍍金時代的政黨如何競爭

如前文所述，產業結構決定競爭性質，提供競爭對手將如何競爭、為何競爭的洞察力。在鍍金時代，政治產業的核心是雙頭壟斷，可想而知，跟現在一樣，當年的雙頭壟斷採取的也是一種兩路並進的策略：一面串通操控規則，一面競相製造分裂。

串通操控規則

由於沒有獨立監理機構——就連像現今的聯邦選舉委員會（FEC）這樣沒有效率的機構都沒有——兩黨在選舉與治理法規方面自然只會私相授受，想方設法擴大權力。在選舉分面，雙頭壟斷訂定一堆反競爭的規則與做法，其中有些法規慣例直到今日仍然有效。他們利用自建國以來即已就緒的相對多數決制，抨擊加入競爭的新手是「攪局者」。雖說透過選區劃分以操控選情的做法由來已久，但鍍金時代的政黨是這類操控手法的專家。[35]事實上，他們不只是操控選區，還對整個州進行操控。以南、北達科他州的劃分為例，就是共和黨人的傑作：他們在一八八九年將當時的達科他州劃分為南、北兩州，以便再創兩個十拿九穩的參議院席位。[36]

鍍金時代還出現了其他一些即使以今天的標準來看也很極端的法規。公職提名人由黨代表大會選出，而黨代表大會逐漸淪為政黨領袖的私器，想獲得提名就要得到政黨領袖的青睞。

政黨刻意設計選票，選民來到投票所以後領到的是由個別政黨發放、截然不同的選票，選票上只有該黨候選人的名字。[37]「分裂投票」（Split-ticket voting，譯按：選民可以投票給不同政黨或無黨籍候選人）近乎不可能。各黨印製的選票往往使用不同顏色的紙張，選民投了誰的票，旁觀者可以一目瞭然。選民得在黨幹部監視下投票，這些幹部當然不免威逼利誘、各顯神通了。沒有足夠資源，無力印製選票、在每一個投票所派發選票的新競爭者，面對的進場障礙更高。

在國會山莊，政黨領袖已經可以透過當年的立法機制嚴格控制執政過程。根據共和黨議長黎德（Thomas Reed）一八九〇年訂定的所謂「黎德規則」（Reed Rules），議長有權指派所有常設委員會的成員與主席，而且議長本人還兼任眾議院法規委員會主席，享有掌控國會議程的絕對權力。就像今天一樣，眾議院議長不喜歡的法案與修正案，連投票表決的機會都得不到。[38]當時人稱「黎德沙皇」（Czar Reed）的黎德，以一句話總結他對國會運作的觀點：「最好的制度就是一個政黨執政，另一個政黨在一旁監督。」[39]

競相製造分裂

像今天的雙頭壟斷一樣，鍍金時代的兩大黨為了迴避正面競爭帶來的問責，也都不肯為爭取政治中間選民而競爭。儘管與今天相比，當年兩黨在意識型態上差距不大，但他們加劇了彼此之間的分歧。兩黨都根據種族、膚色與宗教將選民劃分為不同群體。[40]共和黨以清教徒、北歐移民與非洲裔美國人為服務對象。民主黨鎖定天主教徒、德國移民與南方白人。[41]民主黨罵共和黨是自由的敵人，理由是共和黨主張關稅與禁酒。民主黨還指控共和黨貪腐，說共和黨以內戰為由，懲罰南方人。共和黨汙衊民主黨的移民社群，煽動對新美國人的一場醜陋的反撲。這種一刀兩斷式的劃分把政黨忠誠度拱上公民認同的主軸。政治成為部落。變換政黨成為對團體或社群的背叛。

競選宣傳危言聳聽，說得好像如果另一黨上臺，美國就要亡國一樣。[42]政黨一旦主政，幾乎不會與另一黨合作。溫和派在國會山莊成為珍稀物種，與當前的環境不相上下。為示忠誠，黨員不敢為了推動解決方案而與另一方合作。協商成了一個骯髒的字眼。在各擁選民半片天的情況下，一個政黨很少能掌控政府所有的部門。結果就是形成僵局。[43]

就像現在一樣，當年兩黨不僅運用派系偏見相互自我疏離，還透過對政府機構的滲透，向核心支持者傳遞價值。他們將資格考量拋到一邊，把政府職位分派給政黨的支持者——這種所謂的「**酬庸制度**」（spoils system）就是他們遂行滲透的主要手段。[44]

結果可想而知：政黨提不出解決方案。民怨加上個別州嘗試監理卻失敗，導致幾個意義重大的立法。例如：一八八七年的《州際商業法》（Interstate Commerce Act）目的在規範鐵路壟斷，一八九〇年的《休曼反壟斷法》（Sherman Antitrust Act）意在授權聯邦政府打擊反競爭的商業做法。不過整體來說，立法程序已經停擺，整個國家都受到了影響。[45]

市場規範解體，導致強取豪奪、破壞性的競爭。由於沒有調節商業週期的政策，經濟狀況開始劇烈擺動。[46]農作物價格暴跌，物價飛漲，農民為生存而掙扎，當局卻拿不出真正能解決這些經濟難題的農業政策。[47]

單在一八八〇年代，企業與員工之間就發生數千場總是流血的罷工衝突，而政府既沒有出面調停，也沒有訂定任何集體談判規則。[48]公立學校沒有為學生提供因應新經濟所需的技能。[49]犯罪猖獗的城市缺乏基本服務與基礎設施。街道兩旁隨處可見不適人居的破敗房舍與不安全的工廠。[50]南北戰爭結束後展開的種族和諧工作大致上都停擺了。

「大重建」大開倒車，《吉姆．克勞法》的出現使種族隔離變本加厲，進一步剝奪了黑人民權。

而就在這段時間，民選代表坐視不理，無動於衷，只是一面為自己的政黨與特殊利益找好處，一面為自己累積資源。[51]民眾對政府信心漸失。華府成為民眾眼中的沼澤——大企業與托拉斯在這裡操控一切，平民百姓沒有聲音。歷史學者亨利．亞當斯（Henry Adams）對當時的民意有一段一針見血的描繪：「你可以找遍從一八七〇年到一八九五年這二十五年間整個國會議員、法官與行政首長名單，除了惡行劣跡，什麼也找不到。」[52]

愈來愈多美國人民發現，任由政府像這樣運作下去，遲早要把國家搞垮。但問題不只是政策或政治人物而已。是一整個制度的問題。

進步運動：美國人反擊了

時序進入二十世紀，剛走出鍍金時代的美國，因政治派系對立以及解決不了的經濟與社會挑戰而陷於四分五裂。[53]族裔社群相互對抗。農民與實業家衝突，工人與管理層衝突。有些工人，例如德布斯（Eugene Debs），譴責資本主義，主張社會主義。身為美國工會領袖、五次成為美國總統候選人的德布斯，領導反對鐵路的全國性罷工。還有人對美國的立國基礎表示懷疑，不知道這個根據地方分權理念而建的民主國家，是否能經得起經濟集中浪潮的考驗。在內戰結束後數十年，美國又一次陷於分裂邊緣。

但美國人沒有將這種分裂視為不可避免的命運——為達成重建民主的共同目標，他們團結起來。[54]從一八九〇年到一九二〇年，全美各地改革派紛紛動員，投入必要時間與資源，改變政治運作方式，造成政治競爭大轉型，若我們現在來做這件事，也會產生一樣的效果。

一個大膽的改革願景出現了，但並沒有過分樂觀。這項運動始於大家對這個國家的誤入歧途產生共識。媒體的轉變是形成這項共識的重要因素。鍍金時代那些政黨經營的報紙逐漸沒落，代之而起的是所謂「新聞主義的黃金時代」。滿腔改革熱血、人稱「醜聞揭發者」（muckrakers）的記者不斷揭發企業壟斷與政治機器的貪腐醜行，奠下日後所謂「調查性新聞報導」的基礎。[55]嚴重的經濟蕭條與勞工暴力衝突增加了人們的緊迫感。[56]對現狀愈來愈厭惡的美國人發現，儘管立場各有不同，唯有團結才會有更好的明天。

進步派是理想主義者，但不是意識型態信徒。他們強調個人，講究實用，願意嘗試各種不同做法。早先的人民黨也曾進行改革，將民眾劃分為截然不同的社會階層。進步運動的改革不一樣，他們搭起一個大帳篷，廣納各路人馬，甚至對不贊同進步做法與政策的民眾也來者不拒。[57]進步運動之所以能達到一種臨界質量，終於取得成功，這種擁抱意識型態多樣性的做法至關重要。

進步改革運動一開始是一種未經協調的努力，只有幾百個社群組織參與，目的在解決州與地方性議題。[58]有意思的是，我們今天也注意到，這類各自為政的改革努力正在出現。不過，在二十世紀之交出現的進步改革派，很快就發現頭痛醫頭、腳痛醫腳的方式並不管用，他們開始集中力量推動政治制度本身的轉型，開始重建好政府。他們發現有效的政府也是成功的先決條件。[59]一種新的政治參與形式出現了。它的運作不是透過政黨或選票，而是由關心時事的民眾與公民社會人士組成廣泛的聯盟，以改變政治遊戲規則。

從來不存在單一的全國性進步運動。[60]改革由城市或州發起，由集合各路人馬、鬆散湊在一起的地方協調組織走在最前面。進步改革派確實建立了一些「全國城市聯盟」（National Municipal League）與「直接立法聯盟」（Direct Legislation League）這類主張模式改革的全國性基礎設施。一些著名改革家也加入陣營，包括老羅斯福（Teddy Roosevelt）與威斯康辛州的拉傅萊特（Robert La Follette），為進步改革運動帶來迫切需要的希望、活力與方向。

進步派不僅鎖定改革導向的報刊雜誌，還在《麥克盧爾雜誌》（*McClure's Magazine*，譯按：以揭醜著名）這類全國性重要刊物上大肆宣揚。隨著運動聲勢迅速壯大，進步主義在短短三十年間改變了美國的政治制度。

進步主義的改革策略

進步主義推動一連串結構性創舉，讓政治制度為人民服務，而不是為政治產業業者服務——這在當年是一種很激進的概念。改革改變了公民投票的方式。選民現在有權在初選選擇他們的候選人。參議員不經由黨團會議、而由普選投票產生。進步改革對政治獻金金額設限，賦予選民更多權力，讓選民透過直接民主影響政策。立法機制也因國會的一場反叛而重新打造。

選票改革

一八八八年，來自波士頓一家精英社交俱樂部的一群改革派推翻了反競爭的黨派選票制度，發動了美國的選票創新。[61]麻州成為採納所謂「澳洲式選票」的第一個州。澳洲式選票源自首創於澳洲的一項制度，之後經幾個歐洲國家複製採行。[62]根據這個制度，選票由政府、而不是由政黨提供，選票為單一選票，上面無分黨籍，列出所有候選人的名單——選民可以在密室中選擇他們喜歡的候選人，不必擔心受到脅迫。[63]其他各州很快群起效尤，僅僅五年間，澳洲式選票已經擴散到全美各地。[64]選票改革使進步運動振奮不已。貪腐的提名制度成為下一個改革目標。[65]

直接初選

在鍍金時代，候選人得在政黨大會中經由政黨領袖欽點才能出線。[66]到了一八九〇年代初，由於實施政府派發選票的新制，政黨在政治制度中扮演的支配性角色公諸於世，這種由政黨領袖欽點的陋規也開始崩潰。[67]

一八九八年，「全國初選實際改革會議」（National Conference on Practical Reform in Primary Elections）在紐約市舉行，推出一輪初選改革。[68]拉傅萊特就是這波改革的重要人物。他在兩年後競選威斯康辛州州長時，就將初選改革納入主要競選政綱。當選州長後，威斯康辛州在他的領導下，於一九〇四年成為第一個實施直接初選、由選民直接選出政黨提名人的州。一年後，俄勒岡州跟進，另有六個州也在隨後一年採用這種新制。不到十年間，國會議員與州長選舉直接初選已經成為美國境內大多數州的法律。[69]

但直接初選並不完善。我們在本書前文已經描述了這些當年無心播下、如今顯而易見的後果。不過，在一段期間內，直接初選確實有效遏制了當年政黨領袖與政治機器無限上綱的權力。

直接民主

初選改革的迅速擴散因進步運動的另一創新而如虎添翼：直接民主。受到瑞士選舉法的鼓舞，蘇利文（James Sullivan）在一八九二年發表《公民透過創制與公投直接立法》（*Direct Legislation by the Citizenship through the Initiative and Referendum*）一書，主張讓美國人有權繞過貪腐的立法體系，直接制定政策。[70]正是這本書鼓舞了「直接立法聯盟」的創建，也使俄勒岡州自一九〇二年起，成為美國境內第一個公民可以直接針對法案進行投票的州。[71]之後十五年間，有二十二個州跟進。[72]到一九一二年，老羅斯福以第三黨候選人身分角逐總統時，直接民主成為他的競選主要訴求。[73]它同時也成為建立更多政治創新的利器。[74]

參議員直接選舉

根據憲法的規定，美國參議員的產生一開始是由州議員選舉，而不是由選民直選。雖然不斷有人在國會提出修憲，企圖修訂這項不得人心的慣例，卻都沒有成功。[75]直到一九一三年，《美國憲法第十七條修正案》獲得批准，美國公民從此有權選擇代表他們的參議員。這項突破部分歸功於菲利普斯（David Graham Phillips）發表的系列專文〈參議院的叛國〉（The Treason of the Senate）。菲利普斯在文中揭露個別參議員如何支持圖利洛克斐勒與范德堡這類富豪家族的政策，以換取賄賂與競選獻金。不過，美國公民能夠運用直接民主、繞過國會，也讓這項改變成為可能。[76]

俄勒岡州在一九〇一年舉行「初選」，由選民直接選出自己喜歡的參議員。[77]同時，俄勒岡州的一條選票法規定，州議會候選人必須表明是否尊重這項初選的結果。幾乎所有候選人都簽字表示願意尊重，使這項初選成為實際上的參議員選舉。[78]其他州很快起而效法。到《美國憲法第十七條修正案》通過時，參議員直接民選已經不是什麼激進轉型，而是一個新興的現實。[79]

改變立法機制

選舉改革改變了國會生態，造成一九一〇年國會議員叛離眾議院議長坎農（Joseph Cannon）的所謂「坎農叛變」（Cannon Revolt）事件。對黨派的打壓和控制已經忍無可忍的進步派共和黨與民主黨人，在內布拉斯加州眾議員諾里斯（George Norris）領導下，聯合起來奪走議長對法規委員會的控制權，並透過新的年資制度讓國會各委員會更能獨立運作。[80]這次事件使得原本以黨派運作為核心的國會，轉型為以兩黨委員會為主軸的國會，美國國會也因此朝向前文所述「教科書國會」的治理結構跨出第一步。這個轉型過程於一九四六年因通過《立法改革法》（Legislative Reorganization Act）而達於頂峰。《立法改革法》進一步強化以委員會為中心、以解決問題為設計宗旨的立法機制。它並且增列國會幕僚，以更有意義的方式劃分各委員會的立法工作。[81]如前文第二章所述，這個制度一直維持到一九七〇年代黨派勢力再次崛起並將它破壞為止。[82]

對政治獻金的規範

選舉與治理規則的改革，鼓舞了改革派，決定對政治獻金進行更強有力的規範。在鍍金時代，大企業在競選與遊說事務上投入巨額資金以推動其特殊利益。[83]民眾不斷譴責金錢的邪惡影響力，但也知道不能指望政客會自動削減他們自己的財源。

在選舉改革實施，以及無數有關貪腐的新聞報導之後，國會本身終於採取行動，於一九〇七年禁止公司為競選陣營提供獻金。四年後，國會通過又一立法，規定所有競選獻金必須公開帳目。[84]政治獻金暗盤交易惡習暫時被壓制，不過到一九七〇年代又死灰復燃。

＊＊＊

進步運動改變了政治競爭。[85]兩極化與黨派主義式微，協商成為常態，國會也因此得以擬定並通過解決問題的關鍵性法案。迫切需要的監理機構得以建立，包括負責安定資本市場的「聯邦準備系統」（Federal Reserve System）與職司消費者產品規範作業的「美國食品藥物管理局」（US Food and Drug Administration）。拜《休曼反壟斷法》之賜，政府打散「標準石油公司」（Standard Oil，譯按：又稱美孚石油公司）這類壟斷業者，重啟業界競爭，建立「聯邦貿易委員會」（Federal Trade Commission）以加強公平商業行為執法。政府並且建立職場安全規則、限制童工、改善公共衛生，以實際行動保護容易受害的群體。但改革沒有就此打住。在之後幾十年間，進步運動還不斷改變政治產業結構，為其他里程碑式法案奠下基礎，例如一九三〇年代的《社會安全法案》和一九六〇年代的「聯邦醫療保險」（Medicare）。

進步運動並非完美無瑕。他們的一些作為也帶來始料未及的嚴重後果，建立黨內初選就是一個例子。而且無論左派、右派都對他們表示不滿。左派指責進步運動，說他們未盡全力保護窮人。[86]右派也對政府擴權怨聲載道。不過進步過程本來就是如此。它永遠需要修正與調整。要點是，不能以意識型態來帶動進步。進步不是孤注一擲，要麼全贏，要麼全輸。進步講求的是協商與解決問題，以循序漸進的方式推動國家向前。進步運動的非黨派結構性創新傳承，讓美國人克服重大挑戰，開啟了後人所謂的「美國世紀」。[87]

政治創新的沃土

鍍金時代的情況說明一件事：經濟與社會顛覆導致政治功能失調，但同時也是政治創新的沃土。我們又一次生活在一個顛覆時代。數位轉型擾亂了幾乎每一個產業，將舊有競爭方式送入歷史煙塵。這些改變為新的公司創造可能性，也造成既有社群與公司的動盪不安。

工業化銷聲匿跡，非工業化浪潮洶湧。在過去，機械化讓農民流離失所，創造大規模全國性公司。到今天，自動化讓人提心吊膽，為日後的工作與就業牽腸掛肚。隨著新科技、新技巧愈來愈重要，經濟利得也以不成比例的規模流向頂端，再次引發社會不公、貧富懸殊的合理憂慮。許多民眾人心惶惶，不知道自己能否在明天的經濟中占有一席之地。

鍍金時代的民眾面對競爭全國化，如今我們遭遇的則是全球化。第二次世界大戰結束後那幾年開啟了一個全球商業與投資的新紀元。世界各國決策人士無不力謀降低貿易壁壘，協調智慧財產法令，減少資本控制。經濟整合工作做得很成功：全球出口在全球生產毛額占比從一九七〇年的八・五%，攀升到二〇〇一年的一六・二%。[88]但就在市場與競爭逐漸走上全球化的同時，一直就是機會與優渥薪酬來源的公司與工作——例如傳統小型企業（小商店、餐館、個人服務等等）——遭到威脅。這種發展造成經濟繁榮不公。美國都市部分地區蓬勃發展，其他都市社群則陷入貧困泥沼。許多農村經濟蕭條。勞動參與率下跌，許多美國工人賺取的工資不足以養家活口。自由市場體系讓部分美國人大發利市，卻讓其他許多人苦不堪言——當然，對這種體系的反彈出現了。

就在這種分裂性力量造成美國經濟大混亂的同時，一股新移民潮與不斷成長的分化意識，又一次造成社會緊張，引發又一波反移民情緒。[89]自一九六五年起，美國境內移民的絕對人數增加了四倍有餘。[90]這種現象對經濟造成的影響雖說沒有帶來爭議——移民帶來更多創新與更大經濟產值，對公共預算具有淨正面效應——社會後果卻嚴重得多。[91]這些變化造成了文化的改變，激起人們對社群延續與安全的擔憂。就這樣，美國民眾對政府的要求，也隨著這股經濟與社會轉型大潮合流的衝擊而擴大：政府必須在公共政策上有所創新，以保證商業與其他體系能攜手合作，為全民——而不是只為少數特定群體——謀福利。

就像在鍍金時代一樣，過去五十年來經濟與社會轉變造成的分裂，再次淪為政治產業製造政治分裂、加強黨派控制、阻撓協商與解決方案的工具。沒有效率的政府使問題更加嚴重，也為進一步的政治分裂開啟了大門。政治功能失調就這樣愈演愈烈。只有我們公民能打破這個惡性循環。

第五章　新遊戲規則

規則從來不是什麼迷人的東西。考慮或創造規則未必是件有趣的事，執行它們更加索然無味——不信，找個少棒的裁判問問就知道了。但如前文所述，規則是政治的原爆點。想改變遊戲，它們是毫無疑問、放諸四海而皆準的唯一途徑。規則不僅決定一場遊戲的**玩法**，還能決定遊戲**玩家是誰**、遊戲能——與不能——產生**什麼結果**。在美國籃協ＮＢＡ訂出三分線規則後，ＮＢＡ賽事節奏加快，得分加高，縱橫籃下灌籃的長人風采不再，改由神射手搶盡風騷。這就是規則。

政治遊戲也不例外。美國選舉與立法規則——我們在第二章討論的那些機制——大體上決定政治產業怎麼運作、誰能當選、當選以後做些什麼，以及他們作為或不作為的結果。今天的規則扭曲了健康的競爭力。這是不言而喻的現實。今天的政治產業玩家喜歡搞意識型態，不喜歡解決方案；喜歡停擺，不喜歡行動。玩弄黨派惡鬥有利可圖，謀求協商共識得付出成本。不過把這一切惡果完全推給玩家——那些個別政客——充其量也只能算是不公與誤導。無論各行各業，行業誘因與規則決定從業人的成敗，政治人物也不例外，得遵照誘因與規則行事。

驅動國會議員的誘因，主要取決於他們面對的選舉動能，例如特殊利益團體與意識型態極端選民的影響力。在兩次選舉期間，立法是一場你死我活、一切以下一次初選為主的零和遊戲。今天的雙頭壟斷把市場力構築在選舉上，同時還占有國會、訂定自肥的規則——特別是肥了領導階層，卻不能有效為民眾解決問題的規則——以掌控立法。由於有了這許多貪腐的選舉與立法規則，為公共利益發聲的民選官員幾乎與當選連任的可能性毫無交集（見圖12）。我們因此得不到我們需要的成果。

由於政治市場的競爭遭到操控，新競爭幾乎不可能存在，問責成為空談。我們陷於一場選舉與立法功能失調的惡性循環中：我們無法獲致想要的成果，也無法對失職民選官員進行問責。要打破這種循環，必須改變遊戲規則，重建健康的競爭。但問題是，怎麼做？

舉一個真實案例說明健康競爭的潛力。一九九二年以獨立人士身分競選美國總統的裴洛，雖沒能贏得那場選戰，但為美國贏得具體成果。他以國債與赤字問題為競選主軸，用有關圖表改變了政治對話，將競爭元素引進美國大選。而選民也響應了他的號召，在那年十一月第一個星期二投票日，有一九％的票投了給他。雙頭壟斷於是被迫反應。

在裴洛以前，對兩黨而言，財政責任都不是重要競選優先議題。在裴洛之後，兩黨都知道財政紀律已經成為一九％選民關注的重點，可能在接下來的選舉週期中發揮影響力。這項競爭壓力意味了，無論是民主黨或是共和黨，無論是柯林頓總統或是之後的眾議院議長金里奇，想執政就不能忽視這群選民。這樣的認知促成了美

圖12　不健康的政治競爭

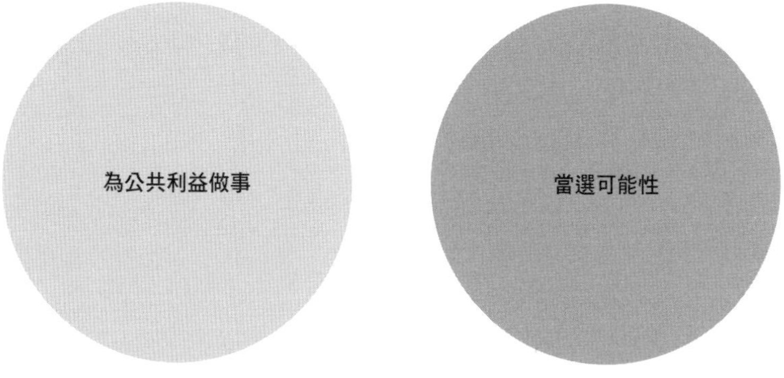

國預算平衡，甚至出現盈餘。當然，蓬勃發展的經濟為國庫帶來更多財富，但若是沒有裴洛帶來的競爭威脅，華府很可能會把這些錢肆意揮霍。把債務推給下一代當然簡單得太多。

不幸的是，裴洛的參選雖為美國帶來些許健康的競爭氛圍與好處，但他之所以能夠拿著他的統計圖表參加總統候選人辯論，只因為他有巨額財富，一般人根本玩不起這種遊戲。在這次選舉落幕之後的近三十年間，雙頭壟斷對全國性對話的控制仍然是現狀。惡性循環依舊。不過裴洛的例子告訴我們，一切事在人為。

只要對選舉角逐與法律制定的方式進行革命性改革，我們可以打破這種循環，可以改變政治人物採取的立場、改變他們服務的對象，可以決定選出什麼樣的人、選出的人如何執政，可以讓選民有能力向民選官員問責。有鑑於選舉與立法競技場兩者之間的相互依存，我們必須兩個問題一併解決。只解決一個問題的效果，遠遠不及兩個問題一併解決：單單疏通州際公路上的一個關卡，只能讓你快一些抵達下一個瓶頸路段而已。

選舉機制是第一個瓶頸路段，必須第一個解決，原因很簡單：美國的選舉是開上州際治理公路的交流道。當美國領導人穿越一道不健康的過程時，他們無論做任何事，都會背著那個擔子——那個威脅。由於他們的當選與晉升前途靠的是政黨選舉機制與政黨領袖，除非改變選舉機制，想改變立法機制的性質無異緣木求魚。倒不是說我們的民選官員沒有改變規則與立法慣例的授權——事實正好相反。根據美國憲法，「每一院可以決定它的議事規則。」改變立法機制就像讓大多數國會議員都出席投票一樣容易——或者說，一樣困難。主要障礙在於他們就職的性質，在於他們能不能放手為人民服務，或他們是否仍得仰仗不健康的選舉勢力與政黨領袖鼻息。美國目前的民選官員，或是現有遊戲規則的受惠者，或是已經向現有遊戲規則屈服，要他們投票反對這些規則，成功可能性極低。在改變選舉機制後，民眾的呼聲才能更響亮。民選代表才能掙脫意識型態枷鎖，進一步回應民眾需求，或許還能建立現代立法典範，重新設計國會運作模式，自我精進。

我們要搞清楚：改革立法機制一**定會是**一件驚天動地的大事，但想完成這樣的改革首先得**先**改變選舉誘因。事實上，這正是出現在進步運動時代的先後順序。先出現選票改革、初選與直接民主的選舉創新，之後才有一九一〇年的「坎農叛變」，奪走政黨領袖的國會山莊立法權，交給兩黨委員會。

如果我們照顧好我們的選舉，選舉自然會照顧好我們。

改造選舉機制：五強投票制

選舉規則決定哪些類型的政界人士會競選、握有公職，一旦當選後他們又會如何執政。目前的黨派選舉機制讓溫和派不選也罷，讓追求協商的人受到懲罰，還將有意參選的獨立派與第三黨人士鎖在門外。從「輸不起法」到偏頗不公的競選財務規則，選舉機制透過各種手段確保雙頭壟斷的強勢與壯大，就算不能讓選民滿意也沒關係。

不過，在決定體系交付的成果的過程中，並非每一項規則都同樣重要。如前文所述，美國之所以出現如此不健康的選舉與立法競爭，有兩個影響最大的因素：黨內初選與相對多數決制。想重振美國民主，我們必須透過我們所謂的「五強投票制」（Final-Five Voting）解決這兩個問題。

五強投票制可以改變美國選舉的本質。它重新整頓了帶動民選官員的動機，迫使美國選舉為新競爭打開大門。已經淪為局限機制的選票，最終將回歸正途，成為問責機制。五強投票制就是我們用來改變政治遊戲的利器。

五強投票制包括兩個部分——開放、單一選票、非黨派的初選，由得票最多的五名候選人進入普選（即**五強初選**），以及「排名選擇投票」。這兩項改革可以削弱政黨的控制權，終止相對多數決制的弊端，對美國國會選舉的競爭性質造成重大衝擊。我們的國會議員所做的每一項決定都有選舉誘因的身影，而五強投票制可以強有力的改造這些誘因。必須一提的是，五強投票制需要兩項轉型，一在初選，一在普選。想發揮最大功效就得將這兩項轉型一併完成，這一點非常重要。

非黨派的五強初選

如本書前文所述，黨內初選大幅扭曲了美國國會選舉的競爭。它們讓黨派守門人大權在握，但犧牲了大多數選民的利益，使民選官員在就任以後走上歪路。再重複早先的說法：黨內初選打造了一個針孔，讓一切有意解決問題的政治人物都過不了關。

所以，我們要廢除黨內初選。我們主張「五強初選」（top-five primaries）。在五強初選中，民主黨初選或共和黨初選都將不復存在，取而代之的是一項單一、公開、非黨派的初選。來自任何政黨與獨立參選候選人的姓名都會出現在單一選票上（如果候選人願意，可以在自己的姓名旁邊加注自己的政黨）。所有選民都有資格參加初選投票（這與黨內初選不一樣，黨內初選往往將獨立人士與第三黨支持者排斥在外，視各州法規不同而異）。在五強初選中，得票最多的五個人，無論黨派屬性，都可以晉級普選。在實施這種制度以後，過去由一名民主黨與一名共和黨候選人在十一月大選對決的情勢，將改為由兩名民主黨與三名共和黨候選人；或一名民主黨、一名共和黨與三名獨立候選人；或一名民主黨、一名共和黨、一名自由黨、一名綠黨與一名獨立候選人一起角逐。五強初選擴大競技場，讓五名候選人進入普選，開創角逐新方式。

五強初選制雖說尚未成真，但一些主張單一選票、非黨內初選的先驅者正在進行鋪路。加州與華盛頓州已經實施兩強初選，無論黨派，在初選得到最高票的兩個候選人就能進入普選。新制實施以後成果斐然。在加州於二〇一二年實施兩強初選以前，約七九％的州長與國會議員選舉，一般認為結果早在選舉日之前已經幾乎底定，根本「沒有競爭」。[1] 黨內初選再加上無所不在的「傑利蠑螈」，意味著候選人一旦在初選勝出，進入普選後就不會面對真正的挑戰。舉例來說，在民主黨具有壓倒性多數的選區，初選的結果幾乎可以決定最後勝利誰屬：誰能贏得民主黨的提名，誰就能在十一月擊敗一名共和黨人獲勝。初選結果幾乎就是普選結果。唯一真正的競選出現在投票率很低的初選，候選人為了確保連任，得爭取那些比較極端的初選選民。

先舉行高度黨派性的初選，隨後是「不競之爭」的普選，這種慣例對加州政治造成嚴重後果。加州州議會由於成員都是黨派色彩非常濃厚的政治人物，根本不需要擔心他們的席位，也因此一直是美國立法功能最差的州議會。[2]但兩強初選的實施大幅扭轉了這種情勢。在實施兩強初選制以後，加州境內經評估為具有競爭性的選舉數字立即倍增。一面倒的勝利減少了，愈來愈多的現任民選官員開始在普選失利。研究顯示，換成在舊有體系內的封閉式初選，今天許多以廣大選民為訴求、在普選獲勝的人會敗陣。[3]在實施這項創新僅僅四年之後，加州成為美國選情最激烈的州。[4]

選舉改變後，執政方式也隨之改變。隨著選民開始選出更多以解決問題為職志的政治人物，加州惡名昭彰的政治僵局也逐漸解套。到二〇一六年，加州立法體系的民眾滿意度，已經從二〇一〇年的一〇%上升到五〇%。[5]

儘管有這些成果，兩強初選仍遭到一些反撲（當然，發動這些反撲的是雙頭壟斷兩方的領導層，這一點也不奇怪）。在二〇一八年加州初選即將舉行時，眾議院多數黨領袖麥卡錫（Kevin McCarthy，加州共和黨）表示：「我痛恨兩強初選制。」當時擔任眾議院少數黨領袖的佩洛西（加州民主黨）也說，加州的兩強初選制「不是一種改革。它簡直糟透了」。在之後的回應中，共和黨籍前加州州長史瓦辛格（Arnold Schwarzenegger）與眾議員坎納（Ro Khanna，加州民主黨）表示：「他們這些黨派性反應說明了一切：政黨痛恨兩強初選制，所以選民應該喜歡這個制度。」[6]

但兩強初選制做得不夠徹底，還不能將健康的競爭全面注入美國選舉。只讓兩名候選人進入普選仍然限制了選民的選擇，而且並沒有為雙頭壟斷以外的新挑戰者帶來更多機會。它還可能造成一些始料未及的後果。二〇一二年，加州第三十一國會選區的選民大多數把票投給民主黨候選人，最後卻只能在兩名保守派共和黨人之間做選擇，因為參加初選的民主黨候選人太多，分散了選票，讓兩名共和黨候選人出線，進入普選——這當然不是這項改革的初衷。

究竟應該多少人在初選出線這個問題並無定論，但我們基於三大理由，認為五個人出線最具功效。* 首先，普選候選人名額增加以後，單一政黨想囊括所有五個名額極不可能。其次，五強初選制讓更多選民有機會在十一月投票給他們支持的候選人。第三，對候選人與理念而言，更多選擇意味更多競爭，而更多競爭意味更多選民可以問責的民選官員——無論在任何產業，更多問責意味更好的成果。絕無例外。

全美大學體育協會（National Collegiate Athletic Association）每年一度的「最後四強」（Final Four）籃賽所以這麼成功，有很好的理由：這項賽事在一開始由來自全美各地六十四所大學的代表隊分組捉對廝殺，最後選出四強進行決賽。「最後四強」以賽事過程起伏、經常出現「灰姑娘式故事」而著稱——往往一些名不見經傳的學校因此一戰成名，登上全美最高階的大學籃球競技舞臺。

如果全美大學體育協會當年**只准許**杜克（Duke）與北卡羅來納（North Carolina）、威斯康辛（Wisconsin）與密西根（Michigan），或肯塔基（Kentucky）與路易斯市（Louisville）這類名校的勁旅參賽，這項賽事還能像今天這樣健康發展嗎？那應該絕無可能。

政治產業的情況也一樣，讓普選選票上有五個名額，不僅能為每個人帶來機會，為新的理念創造空間，還能讓雙頭壟斷更不容易插手操控。

有些選戰可能出現候選人填不滿五個名額的狀況嗎？確實可能。但這種狀況並沒有真正的壞處：為維護健康的民主，名額空置比不給選民選項好得太多。機會是美國民主的基石。美國的選舉必須體現機會。機會是自由的實踐，是美國人與生俱來的權利。

最重要的是，五強初選制可以改變國會議員的計票方式。他們知道，面對一項違反

＊　我們主張採用五個候選人名額，但也誠心支持阿拉斯加州目前採用的最高票四人進入普選的做法。

政黨正統的里程碑式兩黨合作法案，即使他們投下贊成票，也未必就會因此席位不保。雙頭壟斷為了將解決問題的政治人物擋在門外而設的黨內初選針孔障礙，將因五強初選制而瓦解。

優先選擇投票制普選

如前文所述，相對多數決制，以及從而導致的攪局者效應與廢票之爭，是政治產業不容易出現新競爭的最大的結構性障礙。相對多數決制能製造負面競選與分化選民的動機，有時還能造成不民主的情勢，讓大多數選民不支持的候選人獲勝。

既然如此，就讓我們廢了這個制度吧。

我們建議在普選中採取「優先選擇投票制」（ranked-choice voting, RCV）。這個構想很簡單。相對多數決制可能選出無法得到大多數選民支持的候選人，優先選擇投票制則正好相反。候選人想取勝，就**必須**跨過五〇%的門檻。

優先選擇投票制的實際運作方式如下。你在選舉日當天來到投票所，領到一張選票，選票上印有五個非黨內初選勝選者的名字。假想這是一次開國元勛（與一名開國元勛夫人）的競選。你領到一張如圖13所示的選票。像過去一樣，你選出自己最心儀的候選人——在這個案例中，你選了漢密爾頓。漢密爾頓當時初入政壇，非常凶悍。*但你也可以選出你心目中第二優秀的候選人（愛比蓋兒．亞當斯）、第三優秀的候選人（華盛頓）、第四優秀的候選人（傑佛遜）與第五優秀的候選人（約翰．亞當斯）。

在投票結束後，第一選擇

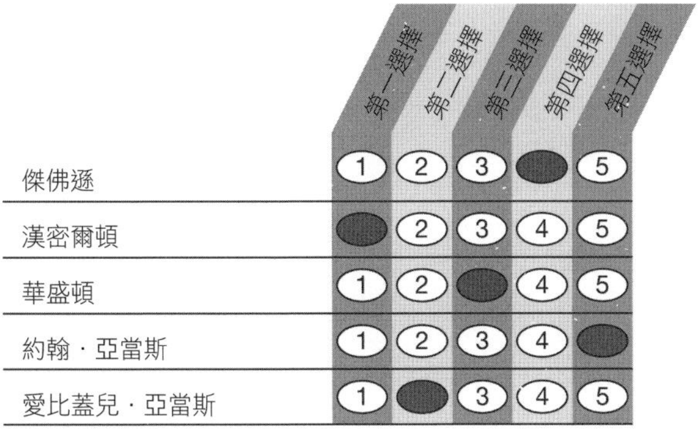

圖13　優先選擇投票制選票樣本

這張選票樣本顯示一名選民如何將五名假想候選人排出優先順位，他的第一個選擇是漢密爾頓，第五個選擇是約翰．亞當斯。

* 拜米蘭達（Lin-Manuel Miranda）所創作的百老匯名劇所賜，開國元勛漢密爾頓在美國又一次聲名大噪。

選票首先計票。如果一名候選人獲得超過五〇%的第一選擇選票（真正多數），選舉就此結束。漢密爾頓可能拿下六五%的第一選擇選票，贏得這場選戰。但如果漢密爾頓只得到三三%——不到半數——而愛比蓋兒・亞當斯得到三二%的選票，又將如何？換成是在相對多數決制，漢密爾頓儘管只獲得三分之一選民的支持，仍然能獲得勝選。但在優先選擇投票制就不能了——至少還不能。

如果沒有一個候選人得到真正多數（五〇%加一），則淘汰排名墊底的那名候選人。在這個案例中，傑佛遜先遭淘汰。但投給傑佛遜的票並不是廢票，選民將傑佛遜視為第一選擇而投給他的票，會自動轉移到這些選民的第二選擇名下。我們且假設支持傑佛遜的選民大都將華盛頓列為他們的第二選擇：在投給傑佛遜的票轉入華盛頓名下以後，華盛頓的得票數跨過了五〇%門檻。在相對多數決制，漢密爾頓可以靠強大粉絲群的動員，在僅得到三三%選票的情況下取勝，但在優先選擇投票制，華盛頓可以藉由更多選民支持而勝出。

大多數美國人還沒有聽過優先選擇投票制，但這其實不是什麼新構想。二〇〇二年，參議員馬侃錄了一段自動語音，呼籲阿拉斯加人支持一項採納優先選擇投票制的法案，說這樣做能「帶來好政府，因為選民可以選出獲得多數人擁戴的領導人」。[7]就在同一年，馬侃日後的對手，當年還是伊利諾州參議員的歐巴馬提出《伊利諾州參議院第一七八九號法案》（Illinois Senate Bill 1789），主張在州長與國會初選中採取優先選擇投票制。儘管這兩項建議都因為時機尚未成熟而未能通過，但緬因州於二〇一八年成為美國第一個採納優先選擇投票制的州，麻州也在二〇二〇年十一月就優先選擇投票制舉行投票。

優先選擇投票制的潛在利益不只是紙上談兵而已。全美各地包括明尼亞波利斯（Minneapolis）與舊金山（San Francisco）等十九個大城市，已經率先在市政官員選舉上採用優先選擇投票制。隨著這些地方性實驗成績斐然，推動這種新制的呼聲漸長，我們已經可以見到實際成果。二〇一七年對七個採用這種新制選舉市政官員的美國城市進行的評估發現，與那些採用相對多數決制的城市相比，更多的選民認定候選人專心投入的是競選議題，而不是詆毀對手。[8]在舊金山實施優先選擇投票制以後，研究人員發現，競選資料，例如郵寄到選民家裡的文宣，比過去更加關注諸如政策立場這類「有價值的資訊」，攻擊其他候選人的資訊變少了。[9]如果候選人需要獲得第二選擇（或第三、第四選擇）選票才能跨過五〇%的門檻，攻擊對手的競選戰術成效會很有限。

優先選擇投票制可以保證，勝選者必須獲得盡可能最廣大選民的支持。最重要的是，這個制度消除了相對多數決制所造成的巨大進場障礙。再配合非黨派的五強初選建立五強投票制，可以讓美國選舉改頭換面。

五強投票制的好處

本書曾在前文請你假想自己是遭到政治產業種種自利規則窒息、進退兩難的政界人士。現在請你再次以政界人士身分出馬，但這一次，你不必為了將推動公共利益做為首要任務而像叛徒一樣挑戰政治產業那些規則與慣例。

這一次不一樣：遊戲規則變了。

當你面對一項法案表決時，特殊利益團體或激進的黨內初選選民，甚至過去控制你命運的政黨領袖，都不能再威脅你，也不能再對你該怎麼投票指手畫腳。這一次，擺在你的國會議員辦公桌上的還是同樣的兩黨法案。但這一次，在你精明、熱情的幕僚團隊協助下，你可以無拘無束的根據法案細節，對照你的選民的目標、政黨的目標，以及全國民眾的廣大目標與需求來進行辯論。你不必擔心會遭到報復而自毀前途。你終於可以根據一些正確的問題引導你的決定：我這麼做對不對？我這麼做能改善我的廣大選民的生活嗎？這項政策對國家有利嗎？

挑戰政治產業既有文化的民選官員，不再擔心遭到扭曲的動機結構懲罰。你的門廊上刻著一套新指導原則：想增加連任的可能性，就要為公共利益做事（見圖14）。你的選民要的是成果，並根據成果向你問責。完全同意！

為開創獎勵成果與問責的健康競爭，我們必須推動五強投票制，但這個制度的好處不僅僅如此。下文就要描述在政治產業運用這個制度帶來的更多好處。

圖14　健康的政治競爭——實施五強投票制之後

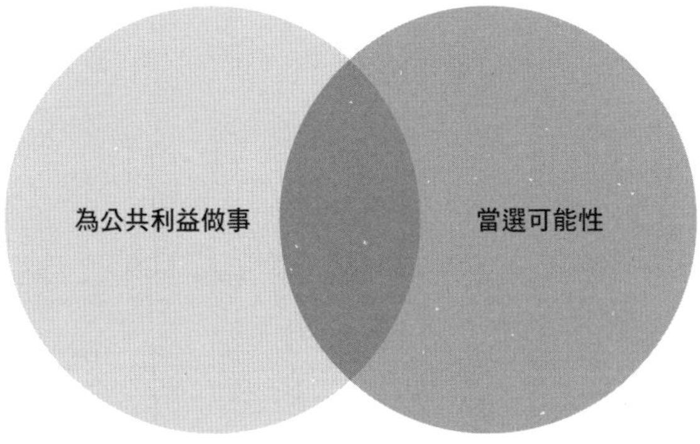

與客戶（選民）權力再結合

選民成為最重要的客戶——本來就應該這樣。普選取代初選，成為最重要的選舉——本來就應該這樣。候選人想當選，就必須以最大多數選民最廣大的需求為訴求。與過去真正勝負關鍵在初選的時代相比，候選人將受到鼓舞，願意以更大的選民群眾為訴求。對更多的候選人而言，選區內每一個選民都有潛在價值。候選人名額增加到五個以後，大多數選民——不只是一個少數派系——都可能在十一月選舉日的選票上找到他們喜歡的候選人。

此外，在實施優先選擇投票制以後，選民可以從五名候選人中選出他們真正喜歡的候選人，而且不必擔心他們的票會成為廢票，或擔心他們會在無意間幫忙選出他們最不喜歡的候選人。選民可以根據自己的意見投票給自己支持的候選人，而不是根據策略性理由，投票給雙頭壟斷要他們支持的候選人。

最後，由於能使選票貨幣相對於金錢貨幣的價值升值（因為普選的結果愈來愈充滿變數），五強投票制將競選花費與政治獻金這類議題導入一個正確的方向。

進場障礙大幅降低

攪局者效應與廢票之爭讓兩大黨內外人士卻步，而五強投票制能化解這些爭議。五個名額為更多候選人參選提供保證，讓過去一般早在黨內初選中就會遭到淘汰的候選人可以進入普選。由於每一名候選人都對選舉結果有潛在影響，都具有重要的「無償媒體」（earned media，譯按：指透過其他媒體平臺運作，無須付費的行銷，如口碑）價值，媒體自然也願意報導、採訪他們。

分化民眾的動機減少

勝負關鍵不僅是第一選擇的黨派選票，候選人有時得在第二、甚或第三選擇的選票上為爭取更廣泛的選民而競爭。惡意詆毀、離間民眾的負面攻訐可能成為負債，而不是通往勝利之路的助力。候選人若是需要爭取五〇％以上的選票才能獲勝，要他或她不理會大群選民的意見就更難了。

當然，五強投票制不會神奇的讓選戰一夕之間變得健康與和諧；選戰仍然艱巨且激烈，候選人仍將以有意義的方式向選民推銷自己，說明自己與眾不同之處，而且也應該如此。然而一旦實施這項新制，由於每一票都有影響選情的可能，候選人在運用揭人隱私、誹謗攻訐的負面策略之前，就不得不三思了。在「勝者全拿」的相對多數決制，候選人喜歡運用這種負面策略，而且不必擔心後果，因為只要能比你的對手多一票，你在競選過程中疏離了多少選民都無關痛癢。五強投票制讓選戰經理改採新策略：要與眾不同，但不要疏離選民。

更多創新，更多樣化，更多構想

我們相信，在為國家問題創造與提供解決方案的過程中，主張協商的溫和派政界人士能發揮重要價值。但我們並不認為溫和派是唯一有價值的民選官員。他們不是。美國歷史上幾次大轉型——從解放（奴隸）和婦女選舉權，到社會安全與公民權——往往都從「邊緣群體」開始，亦即絕對稱不上溫和的陣營。但到了最後，在民主選出的公共組織，改革必須由組織大多數推動實施，在這種情況下，想提出實際可行的解決方案，跨黨派、重視解決問題、尋求共識的溫和派就至關重要了。而在我們現行政治競爭中，幾近絕跡的正是這一類政治人物。

想像一下，如果每一項普選都有五名候選人參選會怎麼樣。想像一下，如果以縮減國債為競選主軸的候選人（如一九九二年的裴洛），或以氣候變化為競選主軸的候選人〔如二〇二〇年民主黨初選的英斯利（Jay Inslee）〕在第一輪選舉中獲得兩位數百分比選票，會為民選官員帶來什麼樣的衝擊。有創意的理念成為公共辯論議題的可能性增加了。原本或許看來「邊緣」的候選人，因進場障礙降低，更有可能參選。五強投票制讓我們的選舉得以兼顧更多好處。

讓國會議員做得更好

五強投票制能授權國會議員去做他們來華府應該做的事：有所貢獻。由於這個新制度鼓勵行動，不鼓勵躲躲藏藏的領導，鼓起勇氣參選而且取勝的政治人物可以如願以償、完成他們的目標。新制度更有發揮所長的空間，更能吸引有才幹的人，因為工作能帶來滿足感，而且選戰比較不再像過去那樣、是一種兩害相權取其輕的遊戲。智庫「新美國」（New America）政治改革計畫的資深研究員卓曼（Lee Drutman）表示：「……

今天的民選官員也對現狀厭惡不已。黨派惡鬥讓他們怨聲載道。政治操控導致的國會權力中央化已經讓許多民選官員邊緣化，這讓他們很不開心。幾乎每一位退休的國會議員都抱怨不已，說如今當個民選官員多麼糟，說黨派惡鬥已經惡劣到無以復加，說他們當年滿腔熱血前來華府，為的可不是幹這種事。」[10] 五強投票制不僅對選民比較好，還能讓大多數國會議員把事情做得更好。

可以達到的現代成果（比我們想像得更快）

如本書第三章所述，民選官員的成績好壞，端看他們能不能帶來我們期望的成果：解決方案、行動，以及能不能建立廣泛共識，同時在國家的短期與長程需求之間取得平衡。除非我們能改變目前為實現成果而工作的誘因，否則我們只會繼續見到僵局，見不到協商。

有一件事特別讓人興奮並感到鼓舞：我們不需要五十個州都改變規則，也能展開對華府的改革。只要有十個州將它們經由五強投票制選出的代表送進華府，我們就立即擁有一個由二十位參議員與約一百位眾議員組成的新支點，可以用來解決問題、談判協商、抵抗黨派對執政的束縛。只要有幾個州展開行動，全國性的成果改革就能啟動。而（幾乎是）第一個採納這種新制的州可能是阿拉斯加州。阿拉斯加州將於二〇二〇年十一月就「四強投票制」進行表決。（譯按：阿拉斯加州已於二〇二〇年十一月十七日投票通過實施優先選擇投票制，成為美國繼緬因州之後，第二個實施優先選擇投票制的州。）

＊＊＊

美國憲法的「制憲者」當年並沒有明定我們應該以什麼投票制度選出我們的民選官員，而是將這方面的決策權交給各州。從阿拉巴馬州到懷俄明州，選擇權在於我們。五強投票制能為美國帶來邁向更好成果的巨大躍進，為進一步政治創新開啟大門。如我們在「進步時代」中所見，政治創新有傳染力、有相互推動的效應。創新帶來創新，於是，對終於掙脫束縛、可以展現身手的民選官員，以及可以向他們問責的選民來說，下一個戰線是立法機制。五強投票制是個有力的開端，而且一旦搭配有效立法程序，它對追求成果與問責的誘因還會更強。

改造立法機制：現代化、典範性立法機構

二〇一〇年，《紐約時報》記者皮爾（Robert Pear）在訪問一家每年生產許多噸香腸的工廠之後，採訪這家工廠的老闆費德爾（Stanley A. Feder）。皮爾此行的目的在於探討據說出自俾斯麥（Otto von Bismarck）的一句名言：「你若喜歡法律與香腸，就千萬不要去觀察它們的製作過程。」今天許多民選官員常引用俾斯麥這句話替他們那些低劣的立法程序找藉口。在實際考察廠房、了解將絞肉灌入腸衣裡的過程之後，皮爾說：「但在實際考察這座距離首都約十英里的香腸製造廠之後，我發現俾斯麥與現今那些政客都錯了。就許多方面來說，這句話都是對香腸製造業者的冒犯。」11

現在改善我們的立法程序的時機已至。如前文所述，美國國會的規則與做法完全談不上效率。立法機制經過多年來的精心構築，已經成為只為雙頭壟斷牟利、專為黨派惡鬥設計的工具，根本不能解決問題。這條黨派傾軋的立法生產線的終端產品，往往是一個黨在另一個黨反對下通過的意識型態色彩濃厚、偏頗不公、不能持久的法律。每一屆新國會上臺，必然採取行動廢止與取代舊法，卻不見實施與改善——至於徹底不作為與停擺，更成了家常便飯。

且容我們再說一次：事情並不是非得如此不可。

讓我們廢了這樣的立法機制吧。我們建議建立一種可以做為榜樣的、現代（非黨派的）立法機制。

別忘了，美國憲法中有關眾議院與參議院應該如何運作的記述僅有六小段文字，但眾議院與參議院各自都有好幾百頁的運作法規——而且都是自己寫的。我們也認為政黨有權為自己訂定作業與問責機制，且認為這樣做也在情在理。由於這種產品的設計與優化過程緩慢、晦澀、儀式化，而且往往乏味得讓人受不了，也為它帶來的不健康競爭創造了順理成章的掩護。**我們就是游在這樣的水裡**。

就連許多資深國會議員也早已對這種日常性的功能失調習以為常，面對政黨便宜之計的法規窒息立法程序的事實，他們視而不見，或至少對此完全不以為意。絕大多數國會議員每天忙著指責另一黨，根本無暇顧及這龐大的立法機制如何塑造政治行為。但在新手眼裡，這樣的困境顯而易見。眾議員蓋拉格（Mike Gallagher，共和黨威斯康辛州）在第一任期剛就任不久就發現國會山莊的規則需要改變。他說：「除非能修整好國會內部的運作程序與權力結構，否則我們只能預期更多同樣的事——兩極化、尖酸刻薄、挑撥煽動。每隔兩年，候選人會對沼澤這種現狀大罵一陣，然後迅速被沼澤吞噬。

像我們這樣偉大的國家理當有一個運作良好的立法機構——只有結構性改革才能做到這一點。」[12]

想為美國民眾謀福，我們就得重新設計國會山莊，建立一種真正非黨派的立法機制，一種用來解決問題、而不是用來進行黨派惡鬥的機制。美國憲法沒有明定國會的內部運作機制，只是要參、眾兩院「決定它的程序」。換言之，我們可以督促我們的官員創造一些不同的東西。事實上，身為公民，我們應該像關心我們的選舉一樣，關心我們的立法程序。沒有健康的立法程序，就算有了健康的選舉又有什麼意義？

那麼，想改造我們的立法機制，究竟要做些什麼呢？

以下就是我們的改革理論：運用一種經驗證有效的管理做法，從無到有的重新想像立法機制：零基預算法（zero-based budgeting）。一旦使用這種許多民營與公營事業都使用的預算做法之後，一切開支必須根據它的預期價值、而不是歷史來決定開支是否得當、是否應該批准。根據皮爾（Peter Pyhrr）在一九七〇年代研發的零基預算法，每一項預算的週期都從零開始，分析組織內每一項功能的需求與成本，然後根據分析結果撥款——無論過去在任何指定項目下給予多少撥款金額。零基的設計還能讓人無拘無束的思考，開啟解決問題的新可能性。

我們為國會改革開立了處方：**零基法規製作**。為了加強黨派攻擊火力，美國國會幾十年來通過一項又一項規則，包括眾議院規則（Rules of the House of Representatives）、參議院議事規則（Standing Rules of the Senate）、參議院委員會權限與規則（Authority and Rules of Senate Committees）、眾議院委員會規則（Rules Adopted by the Committees of the House of Representatives），以及法規委員會規則（Rules of the Committee on Rules）等等。我們要把所有這些規則全數拋開。我們要拋開「哈斯特規則」這類非正式規則。我們還要廢棄專為民主黨與共和黨而設的個別講臺、衣帽間、餐廳，廢棄根據黨派而設計的座席安排。我們將過去這些陋習全數拋開，從一個沒有任何束縛的空間重新想像。

我們或許會發現，許多現有規則與慣例具有重要意旨。我們且把這些規則與慣例送入未來。但關鍵是，我們也應該敞開心胸，找出成效不彰的規則與慣例，展開創造新規則的想像過程。

組織往往做不到零基預算法的目標，不過那不是重點。重要的是，我們讓自己跳出窠臼，不再只想著修修補補，而是想像一種現代化、可做為典範的立法機構，讓它對其所服務的民眾交付一項宏大且具必要性的成果。

立法機制創新委員會

這樣的目標並非一蹴可及，或許需要三到五年時間進行設計，然後才能提出立法，在國會山莊通過，所以我們現在就得展開工作。我們建議成立獨立、非黨派的「立法機制創新委員會」（Legislative Machinery Innovation Commission），以設計一個現代化、典範性的立法機構，能運用談判、溝通、解決問題的最佳做法，去提出真正的成果。委員會在工作完成後，會將工作成果交給國會兩院審議。一旦根據五強投票制選出的議員在國會形成足夠力量，他們就能夠排斥過去黨派惡鬥的立法機制，採納以解決問題為宗旨的新立法機制（同時還能讓他們做得更好，讓他們與選民都對他們的工作更滿意）。

這裡要向這個創新委員會提出一個問題：假設在一個議院裡面有四百三十五位議員，在另一個議院裡有一百位議員。這些議員的背景、看法、意識型態及選民的選舉指示各不相同。儘管有這許多差異，他們都愛國家，都希望造就好政績，並為下一次參選創造良好的紀錄。他們必須達成協議，把法案送給總統簽署。他們應該怎麼組織他們的工作？你會建議他們採取什麼程序？用什麼幕僚？什麼方法？什麼實體結構？什麼溝通機制？什麼技術與數據支援？可以實施什麼最佳合作與談判做法？總而言之，一個現代化、可做為典範的立法機制應該像什麼樣子？

基於這種精神，創新委員會要動員來自四面八方、代表各種不同學科與組織的頂尖專家，提出立法機制改造大計，以因應美國面對的這些重大挑戰。目前為止，已經有人提出許多構想，希望將國會轉型為討論、談判與協商的殿堂——由兩黨議員組成的「國會現代化特別委員會」（Select Committee on the Modernization of Congress）在二〇一九年提出的法案就是一個例子。不過這類委員會與其他類似作為都沒有零基授權（他們甚至得聽命於他們意圖改變的那個機構內部的勢力）。

改善一個殘破不堪的制度是非常艱巨的挑戰。許多人有一種錯誤觀念，認為凡事都必須依樣畫葫蘆，我們充其量只能小小修正而已。這種觀念很荒唐。如果我們能夠打破這種傳統束縛，我們的遠景將不可限量。

創新委員會的功能

立法機制創新委員會有三大功能。

首先，它要運用零基做法訂定一個現代化、典範性的立法機制的藍圖。這個委員會要建造一個大帳篷，讓研究國會內部運作的政治學者專家、讓現任與歷任國會參議員與眾議員、讓來自傳統上遠離國會山莊各領域的專家共聚一堂。在結合行為學、衝突解決、談判、科技與組織管理這類領域專業人士群策群力的情況下，這支廣納各方精英的團隊可以運用最先進的研究成果，進行現代化、典範性立法機制的設計。這支團隊不僅要打擊我們討論過的許多惡劣的法規與慣例，還要運用廣大而且仍在不斷擴大的知識，在國會重建真正能夠解決問題的功能。

其次，這個委員會要公布它的研究成果，讓全國民眾都能看清現有立法機制如何只能為黨派利益效力，不能為民眾謀福。一九四六年的《立法改革法》曾經遭到那些在國會的利益因此遭到威脅的人士的大力反撲，但在要求改革的龐大公共壓力下，這項法案在兩黨多數支持下過關。一點也沒錯，除非社會大眾施壓，否則這樣的改革幾乎不可能出現。在將研究成果廣為公開以後，這個新委員會能幫著揭發隱身暗處、造成國會功能失調的那些瘡疤，進一步激發美國人要求全面改革的呼聲。

第三，新委員會將與致力於建立更佳排難解紛機構的國會議員一起努力，或許是屆時仍然在位的國會現代化特別委員會。畢竟，除非國會議員採納新遊戲規則，展開改革，立法改革將永遠不會出現。

國會幾乎不曾自動自發的大舉改革，即使有過，也只是採用全盤變革計畫裡的一小部分。外部提案往往是體制性創新的主要推力，尤其當國會議員從一開始就是這項提案過程的一部分時，更是如此。正如美國政治學會（American Political Science Association）所屬「國會委員會」（Committee on Congress）——我們很快就會在下文談到——所示，當一群致力改革的國會議員推動大規模內部改革時，體制性改革才有可能。一個獨立於國會之外的委員會必須與國會議員一起工作，提供構想，灌輸要求採取大膽行動的公共壓力。

我們預期，許多國會議員，特別是那些由五強投票制選出的國會議員，會歡迎新的立法機制，因為就許多方面而言，我們鼓吹的這種轉型，談的是人才與機會的閒置與浪擲。較好的規則意味較順暢、較有效的工作。較好的工作為有才之士創造更有趣的機會。健康的競爭將美國才俊之士吸引到矽谷、華爾街等專業領域，同樣的吸引力也適用於政治產業。好的規則對企業大有好處。好的規則對立法——以及對國會議員——也將大有好處。

過去的成功典範

過去，類似我們建議的委員會也曾出現在美國國會，發動大規模改革。[13] 在「新政」（New Deal，譯按：小羅斯福總統於一九三三年至一九三九年推動的計畫）時代晚期，行政權的迅速擴張讓美國人愈來愈擔心，民眾對國會的滿意度也跌到谷底。當時一群在大學、智庫與政府機構工作的政治學者開始討論推動大規模國會改革的可能性。[14] 一九四一年一月，美國政治學會——在二十世紀之初創辦的著名專業社團——成立「國會委員會」，專責推動這些討論。[15] 在一個由非黨派專家組成的獨立小組領導下，這個委員會自我挑起審查國會「機制運作與方法」的重責大任，建議展開一項運作面的改造。[16]

這個委員會的大多數成員已經投入相關研究多年。也因此它基本上自視為一種「催化劑」，而沒有再提更多的研究報告。它的成員造訪國會裡裡外外，會見國會議員，直接記錄問題，爭取議員對新想法的支持。他們向全美各地學術界同僚徵求意見。而且，或許最重要的是，他們啟動了一場全國性的討論，包括電臺節目、公共論壇與報紙社論。[17] 這個委員會最後發表一篇簡短的報告，提出幾個大構想，包括改組委員會制度、遊說團體必須登記，以及大幅加強幕僚陣容、讓國會議員能有效行使職權等等。[18]這些願景差不多等於帶來了一場國會轉型。

當然，這篇報告原本也很可能就此閒置在檔案架上積塵埃。不過國會委員會有先見之明。它很早就與來自兩黨、對國會體制健康問題極其擔憂、有心改革的國會議員合作。[19]在一九四五年，這些國會議員從美國政治學會手中接棒，建立「國會重組聯合委員會」（Joint Committee on the Reorganization of Congress）。[20]不到兩年以後，國會通過一九四六年《立法改革法》，將美國政治學會的許多建議付諸實施。過去國會裡龐大、笨拙的委員會改變了，以往淪為委員會主席私人領地的委員會，在參議院從原本三十三個減少到十五個，在眾議院也從原本四十八個減少到十九個。有史以來第一次，國會能明確劃分這些委員會的管轄權責，能有意義的投資聘請專業幕僚，協助國會議員處理複雜的決策事務。[21]這些改革或許是美國史上最全面的國會重整。[22]

重振活力的民主

世上並沒有一套可以創造民主烏托邦的最佳規則。邱吉爾（Winston Churchill）有一句名言：「總是有人說，民主是最糟糕的政府形式，除了其他那些人們不時嘗試過的形式之外。」民主本來就是艱難和混亂的。今後也仍將如此。有人提出構想就會引起爭辯。有團體會反對。沒有一個團體或單獨一方能夠得到想要的一切。民主烏托邦的定義是什麼？仍然混亂而艱難，但它能展現好成果。這當然就是我們的集體願望。

重建選舉機制——五強投票制，改造立法機制——現代化、典範性的立法機構，兩者相加，威力龐大。想掙脫我們目前這種自我毀滅的困境，跨上通往進步與繁榮共享的新道路，這是我們最好的機會。我們欣然發現我們可以不必接受政治現狀，現在，我們身為公民的職責就是採取行動，將這個健康政治競爭的構想化為現實。好消息是，從緬因州到加州，全美各地的改革進展正在紛紛湧現。看看阿拉斯加吧！

第六章　實驗室與原則

在大蕭條時代最黑暗的一刻，最高法院受理一件案子，以決定奧克拉荷馬州規定公司必須有執照才能賣冰的法律是否違憲。這是一件不起眼的法律訴訟，如果不是大法官布蘭岱斯（Louis Brandeis）提出異議，對聯邦主義的好處發表了他的看法，這個案子很快就會為歷史遺忘。布蘭岱寫道：「如果它的公民選擇這種做法，一個州只要有勇氣，都能充當實驗室內的角色。這是聯邦主義的一個意外驚喜。」[1]

美國人可以透過個別州進行新規則與程序的實驗，看怎麼做效果最好，尤其是我們列為第一優先的選舉議題。二十世紀初期，進步時代的「民主實驗室」推出各種政治創新，包括不記名投票、直接民主、競選獻金規範等等，足以跟著名的門羅公園（Menlo Park）裡愛迪生（Thomas Edison）的發明創意相媲美。

今天，相對多數決制與黨內初選這類為害不淺的政治產業結構，繼續扼殺著美國的民主、經濟與生活品質。為了解決這個問題，從東海岸到西海岸，各州再一次重振旗鼓，推出二十一世紀的創新。在立法機制這一戰線上，創新之道雖說直通國會，但除了首都的一些活動，幾個州也有一些名氣不響但值得研究的立法創新領先案例。

本章要探討、融會這些早期創新事例，並記取它們的大勝與慘敗的教訓，做為我們訂定選舉與立法創新的指導原則及必要條件。在你閱讀本書時，請記住，往後幾年，逐年啟動的美國實驗室只會不斷增加。此外，我們在這一章提出的指導原則與必要條件只是初階產品；最佳做法必須隨運動本身不斷演變與成長。

選舉創新實驗室：從華盛頓到緬因

如前文所述，美國憲法將絕大多數選舉——甚至是國會選舉——的規則訂定權交給各州。當然，以五強投票制個案來說，如果國會選舉真能如此，華府的國會議員可以投票改變本身的選舉規則。[2]但這樣的行動可能性不高，當然這也不足為奇。所以我們把我們的運動帶進各州，根據現地狀況量身訂做我們的戰術。*（你會在本章後文發現，一項重要的指導原則就是「在地化、在地化、在地化」。）視各州獨特的環境，想達到有關選舉的政治創新，可以採用兩種重要手段：立法行動與選票法規。

・**立法行動**：每一州都可以透過立法行動完成政治創新。就像任何一條法律，立法改造政治遊戲規則必須先起草，草案經州議會通過，然後由州長簽署。州的政壇人士或許不願意推翻、改變那些選他們出來的制度，但他們終究會為我們工作。只要各大選區有夠多選民要求改革，民選官員將被迫反應。而由於許多官員都同意華府已經殘破不堪，加上更可行、更愉快的工作願景很具吸引力，隨著支持改革的聲浪不斷升高，改革行動也更可能成真。

・**選票公投或選票倡議**：在二十四個州，另有一套政治創新工具：直接選舉——這是進步時代的又一成就。[3] 根據直接選舉，選民可以繞過政界人

＊　我們真的希望有一天，當國會決定改革，在每一州推動這項聯邦選舉創新時，或許半數的州已經完成了本身的改革。

士，針對提案直接投票。這項程序很直截了當。首先，提案可以二選一的方式列在選票上。若採取「選票**公投**」（ballot referenda），提案首先由州議會一名議員提出，但州議員可以選擇不對提案進行投票，而是將提案交付選民投票，由選民決定是否將提案通過、成為法律。若採取「選票**倡議**」（ballot initiatives），選民本身得起草提案，將提案擺在選票上，一般來說，這類程序都透過蒐集簽名的方式進行。[4]其次，一旦一項提案登上選票，選民在選舉日不僅要投票給他們支持的候選人，還要投票支持或反對這項提案。如果一項提案獲得大多數支持，提案即成為法律。這類立法行動大多以特定政策為對象，例如加州一九七八年的「十三號提案」（Proposition 13），就是以對房地產稅設限為內容。這類選票式立法行動目前是通過結構性政治創新的首要工具。

幾個州已經在投票制度改革方面贏得選舉機制的重大勝利。[5]如前文所述，儘管「五強初選」（我們建議的一整套計畫的一半）還沒有實施，華盛頓州與加州兩個州已經跨出第一步，實施兩強非黨派單一初選制。這兩個州的做法反映了我們的建議，不過它們還只是讓在初選獲得最高票的兩名候選人進入普選。[6]

華盛頓州：領頭羊

華盛頓州早在一九三五年創辦「**綜合性初選**」（blanket primary）就已經展開選舉創新。[7]就像黨內初選一樣，根據綜合性初選，每一個政黨的初選得票數最多的人以政黨提名人的身分進入普選。但與封閉式黨內初選不同的是，選民可以不受只選民主黨人或只選共和黨人的限制。選民如果願意，可以在州長初選中投票給共和黨人，在參議院初選中投票給民主黨人，也可以在州議會初選中投票給民主黨人，在美國眾議院初選中投票給共和黨人。

但在二〇〇三年，這個制度運作了將近七十年後，法院在《華盛頓州民主黨對黎德》（Democratic Party of Washington v. Reed）一案中運用不久前的一項判例，判決華盛頓州的初選制度違法。[8]華盛頓州不願走回封閉式黨內初選的老路，於是另建了一個新制度，不論黨派，讓初選得票最多的兩個候選人進入普選。「兩強初選制」問世了。[9]

兩強初選法案獲得華盛頓州參議院通過，但由於州眾議院議長不肯舉行投票，法案卡在州眾議院。之後到了二〇〇四年，這項法案獲得州議會兩院通過，但在四月一日遭民主黨籍州長否決。否決的消息傳來，兩強初選法案支持者一開始以為這是愚人節玩笑。[10]但這一點也不好笑。

所幸選民採取主動，首先透過「選票倡議」通過這項改革，然後在雙頭壟斷支持的訟案《華盛頓州葛蘭吉協會對華盛頓州共和黨》（Washington State Grange v. Washington State Republican Party）中擊敗雙頭壟斷，保住兩強初選這項法案。[11]二〇〇八年，美國最高法院確定華盛頓州的勝利，判決兩強初選並不違反黨派自選提名人的權利。大法官湯瑪斯（Clarence Thomas）在多數意見書中駁斥雙頭壟斷的論點，他寫道，打擊這項初選改革是「對人民意願的極度無視」。[12]這項裁決為兩強初選制鋪了路，讓它沿著太平洋海岸公路（Pacific Coast Highway）一路來到美國人口最多的州：加州。

加州：較佳的選舉動機

加州在整個二〇〇〇年代一直陷於危機中。面對不斷惡化的問題，州政府拿不出解決方案。失業情況嚴重，基礎設施逐漸崩潰，赤字高漲，州債評等全國最差，全州各地停電事故頻傳。而就在這段期間，由於意識型態兩極化與黨派惡鬥，州議會經常連通過預算、維持政府運作的基本工作都做不好。

在這段期間，加州議會名列美國最兩極化的州議會。[13] 遵照黨派路線投票成為政治常態，折衷妥協的記憶逐漸為人淡忘。[14] 黨派惡鬥已經嚴重到無以復加，為了解決逐漸加劇的挑戰，一小群有意解決問題的民主黨與共和黨州議員不得不祕密集會。[15] 因為害怕遭到政黨領導層與初選選民的懲罰，沒有一個議員膽敢與敵對陣營的人聚在一起。民眾也深受其害。皮尤慈善信託（Pew Charitable Trusts）的「政府成效計畫」（Governmental Performance Project）將加州議會列為全美成效最差的議會。[16] 到二〇一〇年，加州施政滿意度跌到一四%的谷底。[17] 洛杉磯（Los Angeles）市長比利亞拉戈薩（Antonio Villaraigosa）稱加州是「管不了」的地方。[18]

若是不改變遊戲規則，加州**確實**「管不了」。二〇〇〇年人口普查過後，兩黨重劃選區地圖，以保護現任民選官員，汰除真正的競爭。選區內擠滿同一政黨的成員，幾近八成選舉的結果，早在低投票率的黨內初選——在最高法院裁定加州的綜合性初選違法後建立的初選制——就大勢底定。[19] 十一月的選舉日充其量不過是個加冕儀式罷了。根據加州這個初選制度，只要贏得極端派初選選民支持就能保證勝選，政治人物自然使盡渾身解數來討好這些極端派。普通百姓根本無權置啄。儘管這種做法搞得加州政務停擺，民怨四起，但從二〇〇二年至二〇一〇年間，在所有加州州議會與國會議員選戰中，只有兩名現任民選官員敗選。[20]

於是，加州人改變了遊戲規則。他們跟隨華盛頓州的腳步，展開動員，以剷除新建的黨內初選制度。二〇〇四年，他們透過選票倡議試圖建立兩強初選制，結果以五四％比四六％之差敗陣。之後，沙加緬度（Sacramento）一個屬於「獨立選民計畫」旗下的團體展開研究，調查問題出在哪裡。[21] 這個團體在二〇〇八年又發起一次選票倡議。

透過簽名運動展開選票倡議是一個冗長、浩大的程序，但這個團體這次有一個具有政治力量的盟友。當預算協商在二〇〇九年又一次破裂時，民主黨多數拉攏溫和派共和黨州參議員梅爾度納多（Abel Maldonado），梅爾度納多答應支持這項預算，但條件是州議會的民主黨議員必須將初選改革案納入即將舉行的選舉選票上，讓改革派不必勞師動眾的發起簽名。加州民主黨多數因為急著通過預算，只得同意這項要求。[22]

民主黨多數當時認為，付出這樣的代價很合算，因為他們心想改革派這項選票立法行動注定失敗。《經濟學人》（*Economist*）雖說對梅爾度納多表示支持，但在二〇〇九年預測，「這項行動或許難逃失敗厄運。因為靠現有制度獲利的每一個特殊利益團體都會設法阻撓。」[23]

不過這些政治算盤忽視了公共利益一旦風起雲湧的威勢。在初選改革運動開跑後，「獨立選民計畫」發動一項針對無黨派獨立人士的教育運動。無黨派選民一直以來經常遭到忽視，尤其是在加州封閉式初選中，他們就連投票資格都沒有。著名現任與前任政治人物，包括時任州長的共和黨人史瓦辛格與民主黨籍前州長戴維斯（Gray Davis），都出來替改革運動站臺。《洛杉磯時報》（*Los Angeles Times*）與《舊金山紀事報》（*San Francisco Chronicle*）等主流媒體也對兩強初選制表示支持。美國商會（Chamber of Commerce）與美國退休人員與共同目標協會（American Association of Retired Persons, and Common Cause）的加州分會等公民團體，也慨然相助。他們的支持都必不可少，因為民主黨與共和黨已經聯合起來反對他們。雙頭壟斷透過公開聲明與黑箱運作企圖破壞這項改革。

二〇一〇年六月，在所有選票計票完畢後，百分比與六年前一樣，仍是五四%對四六%。[24]不過這一次，局面翻轉了，五四%的選民贊成，改革法案通過了。法案通過後，雙頭壟斷一開始並未將非黨內初選看在眼裡。

但選民另有不同看法。如本書第五章所述，只有在好處變得明確以後，民眾對非黨內初選的支持才會增長。[25]在這項改革後，加州成為全美選戰競爭最激烈的州。[26]在過去毫無競爭可言的紅區（共和黨壟斷的選區）與藍區（民主黨壟斷的選區），無數現任民選官員在普選中遭同黨競爭對手擊敗，這些競爭對手在非黨內初選中屈居第二，但在十一月的普選中，他們超越政黨地盤爭取支持，從而獲勝。[27]例如在第一次採用新初選制度時，現任民主黨人亞蘭（Michael Allen）遭同黨的雷文（Marc Levine）擊敗。雷文的競選政綱溫和，使他可以爭取到民主黨、共和黨與獨立人士的支持。[28]

不過，更重要的不是當選的人變了，而是當選以後要做的事變了。在這個領域，改革帶來的衝擊至為驚人。

在選舉動機改變以後，兩強初選制結合非黨派選區重劃改革，以及「加州治理」（Govern for California，譯按：一個主張為公眾謀福利的政治獻金網站）支持的候選人逐漸嶄露頭角，改變了沙加緬度的行為。在全美各州持續走上兩極化的同時，意識型態極端與黨派路線投票現象在加州卻不斷降溫。[29]新選舉動機為兩黨在排放標準、槍械暴力、移民改革等議題的協商開啟了大門。[30]一名共和黨議員在回憶這次初選改革造成的衝擊時說：「它讓我的共和黨同僚更有勇氣。他們過去害怕遭到初選緊箍咒。現在，他們必須跨越黨派基地，向廣大選民訴求。」[31]

《紐約時報》報導，「民主黨或許也在改變。加州商會上個月報導，今年到現在為止，過去所謂『就業殺手』的規範法案——通常都是民主黨支持的法案——四十個中有三十九個已經受挫。去年當選進入州議會的民主黨人蘭登（Anthon Rendon）表示，『新當選的議員，許多人都有溫和的投票紀錄』，說明許多議員現在得超越民主黨地盤之外爭取選票。」[32]

不過加州的政治創新者知道他們的工作還沒完。為推動五強投票制，一項新運動正在進行中；支持者希望能在二〇二四年將這項倡議送上選票。[33]

緬因州：與政治產業複合體路障奮戰

緬因州有避開黨派政治，歡迎米契爾（George Mitchell）與史諾威（Olympia Snowe）這類反傳統溫和派，以及金恩（Angus King）這類獨立人士的悠久紀錄。但相對多數決制也為緬因州帶來問題。

緬因州過去十一位州長中，有九個人沒有贏得五〇%的選票。[34] 其中包括那位喜歡與人爭強鬥狠的勒佩吉。勒佩吉在二〇一〇年以不到三八%的得票率第一次當選州長，他在二〇一四年當選連任，同樣也沒有獲得多數選民支持。[35]

面對這種對多數統治民主原則的冒犯，改革派多次在州議會提出「優先選擇投票制」，但始終未盡其功。緬因州的《太陽報》（*Sun Journal*）感嘆：「優先選擇投票制是個有趣的選項，但在兩大傳統政黨包辦的立法體制中根本沒有通過施行的可能……看來我們這個勝者全拿、少數統治、毛病一大堆的制度還會持續很長一段時間。」[36]

這是很悲觀的預測，只是它忽略了緬因州人民有一整套民主工具可用的事實。在勒佩吉連任州長那次選舉的投票還沒結束時，政治運動出身的政治創新份子麥柯米克（Cara Brown McCormick）決心不再忍受。她召集意識型態各不相同的競選專業人士、地方領袖與普通百姓，組成一個團隊，共蒐集了六萬多個簽名，要將優先選擇投票制登上二〇一六年選票。[37]

麥柯米克組建的這個叫做「張伯倫計畫」（Chamberlain Project）的團隊，與草根組織「優先選擇投票委員會」（Committee for Ranked Choice Voting）一起工作，爭取來自各方的數百位現任與前任政界人士，以及商界、宗教界與學術界領袖的支持。甚至前佛蒙特州州長、一度還是總統寶座熱門人選的狄恩（Howard Dean）也挺身而出，在《紐約時報》撰文聲援：「它與緬因州的座右銘『人生理當如此』（the way life should be）不謀而合。我相信優先選擇投票制代表的就是民主。想維護多數統治，讓選民有兩個以上的選項，讓選民發出更多聲音，這樣做可以解決問題。」[38]就在這波濤洶湧的民意浪潮中，緬因州民眾在二〇一六年通過這項選票倡議，使緬因州成為美國採納優先選擇投票制的第一個州。

緬因州的人民發動了一場對付政治產業複合體的政變，但兩大黨並沒有認敗服輸。一場反擊很快展開。

緬因州州務卿、民主黨人鄧拉普（Matthew Dunlap）猛烈抨擊優先選擇投票制——儘管他知道緬因州最大城波特蘭（Portland）已經在幾年前改採優先選擇投票制，而且當地民眾絕大多數支持這項新制——在阻撓這項新制實施的密會中，說它會導致「當街焚車抗議」。[39]二〇一七年二月，共和黨控制的州參議院，以州憲明文規定民選官員必須獲得「多數」（plurality，譯按：意指沒有超過半數的多數）為由，要求緬因州最高法庭審理優先選擇投票制是否違反州憲，並提供顧問意見。[40]州憲這項規定源出於鍍金時代的一場黨爭。當時一名共和黨人在一場三人角逐的州長選戰中贏得超過四九％的選票，但主政的民主黨人不肯認證選舉，結果兩派激進份子兵戎相向，幾乎在州境爆發一場內戰。[41]現在，在這場現代版黨爭中，雙頭壟斷為保護自己的利益，找出這項法規，對抗緬因州選民。

緬因州最高法庭之後發表一項不具拘束力的判決，說州選舉不能採取優先選擇投票制。這項表態讓雙頭壟斷如獲至寶。雙頭壟斷不但沒有修訂州憲、遵照選民意見實施優先選擇投票制，還用這項判決做為政治掩護，以推翻緬因州人民的意願。

在州議會會期結束四個月後，緬因州全體州議會鬼鬼祟祟的在十月二十三日夜晚舉行特別會。特別會只有一個議題：延緩優先選擇投票制的實施，並且規定除非能在二〇二一年結束以前通過州憲修憲案，否則整個優先選擇投票制就必須廢除。[42] 儘管初選與國會選舉不構成州憲問題，特別會提出的這項法案不只針對州的選舉，還以所有選舉為對象。這些州議員就在唱名下一一投票，推翻了民意，基本上廢了優先選擇投票制。這是黨派明目張膽的奪權，是對麥柯米克的冒犯：麥柯米克就坐在旁觀席上，眼睜睜望著自己多年苦功與數十萬張緬因州選民的票，在幾分鐘之內遭幾十名黨派打手消滅殆盡。

但麥柯米克與她的同僚不認輸。他們加倍下注，引用進步時代一項創新——准許緬因州公民否決州議會通過的法案——發動「人民否決」（People's Veto）運動。[43] 麥柯米克在見到州議會通過這項法案後不久，就在旁觀席上擬妥了發動「人民否決」運動的新聞稿。

第一步是在之後九十天蒐集六萬一千個簽名，將優先選擇投票制重登選票。在緬因州，請願人士可以在投票所與群眾聚集、投入政治活動的大場館蒐集簽名。在緬因州，選票倡議若不能及時組織動員，在選舉日當天展開簽名蒐集，一般都注定失敗。

「人民否決」運動只有一個問題。緬因州召開這次特別會的時機並非隨機訂定，它經過刻意安排，目的就在讓民眾沒有時間反應。選舉日只剩下兩週，而「人民否決」運動還得擬妥倡議草案，交給州務卿認證。他們分秒必爭的展開行動，擬妥倡議草案送到州務卿鄧拉普手上。鄧拉普慢慢拖時間，直到選舉日前一天下午四點四十五分才批准這項倡議。時間緊迫異常。距離投票所開門的時間只有十四小時。44

接下來發生的事，用麥柯米克的話來說是「奇蹟」。當天晚上，她的團隊把請願書散發到全州各地的複印中心，開車好幾小時把簽名頁送到公路收費站與輪渡碼頭，以確定相關資料能在第二天早上送達每一個投票所。第二天當投票所關門時，「人民否決」運動已經蒐集到三萬三千個簽名。45

這個數字非常驚人，但仍然只及所需簽名的半數。在接下來三個月，幾近兩千名志工頂著嚴厲天候，站在雜貨店與購物中心門外蒐集簽名。到二月，他們已經遠遠超越六萬一千的門檻，蒐集了八萬多個簽名，讓「人民否決」的倡議登上六月的初選選票。46

雙頭壟斷又一次全力反撲。州務卿鄧拉普寫了一個複雜得讓人看不懂的選票公投法案，以混淆選民。他甚至因為表示將在六月的初選中拒絕採用優先選擇投票制而被控違法。同時，緬因州共和黨也在州與聯邦法庭提出自己的訴訟，以阻撓優先選擇投票制的實施。選戰進入最後尾聲，當選民準備投票時，州長勒佩吉稱優先選擇投票制是「世界上最可怕的東西」，還揚言他不會認證投票結果。[47]由於雙頭壟斷這些做法實在太超過，原本反對優先選擇投票制的一家在地報紙也在五月發表社論，痛斥兩黨：「反對優先選擇投票制算不上什麼邪惡的事。這是個複雜的議題。但我們受夠了。人民……已經開了口。」[48]

我們受夠了。優先選擇投票制的時代終於到來。像《紐約時報》一樣，許多諾貝爾獎得主經濟學家也支持「人民否決」運動。著名影星珍妮佛・勞倫斯（Jennifer Lawrence）呼籲大家支持優先選擇投票制的廣告擠爆了社群媒體。[49]二〇一八年六月十三日，緬因州選民第一次使用優先選擇投票制進行投票，以五四%比四六%的領先差距再次通過優先選擇投票制，與該法案在加州通過時的領先差距相同，而且是該法案兩年前在緬因州通過時的領先差距的兩倍。[50]

優先選擇投票制立即帶來衝擊。在第一次使用優先選擇投票制的選舉中，緬因州第二國會選區的初步投票顯示，現職候選人已經贏了多數（plurality，譯按：相對多數）。根據舊規則，選舉已經結束，儘管大多數選民支持其他人，這位現職候選人可以重返華府任職。但根據新規則，選舉進入第二輪，結果陸戰隊退伍老兵、三十六歲的高登（Jared Golden）贏得大多數選票而當選。[51]反對這項新制的人還不死心，告上聯邦法庭，要求宣判選舉無效，但以失敗收場。在敗訴以後，州長勒佩吉心不甘情不願的被迫認證這項他所謂「被竊取的選舉」的結果。[52]或許這項選舉真的是從雙頭壟斷囊中偷走的，但緬因州選民重建了民主。真神奇。

對於這項非黨派勝利影響之大，史丹福大學政治學者戴雅門（Larry Diamond）有一段精彩的描述：「近年來美國歷史上很少有一場政治鬥爭能像這起事件一樣，如此明確的暴露出雙頭壟斷與民眾之間的鴻溝，雙頭壟斷不願給民眾更多選舉，民眾卻渴望更多……我們還需要更多改革，但星星之火可以燎原，優先選擇投票制是引發改革大潮的關鍵。」[53]

緬因州做得到，全美國也能做到嗎？早期成果令人鼓舞。改革勢頭正不斷升溫。而如前文所述，勢頭可以帶動政治創新。擴大優先選擇投票制的運動已經在全美各地展開。[54]六個州規劃在二〇二〇年初選使用優先選擇投票制選出民主黨總統提名人。[55]緬因州是第一個，但不會是最後一個。

在檢討緬因、加州與華盛頓州的成功與挫敗之後，我們可以開始了解政治創新的難題以及克服之道。在理想的狀況下，各州的早期創新者可以提供一張清單，讓日後有志改革之士效法。但許多投入政治改革的人都很清楚，在明尼蘇達州有效的做法未必適用於奧克拉荷馬州，更別說加州了。各州的個性與歷史都是美國偉大實力所在，若不能認清、考慮各州獨特的環境，任何持久的解決之道都不可能達成。有些州已經擁有強大的政治改革紀錄，有些州的改革才剛起步。在有些州，民主黨與共和黨仍在一場看不見盡頭的惡鬥中打得你死我活。在其他的州，雙頭壟斷的一方擁有完全主控權。

雖說有這些州與州之間的精微之差，推動、執行五強投票制仍有一套值得一提的總原則。這些原則的要旨，不在於規定面對每一案例的做法，而在於排列事物先後順序——從重大決策到最能推動事情進展的關鍵戰術。我們也不是從三萬英尺高空丟下這些原則。我們有自己的現地調查人員：凱瑟琳是跨黨派組織「民主基金會」（Democracy Found）共同創辦人與共同主席。民主基金會設在威斯康辛州，以實現五強投票制為職志。我們不只是建議這些原則而已；我們還要每天不斷奮鬥，努力實現它們。

選舉創新指導原則

我們認為，有效的政治創新要件，就是在不犧牲可實現性的前提下，將創新的**威力**發揮到**最大**。無論什麼決策，都要做到這一點才好，而有效的政治創新要件，每一州各不相同。如前文所述，僅僅有了正確創新進程——正確理念——仍然不夠：你得知道怎麼運用它們，怎麼吸引「臨界質量」的支持。為達到這個目標，我們建議三項選舉創新指導原則。

保持跨黨派

選舉創新的喪鐘是黨派惡鬥，無論是出現在領導團隊、幕僚、董事會，抑或是贊助人，至於出現在創新議程本身的黨派惡鬥就更加不提也罷。要在推動創新的過程中納入共和黨人、民主黨人、無黨派獨立人士，不要排斥任何人。還有，不要在非黨派的五強投票制中加上黨派議程。

二〇一八年五月，凱瑟琳與密爾瓦基（Milwaukee）地區一群來自各政治派系的領導人舉辦了一場盛會。在說明改變政治遊戲規則的必要性以後，琳德．義蘭（Lynde Uihlein）與安迪．農梅克（Andy Nunemaker）一起走上講臺。做為終生民主黨員，義蘭是威斯康辛州最有名的自由派運動與候選人的支持者。農梅克則是死忠共和黨人，在二〇一六年選戰期間是威斯康辛州唯一為川普籌款的籌款運動負責人。義蘭在那天晚上承認：「我們在選票、在政策、在選舉上意見各有不同。對於我們的價值觀，對於什麼事重要，以及我們要怎麼投票的問題，安迪與我也都沒有改變我們的主意。」

農梅克接著說：「但我們確實都同意這一點：我們目前的制度對不起美國、對不起我們偉大的國家。它不能針對我們最大的政治挑戰提出長程解決之道，它還造成我們分裂。」

那天晚上，義蘭與農梅克對在場近四百名與會人士宣稱，他們要一起工作、改變威斯康辛州的選舉規則。直到今天，他們與當年他們組建的那支團隊（現在規模大得多了）的每一位成員仍然在為這項改革大業努力不懈。

科羅拉多州政治改革運動家、之後成為《財富雜誌》發布的「年度財富五百強」（*Fortune* 500）上榜大公司執行長的提利（Kent Thiry）說，他的成功靠的是「諾亞方舟」（Noah's Ark）式的做法。[56]當提利發起運動、在科羅拉多州成立一個獨立選區重劃委員會時，他不僅納入右傾與左傾組織，還遵循一個簡單的原則：每有一名共和黨人加入這個組織，他就再找一名民主黨人入會。這種平衡做法使他能在波濤起伏的政治水域暢行無阻，也讓選民相信，他的這項改革不是一黨打擊另一黨的黨派之爭，而是人民從政治產業複合體奪回主控權的行動。政治創新為的就是支持一個能促成統一、而不是造成分裂的政治制度，提供這些創新的過程，也應該從一開始就做到這一點。

在地化、在地化、在地化

美國的許多民主規則的改變權屬於各州，以及各州的人民。任何一項成功的州的政治改革行動，究其核心，都是生活在那個州裡、決心為當地政治改革奉獻的公民。這些人有的是像緬因州的麥柯米克這類政治運動老將，也有像密西根州的法希（Katie Fahey）這類新崛起的草根領袖。領導核心必須了解當地情況，並與全州各地的社團有連繫，必須具備打動各種選民的能力。

如前文所述，五十個州的獨特個性與歷史是美國最偉大的實力所在，但如果不能獲得應有尊重，這些實力都能、而且都會反撲。此外，較廣的在地主義運動植根於全美各地的社群與社區。這種由下而上的運動，也是自肥自利、功能失調的政治產業的副產品。《紐約時報》專欄作家布魯克斯（David Brooks）就曾寫道：「近來在地主義也正蓬勃發展，因為許多城市比整體國家更能帶來認同感。它之所以蓬勃發展是因為全國性政治透過媒體過濾，而在地政治大體上沒有這一套。它之所以蓬勃發展是因為我們處於一個社會信任度低的時代。只有對近在身邊的關係，人們才真正具有信心。只有就在當地的事物才能讓人改變。」[57]

地方領袖應該如何組織？我們不建議將州的創新做法，以批發外包的方式交給全國性改革團體，但一些全國性團體在各州設有分會，這些分會可以提供信譽卓著的既有平臺，供地方領袖利用，特別是在創辦、指導與籌款方面。舉例來說，「共同目標加州分會」（Common Cause California）是推動加州選區重劃改革的一股重要力量。據說其他地方領袖也已起而效法，建立新組織，與全國性專家及組織合作。

建立四種成員聯盟

想取得勝利，改革聯盟必須收納四種關鍵成員：

草根會員：有組織、能就地展開工作的當地義工。

草頂（grass-tops）支持者：獻金捐款人、商界與民間領袖，以及提供資金、基礎設施、專業建議與關係的全國性組織。

政治領袖：能夠提供可信度，並協助克服立法與法律障礙的人物。

著名意見領袖：能夠提升運動高度、為運動背書的群體（如社論主筆）或個人。

打破慣性與政治噪音是一大挑戰，但如果以上四種關鍵成員都能發揮作用，確實有可能達到目標。儘管選票倡議與立法行動從基本面來看大不相同，但它們具有共同特性。無論是勸說、激勵選民的選票倡議，或是遊說民選官員的立法行動，想成功就得結合各方勢力，邀大家共襄盛舉。

最後，必須提防權貴的反撲——這其實不是什麼選舉創新指導原則，而是人生必然面對的現實。政治創新顛覆了不健康的競爭，破壞了政治產業複合體創造的黨派獲利機制。也因此，雙頭壟斷體制中許多權貴之士使出渾身解數反撲，自然不足為奇。但無論怎麼說，了解這個體制功能已經徹底失調的一些現任與前任民選官員，仍然知道他們必須挺身而出，指出國王根本沒穿衣服。

提防反撲的意思就是說，我們要全力投入、營造一場頂級的運動。要達到我們的目標，我們得做得更聰明、更賣力，因為反對陣營擁有太多優勢，多到這本書無法一一列舉詳述。如果我們想成功，通過選舉創新法案只是第一步而已。緬因州的案例說明，改革法案的通過是一回事，實施是完全另一回事——而且緬因州的案例並非特例。雙頭壟斷已經在一個又一個州採取法律與立法行動，廢止創新，壓制人民意願。在初步運動結束後，雙頭壟斷可能發動持續多年的反撲，我們不能不防。不過，這類反撲也並非絕對不可避免。提利在科羅拉多州的公民投票運動，在取勝後就沒有遭到雙頭壟斷挑戰。他與他的同事在運動展開之初，就納入來自各方的民選官員，從而將反對勢力防堵於未然。所以，我們要為雙頭壟斷的反撲做準備，但最好的做法是防患未然，是先在政治體系內部爭取支持。

立法機制：建造中

數以百萬計的公民已經採取重建選舉架構的行動，而且成果愈來愈好。我們的首要任務是加速這項運動，專注於五強投票制，為陷入僵局的州際民主公路打開一個巨大的瓶頸。然後呢？如前文所述，政治創新能自我壯大，將更多好構想推進政治體制。儘管我們已經將立法機制指定為政治創新的下一章，了解國會如何運作的民眾仍然很少，部分原因是，相對於選戰的轟轟烈烈，立法程序往往隱晦難解（因此乏味）。

但改變立法遊戲規則的一次千載難逢的大好良機出現了。而且一旦我們透過五強投票制選出一波民選官員，我們就能轉而鼓勵、支持新一波「程序企業家」（procedural entrepreneurs）投入下一波國會創新。

誠如政治學者戴維森（Roger Davidson）所說：「在每一個時代，至少總有幾個國會議員產生對體制本身的興趣：國會怎麼運作、怎樣發揮它的長處、如何改善它的效率。這類國會議員可以稱為『程序企業家』。」[58] 當大多數國會議員受困於體制內運作方式，接受現狀——學習如何根據現有規則盡可能玩出最好的成績——之際，有些國會議員會想方設法改變它們。在大多數時間裡，這些體制內改革都以失敗收場。國會裡隨處可見改革運動雖有好構想但無法化為行動所留下的失敗痕跡：常設委員會與特別委員會也曾揪出重大問題，但若不是陷於僵局一籌莫展，就是提出的報告被束之高閣、乏人問津。

這樣一項體制內改革於二〇一九年展開。國會於那年一月成立「國會現代化特別委員會」，調查國會體制何以如此讓美國人失望，以及該怎麼做才能解決這個問題。《華盛頓郵報》（*Washington Post*）在一篇報導中說：「它是國會中最重要的委員會，但它只有臨時辦公室。它只有兩名全職立法事務幕僚。它得向其他委員會借房間舉行聽證會。」這篇報導說，但儘管如此，「國會現代化特別委員會仍然克服萬難，提出一項可能為第一一六屆國會帶來最重要工作的兩黨合作方案。」[59]

兩黨支持的授權已經授予國會現代化特別委員會廣大權限，讓它發掘阻撓立法、讓國會無法提出實際成果的法規與程序。

目前為止，該委員會已經提出近四打一致贊同的建議，其中包括涉及薪酬、員工培訓、行政效率這類議題的基本組織最佳做法，以及一些更具雄心的建議，例如投資擴充國會研究服務處（Congressional Research Service）職能、重建技術評估辦公室（Office of Technology Assessment）等。在眾議院議長金里奇在位期間，這兩個立法輔助機構都因金里奇拆除國會非黨派基礎設施而受到重創。整體而言，這些建議的目的在於找出共同立場，讓全體國會議員不分黨派都能把工作做得更好。

國會現代化特別委員會值得我們稱道，因為它至少證明立法機制的創新，**理論上可**

行，我們也支持它提出的大多數建議——儘管在寫到這裡時，這些建議都還沒有一條獲得採納。不過我們不能指望這個委員會能為立法機制帶來任何顛覆性的改革。它是一群有志改革的國會議員一種溫和的努力，不是一項改寫國會遊戲規則的全體制性運動集大成之作。就連這個委員會的存在也是內部討價還價的結果，而不是因為政黨領袖——現今國會大權操控人——真的認清黨派立法機制需要基本性改革。

近年來出現的精簡立法機制的運動雖仍處於襁褓階段，但這些當代「程序企業家」的存在本身，已經能讓我們學到許多，讓我們深獲鼓舞。一百多年前，內布拉斯加州眾議員諾里斯為了改善聯邦與州的治理，對貪腐的立法機制展開反擊。他創風氣之先的壯舉不僅值得我們學習，也讓我們勇氣倍增。

進步派共和黨眾議員諾里斯，在一九一〇年服務眾議院將屆十年時，領導所謂「坎農叛變」，推翻當時的黨派立法機制（見第四章）。約翰．甘迺迪（John F. Kendedy）在他的暢銷書《當仁不讓》（*Profiles in Courage*）中也談到這次事件。[60]諾里斯運用年資制度，以不受政黨壓力干擾的兩黨委員會為主軸，建立一個新立法機制。這個結構在之後數十年不斷調整修訂，成為「教科書國會」（或許用前文提到的「**校舍搖滾國會**」一詞更加淺顯易解）。

諾里斯從一九一三年到一九四三年當了三十年美國參議員。在這三十年間，諾里斯不僅在華府，也在他的家鄉內布拉斯加州不斷推動良政改革。[61]前後數十年，玉米剝皮工（Cornhuskers，內布拉斯加州居民綽號）曾經多次設法改組議會，將黨派政治踢出執政過程，但都沒有成功。[62]一九三〇年代大蕭條期間，民怨鼎沸，諾里斯於是重返家鄉領導改革運動。[63]他與全州各地名流顯要組成的「模範立法委員會」（Model Legislature Committee）一起工作，為新的州立法機構起草藍圖。[64]儘管遭到來自美國律師協會（American Bar Association）與美國銀行家協會（American Bankers Association）這類著名團體、現任與前任議員，以及大多數主流媒體大舉反對，改革法案在一九三四年十一月以選票倡議的方式通過。[65]這項劃時代但合情合理的立法設計，直到今天仍然有效。

大多數美國人對內布拉斯加州的政治所知甚少。我們何必要知道？（當然，除非我們住在內布拉斯加州，則又另當別論。）內布拉斯加州立法機構只有一個院，就是「內布拉斯加州一院議會」（Nebraska Unicameral Legislature）。諾里斯認為，為了協商兩院之間差異而舉行的委員會閉門會議已經成為孳生特別利益的溫床，因此這種一院制有其絕對必要。

但對我們來說，一院制結構並不是內布拉斯加州立法體系最有趣的事。真正的創新所在是它的非黨派立法機制特性。[66]內布拉斯加州的立法體系並不將民選官員區分為多數黨與少數黨，所有民選官員都以平等身分參政。就像在美國國會一樣，內布拉斯加州一院制議會也有共和黨人與民主黨人。[67]但與國會不同的是，這個議會不是根據黨派對立而設計的。議會裡面沒有公認的政黨領袖或黨鞭。[68]決定委員會職位與主席人選的不是政黨的指導委員會，而是一個非黨派的「委員會事務委員會」（Committee on Committees）。[69]而且議長不是負責多數黨議程的政黨幹部，而是所有議員的代理人。[70]內布拉斯加州一院制議會首任議長華納（Charles Warner）表示，「我們不必向任何黨派或任何團體效忠。我們對內布拉斯加州全民負責。」[71]這與今天華府的狀況真是天差地遠。

這個獨特的結構孕育了更好的成果。與其他州相比，跟隨黨派路線投票的情況在內布拉斯加州少得多。[72]議員無論面對任何議題，一般都會以跨黨派協商方式應對。[73]議員脫黨投票的案例層出不窮。[74]以二〇一四年為例，儘管內布拉斯加州一院制議會大多數議員是共和黨人，但他們推翻了共和黨州長對一項預算案的否決。[75]在二〇一五年，他們推翻那位州長對一項廢止死刑法案的否決。[76]在二〇一六年，一項准許非法移民獲得專業證照的法案遭州長否決，他們又推翻了這項否決。[77]這位州長對這類欠缺黨派忠誠度的事忍無可忍，於是呼籲選民選出更多「願意遵守黨綱的共和黨人」。內布拉斯加州來自兩黨的議員於是發表聯合聲明，重申他們「支持內布拉斯加州州憲，但不支持任何特定政黨」。[78]

身為公民的我們，現在的任務就是把這種精神與結構重新帶回華府，重建聯邦立法機制，以剷除黨派控制，為謀求公益的解決方案創造條件。但這還不算完。在追隨內布拉斯加州腳步，剷除黨派對治理的控制以後，我們還得繼續前進，重新設計國會，建立解決問題的最佳方案。如第五章所述，想推動重新設計國會的工作，先得建立一個類似內布拉斯加州「模範立法委員會」的新組織，以擬訂國會山莊新藍圖。[79]

讓美國重展新生

潘恩（Thomas Paine）於一七七六年在費城（Philadelphia）發表一份名為「常識」（Common Sense）的小冊子，說了一句頗能展現當年美國民心的話：「我們有讓這個世界重展新生的力量。」若不是因為他的建議引起殖民地人民的共鳴，以及之後的行動，潘恩的偉大構想縱使沒有為人淡忘，充其量也不過是一句茶餘飯後的話題罷了。

幾近兩百五十年後，美國革命的精神仍然讓許多美國人慷慨激昂，緬因州與加州改革成功的先例，也讓深植我們骨髓的民主叛逆躍躍欲試。但批判聲浪必將湧現。你或許會問，如果五強投票制真的那麼強大，我們豈不早就想到它、實現它了？或至少我也應該聽說過它？但創新不是這樣運作的，無論是在政界或在任何產業，情況都是如此。理念因時而萌芽，但往往得等到許多時間過後才有行動出現。日後成為蘋果（Apple）或谷歌（Google）的新創，早期只是三、五人在車庫或在宿舍裡組建的小群體。而且以政治創新的例子來說，還有一個勢力根深柢固的政治產業複合體，隨時準備將出生未久、還來不及傳播的新理念擊成粉末。

回想一下「進步時代」。創新改革直到取得若干動力，最後才終於迅速散播。改革的成功，靠的是矢志奉獻的人糾集志同道合之士，傳播資訊，推動倡議，遊說政界人士，不斷努力。

單有理念不能成事。我們還得展開工作。

我們現在必須宣揚五強投票制理念，在全美各地不斷將一些早期創新構想付諸行動。出現在美國史上的那許多民主實驗室，向我們指引了道路，有通往勝利的路，也有導致失敗的路，拜它們之賜，我們知道有行動才有成果。前途仍將充滿艱辛險阻，尤其面對勢力根深柢固的雙頭壟斷時更是如此。大規模轉型需要明智的決定，需要來自全美各州，歷史背景、政治氛圍、黨派忠誠與民主規則各不相同的個人與團體共襄盛舉。但無論一個州是大是小、是紅是藍，顛覆式的政治創新是可以達成的。美國有五十個州，其中許多州的政治創新仍然有待我們去點燃火花。

你願意點燃它嗎？

點燃政治火花需要拋開對政治那種無可救藥的成見，需要放下批判、挺身領導。我們對我們的民主並非束手無策。我們不是旁觀者。我們是改革推手。前威斯康辛州參議員「戰鬥鮑伯」拉傅萊特（Robert "Fighting Bob" La Follette）說得好：「美國的建國不是完成式，而是現在進行式。建立並維持政府的代表性，是一場永無止盡的奮鬥。只是被動行使公民權還不夠。如果想拯救政府、不讓政府落入那些拚命幹壞事的人手中，民眾就必須積極投入，做對的事。」[80]

我們人民有權拒絕不能代表全民的徵稅，我們要創建一個以全民生而平等概念為基礎的新國家。無論是市政廳的單人發聲，或是在國家廣場（National Mall）的大合唱——人民已經團結起來，讓美國重展新生。我們的產品，套句馬侃的話，就是這個

「龐大、喧囂、吵鬧、放縱、奮進、大膽、美麗、富饒、勇敢、輝煌的國家」。[81]

今天我們奉召再一次重建美國民主。人民對現狀已經忍無可忍，推動改革運動的活力在他們心中澎湃洶湧。今天，我們看到的往往是碰上問題後零星而衝動的反應，而不是有針對性策略的統一運動。這樣的做法必須改變。我們必須將這樣的活力導向問題的根本——因不健康競爭而潰爛的政治制度。我們的第一優先是五強投票制，採用這個制度能改變我們投票的方式，從而改變競爭性質。

常有人說，我們有的不是一個大多數人選出來的美國政府，而是一個大多數**參與政治的人**選出來的美國政府。傳統上，我們大多數人都認為我們應該用我們的選票參與政治。有些人朝前邁了一步，為候選人提供捐助。還有更少一部分人為支持特定候選人或政策而奔走疾呼。但事實證明這些都還不夠。我們還必須參與遊戲規則本身的設計。

今天，我們共同面對的挑戰是改革我們的政治制度，重建謀求公共利益的健康競爭。我們不能退縮到黨派的角落，不能完全撤出政治競技場。我們必須為我們的民主戰鬥。如前文所述，這場戰鬥需要各路人馬的同心協力。

我們得開始投資了。

結語

投資政治創新

——凱瑟琳・蓋爾（Katherine M. Gehl）

我們在這本書一開始就談到一些關鍵特性，首先而且最重要的是，政治產業複合體是位於公共體制內的一種民營產業。我們所以陷於今天這種情勢——對於「山上那座閃閃發光的城市」不再有信心——追根究柢就源出於這樣的特性。我們不再相信每個人都能一圓「美國夢」。我們不再確定偉大的美國實驗可以持續長久。

但我們仍然愛著。愛著美國。愛著身為美國人。愛著我們的美國同胞。愛著美國理念。愛著美國帶來的可能性——不完美但值得我們奮力以求。

我們應該怎麼運用這份對我們國家的愛？我們把它化為行動。我們首先展開選舉機制創新。在這個國家的每一州通過五強投票法案。這項行動能再一次使我們的聯邦民選官員向我們負責，重建民選官員想連任就得為公共利益發聲的因果關係。接下來，我們必須從頭開始，再創一個健康、非黨派的國會立法體系，一個可以做為典範、能推動協商、解決問題的現代立法體系。這些政治創新結合在一起，可以將健康競爭與協商轉換為政治，根據民主原則調整我們的制度，釋出我們迫切需要的關鍵成果。我喜歡把這種政治稱為「自由市場政治」。

但在做結論（並呼籲你們採取行動）以前，我們還必須談到另一個關鍵特性。儘管美國目前的政治產業對大多數美國人是個問題，但至少在一開始，幾乎每個人都不具備可以匡正政治產業的個人「參與工具」（agency）。所謂擁有「參與工具」就是擁有能力與途徑、可以改變你們周遭的結構。社會學者早就在辯論哪個是雞、哪個是蛋的問題——是「參與工具」決定結構，還是結構決定「參與工具」？但姑且先將這個問題擺在一邊，我們知道數十年來的民主、經濟與社會衰退，不僅擴大了美國的財富差距與機會差距，還擴大了我們的「**參與工具**」差距。

許多美國人過得很艱苦。敢於冒著生計無著之險、運用他們的「參與工具」挑戰周遭體制化結構的民眾少之又少。對於少數膽敢進入競技場、運用參與工具與行動真正改變現狀的人來說，競技場的入場門票又昂貴得讓人卻步。

但親愛的讀者，或許你們不在此列。

在聽到粉絲的反應後，麥可與我可以感覺到你們是誰。無論你們來自什麼行業，是商人、是科技業者、是慈善家，甚或是政界人士，或許你們擁有可以付諸行動的「參與工具」——你們有可資運用的時間、專業能力、資源或網路，而且已經透過它們影響你周遭的世界。更可能的是，你們基於一些投資報酬的預期，基於一些能夠證明你的奉獻有價值的具體成果，而對「參與工具」積極投資：提高畢業率、減少碳足跡（carbon footprint）、實施現代法規，或一種過時制度的汰除。

就歷史角度而言，大多數人對於政治投資興趣缺缺。那些真正有意投資政治的人，往往也只是投資代表雙頭壟斷的人與政黨（投資卡在政治煉獄中的攪局者與獨立人士的人，就更加少得多了）。有些投資人玩這場遊戲，見到了投資的「勝利」——他們獲得減稅，讓他們心儀的人當選法官，或讓他們支持的新社會項目通過實施。還有些投資人將他們的「參與工具」部分投入良政改革。這類改革有許多是我們支持的，至少原則上支持。

但誠如本書前文所述，許多這類熱門的良政改革或是強度不夠，或是無法達成，或兩者兼具。這類政策「勝利」充其量只能帶來一些於事無補的寬慰而已，因為就整體而言，我們都是輸家。

選擇權在你們。你們可以繼續把你們的「參與工具」用在其他地方，間接延續政治產業複合體的壽命，讓它繼續危害你最重視的正義公理。你們也可以重新引導你們的「參與工具」，進一步催化一波二十一世紀政治創新，打破政治僵局，拯救我們的民主；這樣做，你們也正推動一切符合正義公理的事。除非大舉改革，否則我們的政治制度會繼續戕害教育、環境、經濟等等，數不勝數。我們唯有群策群力，才能發動政治產業大轉型，重光美國那許多已蒙塵的神聖角落。

當我還是小女孩，看著父親在威斯康辛州打造有一天將由我來經營的那家公司時，父親就不斷對我耳提面命：「得到愈多的人，也要付出愈多。」對太多美國人來說，他們得到的機會少得可憐。這些機會讓他們僅能維護鄰里關係，僅能養家活口。不足以領導這場戰鬥。對太多美國人來說，我們已經失控、巨獸般的政治制度造成的後果是既成事實。這些美國人，這些父親、母親、兒子、女兒、友人與同事，是這個多采多姿的偉大國度的組成份子。他們的生計與未來，是我們不惜以多年心血投入政治改革工作的唯一原因。但要他們將他們有限的個人「參與工具」轉而投入政治創新的催化，既不公平也不實際。

我們希望能轉而投入的，是**你們的**「參與工具」。

當我第一次將我的「參與工具」轉而投入政治創新時，許多人問我有什麼計畫。在向他們說明我的政治創新計畫之後，我得到的往往是一句玩笑也似的回覆：「祝妳好運吧！」我當然可以跟他們一起嘻嘻哈哈就好。對我們這些擁有太多機會、不必擔心生計的人來說，認命接受現狀的水，是溫暖的。

但政治創新是極度嚴肅的工作，一代又一代的社會經濟失敗是極度嚴肅的問題，國家安全是極度嚴肅的問題，全球發展軌跡是極度嚴肅的問題。如果討論政治創新、為政治創新而戰，就算「過於冒險」，我敢說我們在海外作戰的戰士、我們的教師與消防隊員、我們做為美國各大城市骨幹的那些打兩份工的單親母親都能為我上一課，告訴我什麼是冒險。至於因此遭到的批判，就更加不值一哂了。

老羅斯福也能為我上這樣一課。他說：「只會發言批判的人不是關鍵；指出強人怎麼垮臺，或做事的人在哪些地方可以做得更好的人，也不是關鍵。只有真正進入競技場、滿臉夾雜塵土淌著汗水與血水奮戰的人，才是成敗關鍵……這樣的人把一生獻給有價值的事；如果事情發展得好，最後他知道自己成就了一番偉業，如果事情不妙、失敗了，至少他敗得轟轟烈烈，他的地位絕不會與那些不敢嘗試、既不知道什麼是勝利也不知道什麼是失敗的人並列。」我用他的名字為我的兒子命名。還記得二〇一七年夏天，在我為我們的第一篇政治改革報告撰寫結語的那幾個星期，我一邊打著字，剛生下來的小泰迪就躺在我的腿上睡著。

我想請求你們回答一個簡單的問題：美國的健康、繁榮與安全命運，會繼續由這功能失調的政治產業決定嗎？或由你們來決定？如果答案是你們——而且我衷心盼望是你們——請思考如何以最好的方式進入這個競技場，把你們的「參與工具」投資在政治創新上。

如何投資：宣揚、參與、建立——與資助

投資政治創新以宣揚政治創新的好處為開端。然後你可以參與你那一州的政治創新運動。如果沒有這類運動，你可以邁出關鍵一步，自己建立一個這樣的運動。

宣揚

這本書會像將一顆石頭投入政治水塘一樣，產生漣漪效應。要像製造漣漪一樣散播訊息，你也需要投石，特別是向你能接觸到的那些權要投石。如果你認識州長，把這本書交給他（她）。如果你認識地方報紙的編輯，投書支持五強投票制。如果你捐助候選人，告訴他們，除非他們能為政治創新奮鬥，否則你不會繼續捐款。

許多人討厭政治，雖說無可厚非，但認為他們無能為力的想法卻大錯特錯。你需要告訴他們，問題其實是可以解決的。每當論及政治話題時——隨著危機轉劇，這種情況出現頻率愈來愈高——你要大聲疾呼，要告訴大家，一切事在人為，功能失調出於人謀不臧，我們有權設計一種成果較好的新制度。談話、發推文、電子郵件，反覆進行。瀏覽我們的網站（www.GehlPorter.com），從專文到播客到影片，與人分享我們提供的一切。

不要因為害怕遭到政治糾正而噤聲。政治正確現在已經有悖常理的壓制著政治對話本身。要記住，政治產業複合體創造的兩極化，是造成人們不願討論政治的基本原因。你的發言是解方。你的宣揚會比任何一本書本身可能造成的影響都更大。

不妨這麼想：如果你有一位密友或一位家人身陷可怕困境，而你知道解方，你一定會排除萬難把這解方告訴他們。現在我們的民主也需要你展現同樣的熱情。時機已至，我們要把握各種機會，在家庭聚會、公事場合、雞尾酒會，在每個地方討論政治。過去一年，我在搭機旅行途中總不忘對鄰座乘客宣揚政治創新，成功率百分之百（幾乎啦）。要隨時宣揚你的理念，不要放過任何機會。

參與

如果你居住在美國境內可以選擇直接民主的二十四個州當中的一個，你可以在下個選舉週期投票支持非黨派的選票立法行動，通過五強初選與普選的優先選擇投票制。如果你住在其他二十四州的其中一州，你可以組織一個聯盟，運用集體公民力量進行遊說，要求民選官員立法通過這些改革。

你不會孤單。經過多年努力，在完成多數美國人不知情的許多重要工作之後，一個政治創新產業已經成型，而且仍在持續茁壯中。在我們的網站，你可以找到資源指南，上面詳列全美各地為實現這些創新而努力不懈的各種組織。麥可與我是其中一些組織的成員，它們包括「聯合美國」（Unite America）、「現在的領導」（Leadership Now）、「為美國言商」（Business for America）與「民主基金會」（Democracy Found）等。許多規模較大的團體都在各州設了分會，因此創新運動人士很可能已經在你的社群展開工作了。這個新成型的政治創新產業流動性非常大，每天都有新組織、新運動出現。想跟上最新的發展，想了解在你的州運作的組織，想找出參與之道，想觀察實際有用的「常見問答」，可以上www.GehlPorter.com與我們連繫。

建立

如果你的州還沒有建立推動五強投票制的運動，或許是因為我們還在萌芽之初，你可以自己建立一個。如前文所述，每一項運動在展開時，都得有一群矢志奉獻的在地領導人。你可以當那位領導人。在成為領導改革的公民以後，你會發現自己比政治產業複合體說的那一套更有力量。

許多全國性改革組織，例如「開放初選」（Open Primaries）、「公平投票」（FairVote）與「代表我們」（RepresentUs）等等，都樂意為新成立的團體提供支援。

愈來愈多的個人與組織，例如「聯合美國基金會」（Unite America Fund，我是這個組織的董事）與「阿諾基金會」（Arnold Foundation），正在積極物色可以投資的政治創新運動對象。別忘了米德（Margaret Mead）的話：「永遠不要懷疑一小群有思想、有決心的公民可以改變世界；事實上也只有一小群有思想、有決心的公民才能改變世界。」上www.GehlPorter.com連繫我們，我們可以幫助你展開行動。

資助

美國有一種偉大的慈善傳統。自巴菲特（Warren Buffett）、比爾與美琳達．蓋茨（Bill and Melinda Gates）創立「捐贈宣言」（Giving Pledge）之後，數百位全球最富有的人紛紛宣誓，願意至少捐出半數財富，將總計數千億美元投入慈善用途。而這不過是冰山一角。在二〇一七年一整年，來自美國全民的慈善捐助總金額高達四千一百億美元，而這還不包括美國人為因應各種社會挑戰，志願投入無數運動而花費的時間與精力。但雖說慈善捐助金額如此巨大，如此感人，與聯邦與州政府開支相比，卻猶如小巫之見大巫——在二〇一七會計年度，聯邦與州政府每四週的開支總額約四千零五十億美元，與慈善捐助一整年的總額約略相當。[1]

慈善事業不是有效政府的替代性產品。

經營全世界最大慈善基金會的美琳達．蓋茨親身見證了這一點。她說：「我們創立基金會後，學到的第一個教訓就讓我們覺得自己很卑微：與世界各地需求相比，我們的資源不過是滄海一粟，與政府每年花在因應這類需求上的開支相比，我們所占的百分比也很小。」[2]這個百分比究竟有多小？不妨用一個數字來說明。比爾與美琳達．蓋茨基金會擁有捐助金超過五百億美元。這似乎是很大一筆錢，但誠如比爾．蓋茨所說，「加州每年僅僅是花在公立學校體系營運上的經費，就比我們擁有的整個捐助金還多。」[3]

今天，我們的政治制度是達成美國經濟與社會進步目標的唯一最大障礙。隨著問題愈來愈多、愈來愈嚴重，我們的分裂與危機也變本加厲，我們不能再依賴同樣的老方法。我們需要一種新慈善事業——**政治慈善**。政治慈善能為我們帶來最大的潛在性投資報酬率。原因很簡單：巨型槓桿。

任何一位好的避險基金經理都會告訴你，槓桿是能讓投資效益迅速倍增的工具。與其只靠私人捐助、為解決所有社會問題而忙到筋疲力盡，我們需要槓桿操作我們有限的資源，使用政治慈善手段提高政府施政成果。誠如「加州治理」（Govern for

California）共同創辦人大衛．克蘭（David Crane）所說，改善政府運作、政策選擇與政策實施，能讓開支遠為有效得多。這類改善能對國家在醫療保健、公共教育、脫貧措施與無數其他領域的進度造成重大影響，大幅提高國民生活水準。[4] 對慈善家來說，將部分慈善資源轉而投入政治改革、重振我們民主的時機已至。

對商業領袖來說，挺身而出、投入這項改革運動的時機**也**到了。頗具反諷意味的是，就在企業感受到美國競爭力不斷下跌所帶來的負面效應之際，民眾往往將這一切歸咎於企業。但企業也並非真的全然無辜。許多企業人士在這場黨派鬥爭大戲中兩面押寶，間接造成我們國力的衰微。

但必須強調的是：功能良好、健康的民主，是一種價值尤勝於基礎設施、教育體系或環保的公共資源，因為每一個這類美國經驗的關鍵層面，都隨著美國政治運作軌跡而起起落落。企業與商業領袖由於地位獨特，若能掌握這種關鍵性關係，尤其能發揮力量，幫助保護這種衰弱的公共資源。

還有誰比企業更能鼓吹創新？還有誰比企業更了解健康競爭的威力——以及不健康競爭的危害——進而將他們的專業轉換為「參與工具」？還有誰比企業更能挺身而出，為解決問題與強調問責的組織做法的價值撐腰作證？

在讀這本書以前，有些商業領袖或許認為，他們充其量只能希望華府在綜合性法案中通過一些有利的條款。現在他們或許能有不同看法了。我們希望他們現在知道自己可以扮演另一種角色——他們可以建立、領導、資助政治創新運動，扮演一種更令人鼓舞、更讓人耳目一新的角色。

好消息是，只需公開、積極支持這本書提出的結構性政治創新，只需參與萌芽中的企業公民責任聯盟——我們也鼓勵你參加這種訂定新標準與最佳做法的運動——商業領袖可以同時幫忙整頓我們殘破的政治，為全民謀福利，可以改善整體商業環境，讓企業特殊利益是造成我們今日種種問題的禍源的傳言不攻自破。

美國企業扮演新角色的時機已至。新時代的美國商人要放棄過去只關注營利的簡單思考，把眼光朝向更全面的、把美國健康也納入考量的資產負債表。

此外，商業領袖與政治慈善家不必自我局限於自己那州的改革運動。如前文所述，五強投票制的好處早在所有五十州都將它實施以前很久就能體現。只需少數幾個州重建健康競爭，就能創造一群解決國會問題的有力之士，將我們的政治制度所產生的成果導向正軌。政治慈善家可以將他們的資源添加到「聯合美國」的國家基金，或在全國各地另行物色最有前途的政治創新運動，並與地方居民聯手，為他們提供資金。所謂「把錢花在刀口上」就是這個意思。

每個人都問我有關政治慈善運動的投資報酬問題。這是一個重要的問題。部分由於這些錢不是多得讓人負擔不起，我相信政治慈善——這是一種「為謀公眾利益而運作的特殊利益」——比起現今所有那些慈善投資，其潛在性投資報酬率絕對要強得多。[5]

且讓我們算算投資這筆帳。推動五強投票制的成本，以在一個小型州進行立法行動而論，約為五百萬美元，若是在加州這樣的大州推動選票倡議，開支約在兩千萬到兩千五百萬美元之間。以平均一個州一千五百萬美元計，二十個州就是三億美元。這三億美元與二〇一六年的聯邦選舉開支相比，不過是不到五%的區區之數。但花三億美元推廣五強投票制，極可能大幅提升四兆美元政府總開支的效率，從而大幅改變我們的民主運行軌跡。這是一件可以辦到的大事。如果你有意成為一位政治創新慈善家，寫信到katherine@katherinegehl.com給我，讓我知道。

* * *

我對未來遠景充滿激情。我們的民主實驗室會證明這些理念都正確——或證明需要採取什麼行動才能改變我們的制度，讓它走上正軌。我們要創造這些必要的制度改革，幫助我們政府做到理應為美國人民做到的成果。撇開我對未來的熱情不論，美國歷史上另有一段關鍵性的創新時代始終讓我念念不忘。

一七八七年夏天，幾十位代表集結在費城一所會堂，舉行歷時數月的制憲會議。而就在十年前，其中許多人也曾聚在這裡，宣布美國獨立。儘管這次聚會地點不變，會議氣氛卻大不相同。僅僅十年前才打敗英國、完成不可能任務的美國，現在卻瀕臨解體邊緣。

美國聯邦政府已經破產，沒有籌款之道可以清償過去為籌措戰費而舉的債。各州面對類似危機。有些州試著發行新鈔，想以通貨膨脹的方式緩解債務，但最終帶來的不是繁榮而是混亂。還有些州加稅，最後導致武裝叛亂。隨著問題持續惡化，愈來愈多的州乾脆拉起吊橋，切斷與鄰州的貿易。美國境內的保護主義造成經濟更加不景氣，與日後的大蕭條相比，嚴重程度有過之而無不及。這個新誕生的國家能不能生存是個大問號。

制憲會議的與會代表知道，這些問題出在政治制度的設計。在「革命戰爭」（Revolutionary War）打得如火如荼之際匆忙擬就的《邦聯條例》（Articles of Confederation），沒能讓各殖民地團結一致，更別說要讓這個新國家向前邁進了。為設計新憲，「制憲人」就在費城酷熱的夏季裡奮鬥了四個月，辯論、抗爭、妥協。

那年九月，當憲法草案終於通過、簽完字後，與會代表中最年長的富蘭克林（Benjamin Franklin），凝視著華盛頓曾經坐過的那張座椅椅背上的太陽雕像，說道：「我……常常望著總統椅背上那個雕刻，看不出它描繪的是日出還是日落。現在我很開心，因為我終於知道它是日出，不是日落。」6

不過，富蘭克林知道，與朝陽不同的是，美國能不能持續成長茁壯不是定數。會議結束後，痛風致殘的富蘭克林一跛一跛的走出獨立廳（Independence Hall），一群旁觀者已經守在廳外，想對他們這部一直在密室中起草的新憲法先睹為快。一位婦人問道：「請問博士，我們的國家體制是什麼，共和國還是君主國？」富蘭克林不良於行，腦子卻轉得奇快。

「共和國——但你們得保住它才行。」7

我們**能**保住它嗎？這是我們這一代人的挑戰。

我們必須一起面對它。麥可與我都已經押上了一切。

你呢？

注釋

作者注

1. "158 Million Americans Told to Stay Home, but Trump Pledges to Keep It Short," The Coronavirus Outbreak, *New York Times*, March 23, 2020, https://www.nytimes.com/2020/03/23/world/coronavirus-news.html.
2. Josh Mitchell and Josh Zumbrun, "Coronavirus-Triggered Downturn Could Cost Five Million U.S. Jobs," *Wall Street Journal*, March 21, 2020, https://www.wsj.com/articles/coronavirus-triggered-downturn-could-cost-5-million-u-s-jobs-11584783001.

序言

1. 感謝歐曼（Greg Orman）給我這個關於「麻木不仁」的構想。

引言

1. David Foster Wallace, "This Is Water," commencement address at Kenyon College, Gambier, OH, May 21, 2005, audio and transcript available on *Farnam Street*, https://fs.blog/2012/04/david-foster-wallace-this-is-water.
2. 這些數字來自作者對二〇一九年「社會進步指數」的數據分析，https://www.socialprogress.org/assets/downloads/resources/2019/2019-Social-Progress-Index-executive-summary-v2.0.pdf.
3. Mickey Edwards, *The Parties Versus the People: How to Turn Republicans and Democrats into Americans* (New Haven: Yale University Press, 2012).
4. 在之前一些著作中，也曾使用「政治產業複合體」一詞描述過美國政治。請見例如：Gerald Sussman, *Global Electioneering: Campaign Consulting, Communications, and Corporate Financing* (Lanham, MD: Rowman & Littlefield Publishers, 2005); Gerald Sussman and Lawrence Galizio, "The Global Reproduction of American Politics," *Political Communication* 20, no. 3 (July 2003): 309-328; and "Political-Industrial Complex," *Wall Street Journal*, March 28, 1990, A14.
5. 羅伯．鮑萊（Robert Boatright）追蹤「初選緊箍咒」（to primary）一詞的起源，發現右派的「成長俱樂部」（Club for Growth）與左派的「前進組織」（MoveOn.Org）在二〇〇〇年代中期崛起時已經開始使用這個詞。他寫道：「在二〇〇四年與二〇〇六年選舉中，一個做為動詞用的新詞『to primary』被納入美國政治術語中，意思就是對現任民選官員進行初選箝制……這些現任民選官員往往遭到黨性不夠堅強的批判。」請見：Robert G. Boatright, *Getting Primaried: The Changing Politics of*

Congressional Primary Challenges (Ann Arbor, MI: University of Michigan Press, 2013).

6. 自「初選緊箍咒」一詞於二〇〇四年出現以來，意識型態式挑戰逐漸成為常態，在二〇一四年選舉中達到二十五次的高峰。在過去十年（二〇〇六至二〇一六年）的六個選舉週期中，出現的意識型態式初選挑戰（七十八次），比之前三十五年的十八個選舉週期中出現的類似挑戰（六十九次）還多。就像其他類型的初選挑戰一樣，意識型態式挑戰很少成功。即使在「重大」意識型態式挑戰（即現任民選官員獲得選票數低於七五%的初選），挑戰者僅在八%的眾議院選舉中擊敗現任民選官員，自一九七〇年以來，意識型態式初選挑戰總共只有十二次成功。也因此，坎特（Eric Cantor）在二〇一四年共和黨初選受挫的事件雖說成為全美頭條新聞，這樣的事只是例外。不過，回顧過往這些成功的挑戰仍然發人深省。自二〇〇六年以來，十二次的挑戰中，有九次成功，說明成功的意識型態式初選挑戰雖仍不多見，但它們已經逐漸走向常態，也更可能迫使現任民選官員在意識型態上「包抄」他們的挑戰者。幾乎所有這些新增的初選挑戰都來自共和黨。數據由羅伯・鮑萊提供，分析取材自納入二〇一六年選舉週期的「二〇一四年國會初選背景」（"The 2014 Congressional Primaries in Context," paper presented September 30, 2014, http://www.cfinst.org/pdf/papers/Boatright_2014_Primaries_in_Context_9-30-14.pdf）。

7. Samuel F. Toth, "The Political Duopoly: Antitrust Applicability to Political Parties and the Commission on Presidential Debates," *Case Western Reserve Law Review* 64, no. 1 (2013).

8. 想了解更詳細的、有關產業結構的概念，請見：Michael E. Porter, *Competitive Strategy: Techniques for Analyzing Industries and Competitors* (New York: Free Press, 1980). See also Michael E. Porter, "The Five

Competitive Forces That Shape Strategy," *Harvard Business Review*, January 2008.

9. 「更多選擇、更多聲音、更好的成果」這個句子，構築於緬因州在推動優先選擇投票制時提出的口號「更多選擇，更多聲音」。請見：https://www.morevoice.org/.

10. As brilliantly described by Yascha Mounk in *The People vs. Democracy: Why Our Freedom Is in Danger and How to Save It* (Cambridge, MA: Harvard University Press, 2018).

——第一章　民營產業

1. "Washington's Farewell Address 1796," The Avalon Project, September 19, 1796, http://avalon.law.yale.edu/18th_century/washing.asp.

2. "Founders Online: From Thomas Jefferson to Francis Hopkinson, 13 March 1789," National Archives and Records Administration, March 13, 1789, https://founders.archives.gov/documents/Jefferson/01-14-02-0402.

3. 想討論強有力政黨與民主的重要性，請見：John H. Aldrich, *Why Parties?: A Second Look* (Chicago: University of Chicago Press, 2011); Frances McCall Rosenbluth and Ian Shapiro, *Responsible Parties: Saving Democracy from Itself* (New Haven: Yale University Press, 2018).

4. 一般認為，二十世紀初的經濟學家熊彼得（Joseph Schumpeter）是將政黨比喻為公司、將選民比喻為客戶、將選票比喻為貨幣、將政策比喻為產品的第一人。請見：Joseph Schumpeter, *Capitalism, Socialism, and Democracy* (New York, Harper and Brothers, 1942). 想了解最新的有關研究，請見：Ian

Shapiro, *The State of Democratic Theory* (Princeton, Princeton University Press, 2003), 50-77; Jeffrey Edward Green, *The Eyes of the People: Democracy in an Age of Spectatorship* (New York; Oxford: Oxford University Press, 2010), 171-177.

5. Katherine M. Gehl and Michael E. Porter, "Why Competition in the Politics Industry Is Failing America: A Strategy for Reinvigorating Our Democracy," Harvard Business School, September 2017, www.hbs.edu/competitiveness/research/Pages/research-details.aspx?rid=84.

6. 我們指的不是賄賂。所謂「付費」是一種比喻。

7. 與觀點「大致自由」、「自由、保守各半」或「大致保守」的選民相比，觀點「一貫保守」或「一貫自由」的選民更可能參加初選投票。初選選民不僅意識型態色彩更濃，往往也「對政治非常感興趣」。想了解初選選民在意識型態與黨派色彩上與一般選民的對比，請見：Pew Research Center, "Political Polarization in the American Public," June 10, 2014, accessed August 2017, http://assets.pewresearch.org/wp-content/uploads/sites/5/2014/06/6-12-2014-Political-Polarization-Release.pdf; Seth J. Hill, "Institution of Nomination and the Policy Ideology of Primary Electorates," *Quarterly Journal of Political Science* 10, no. 4 (2015): 461-487; as well as Gary C. Jacobson, "The Electoral Origins of Polarized Politics: Evidence From the 2010 Cooperative Congressional Election Study," *American Behavioral Scientist* 56, no. 12 (2012): 1612-1630. 關於政治參與，請見：John Sides, Chris Tausanovitch, Lynn Vavreck, and Christopher Warshaw, "On the Representativeness of Primary Electorates," working paper, June 2016, http://cwarshaw.scripts.mit.edu/papers/primaries_160617.pdf. 不過，我們注意到，其他一些相關研究認為初選選民在意識型態上與一般選民

並無顯著差異。

8. 作者的分析數據來自「庫克政治報告」（Cook Political Report）："2016 House Election Results by Race Rating," November 8, 2016, http://cookpolitical.com/house/charts/race-ratings/10168; Inside Elections with Nathan L. Gonzales, "House Ratings," November 3, 2016, https://insideelections.com/ratings/house/2016-house-ratings-november-3-2016; and Daily Kos, "Election Outlook: 2016 Race Ratings," http://www.dailykos.com/pages/election-outlook/2016-raceratings#house, accessed March 2017. 參議院選舉的評估並不一致，我們用的是這三項評估的均值。

9. Data from Michael P. McDonald, "2016 and 2008 Presidential Nomination Contest Turnout Rates," United States Elections Project, accessed March 2017, http://www.electproject.org/2016P and http://www.electproject.org/2008p.

10. 有關封閉式初選的規則，每個州之間差異很大。它們有三個基本形式：(1)只有登記有案黨員、必須在抵達投票所以前事先宣告政黨屬性才能參加的封閉式初選。(2)半封閉式初選對非黨員的待遇隨州份不同而異。舉例來說，有些州讓政黨決定非黨員能不能投票；有些州將初選投票視為一種黨籍登記形式。(3)在黨團幹部會議體系中，州或政黨安排一項會議，與會者以公開方式（例如舉手，或集結成群體）表達對一名候選人的支持。黨團幹部會議有公開、也有閉門會議。根據FairVote的資料，到二〇一六年五月，共和黨在二十九個州舉行封閉式或半封閉式初選或黨團幹部會議，民主黨則為二十六個州。在國會選舉中，共和黨與民主黨都舉行了二十六次封閉式或半封閉式初選。請見："Closed Primary," Annenberg Classroom, accessed March 2017, http://www.annenbergclassroom.org/term/

closed-primary; National Conference of State Legislatures, "State Primary Election Types," July 21, 2016, http://www.ncsl.org/research/elections-andcampaigns/primary-types.aspx; D'Angelo Gore, "Caucus vs. Primary," FactCheck.org, April 8, 2008, http://www.factcheck.org/2008/04/caucus-vs-primary/. 關於按州劃分的主要類型數據，請見："Presidential Primary or Caucus Type by State," FairVote, accessed March 2017, http://www.fairvote.org/primaries#presidential_primary_or_caucus_type_by_state.

11. 作者的分析根據是來自「Health」的數據：Center for Responsive Politics, accessed March 2017, https://www.opensecrets.org/industries/indus.php?cycle=2016&ind=H.

12. 想對這些團體的相關規則做總體性了解，請見："Dark Money Basics," Center for Responsive Politics, accessed August 2017, https://www.opensecrets.org/dark-money/basics.

13. Data from "Revolving Door: Former Members of the 114th Congress," The Center for Responsive Politics, accessed December 7, 2017, https://www.opensecrets.org/revolving/departing.php?cong=114.

14. 卓曼（Lee Drutman）與佛納斯（Alexander Furnas）構築了一套有關合約遊說人（本質上不屬於一家特定公司的遊說人）的數據。在二〇一四年，活躍的合約遊說人有四四%為前政府官員，這個比例比一九九八年的一七．八%多了許多。請見：Lee Drutman and Alexander Furnas, "How Revolving Door Lobbyists Are Taking Over K Street," *Sunlight Foundation*, January 22, 2014, https://sunlightfoundation.com/2014/01/22/revolvingdoor-lobbyists-take-over-k-street/. 不過，在這些數據中，旋轉門式遊說人的介入可能有誇大之嫌。在二〇一七年，赫謝爾（Herschel）與拉佩拉（LaPira）發現，與非旋轉門式遊說人相比，旋轉門式遊說人更可能登記。請見：Thomas Herschel and Timothy LaPira, "How Many

Lobbyists Are in Washington? Shadow Lobbying and the Gray Market for Policy Advocacy," *Interest Groups & Advocacy* 6, no. 3 (2017): 199-214, doi: 10.1057/s41309-017-0024-y. 這些前政府官員對遊說的成功很有影響力。鮑賈納（Frank Baumgartner）等人（二〇〇九）發現，撇開政府因素不計，聘用高階政府官員為遊說人，是唯一能系統性帶來遊說成功的原因。請見：Frank Baumgartner et al., *Lobbying and Policy Change: Who Wins, Who Loses, and Why* (Chicago: University of Chicago Press, 2009). 拉薩魯斯（Lazarus）與麥凱（McKay）（二〇一二）也發現，聘用前政府官員為其遊說的大學，比那些沒有這麼做的大學更可能領到專項資金：「聘用一個或幾個旋轉門人士為學校進行遊說，可以讓申領專項資金的成功率在二〇〇二年增加近三〇%，在二〇〇三年增加近三五%。」請見：Jeffrey Lazarus and Amy Melissa McKay, "Consequences of the Revolving Door: Evaluating the Lobbying Success of Former Congressional Members and Staff" (paper presented at the Midwest Political Science Association Annual Meeting, Chicago, April 2012), doi: 10.2139/ssrn.2141416. 基於這個理由，維道（Blanes i Vidal）等人（二〇一二），以及伯川德（Bertrand）等人發現，旋轉門遊說人比其他遊說人賺得多。請見：Jordi Blanes i Vidal, Mirko Draca, and Christian Fons-Rosen, "Revolving Door Lobbyists," *American Economic Review* 102, no. 7 (2012): 3731-3748, doi: 10.1257/aer.102.7.3731; Marianne Bertrand, Matilde Bombardini, and Francesco Trebbi, "Is It Whom You Know or What You Know? An Empirical Assessment of the Lobbying Process" (NBER working paper 16765, 2011).

15. Martin Gilens and Benjamin I. Page, "Testing Theories of American Politics: Elites, Interest Groups, and Average Citizens," *Perspectives on Politics* 12, no. 3 (September 2014), 564-581.

16. 尼克森（Nickerson）與羅傑斯（Rogers）（二〇一四）解釋為什麼競選數據分析可以帶來關鍵性競爭優勢。他們發現，「競選數據分析……發展出預期模式，這種模式生產個人層面的評分，可以預測民眾進行某些政治行為、支持候選人與議題，以及回應針對性訪談的可能性。在最近幾個選舉週期，這類評分的運用已經大幅增加。」他們還發現，競選陣營「使用這些評分因應幾乎每一項競選活動：挨家挨戶拉票；直接郵遞；打電話；發電子郵件；置入電視廣告；臉書與推特等社群媒體運用；甚至還包括網頁展示」。作者的模型顯示，針對反應評分最高五分之一的選民進行有說服力的溝通，爭取到的選票數是無針對性溝通的三倍。請見：David W. Nickerson and Todd Rogers, "Political Campaigns and Big Data," *Journal of Economic Perspectives* 28, no. 2 (Spring 2014), 51-74.

17. 舉例來說，康卡斯特（Comcast）在它的2016 Form 10-K年報中指出，它的有線通信部門「廣告營收在二〇一六年增加九．六％，主要由於政治廣告營收增加。在二〇一五年，主要由於政治廣告營收減少，廣告營收較之前一年減少三．八％」。請見：Comcast Corporation, December 31, 2016 Form 10-K (filed February 3, 2017).

18. 想討論兩極化選民，與影響力愈來愈大的黨派性新聞媒體兩者之間的關係，請見：Gary C. Jacobson, "Partisan Media and Electoral Polarization in 2012: Evidence from the American National Election Study," in *American Gridlock: The Sources, Character, and Impact of Political Polarization*, edited by James A. Thurber and Antoine Yoshinaka (New York; Cambridge: Cambridge University Press, 2015), 259-286. 另有人持反對看法，認為媒體的兩極化主要是一種症候，而不是造成我們的政治問題的原因，請見：Kevin Arceneaux and Martin Johnson, "More a Symptom Than a Cause: Polarization and Partisan News Media in America," in

American Gridlock, Cambridge University Press (2015).

19. Thomas Jefferson to Edward Carrington, January 16, 1787, in *The Works of Thomas Jefferson*, vol. 5, *Correspondence 1786-1789*, ed. Paul Leicester Ford (New York and London: G. Putnam's Sons, 1904-1905), http://oll-resources.s3.amazonaws.com/titles/802/Jefferson_0054-05_EBk_v6.0.pdf.

20. Author Miller, *(London) Observer*, November 26, 1961.

21. 請見：Adam Sheingate, *Building a Business of Politics: The Rise of Political Consulting and the Transformation of American Democracy* (New York; Oxford: Oxford University Press, 2016).

22. 曾任公司執行長的杜森（David Dodson），在二〇一八年懷俄明州共和黨參議院初選中挑戰參議員巴洛索（John Barroso）時，親身經歷了雙頭壟斷對供應商的控制力：「我想聘用一家過去我當執行長時曾經有好幾百萬美元業務往來的律師事務所，但它婉拒了我，說它只能為民主黨人工作。於是我找上一家大家都知道專為共和黨人服務的律師事務所，但這家事務所告訴我，它不能為一名挑戰現職人士的候選人工作，因為這樣做會讓它的整個業務涉險。後來當我設法建立一個組織、推動一項有力的初選挑戰時，無論是想招聘競選幕僚，或是想找一家行銷公司，這樣的故事一再重演。」請見：David Dodson, "Why Do We Let Political Parties Act Like Monopolies?" *New York Times*, May 20, 2019, https://www.nytimes.com/2019/05/20/opinion/primary-challengers.html.

23. Jonathon Martin, "Republican Campaign Committee Pushes Back Against Conservative Group," New York Times Blog, *New York Times*, November 1, 2013, https://thecaucus.blogs.nytimes.com/2013/11/01/republican-campaign-committee-pushes-back-against-conservativegroup/.

24. Laura Barron-Lopez, Zach Montellaro, Ben White, and David Brown, "New DCCC Chair Bustos Vows to Stay on Offense in 2020," *Politico*, January 6, 2019, https://www.politico.com/story/2019/01/06/dccc-chair-cheri-bustos-2020-1058174.
25. 智庫的數字來自麥根（James G. McGann）："2015 Global Go To Think Tank Index Report," February 9, 2016, http://repository.upenn.edu/cgi/viewcontent.cgi?article=1009&context=think_tanks. 作者利用麥根表七所列美國智庫最新營利數據進行分析，做成這項預算評估。僅有六十四家列名麥根清單上的智庫提供營收數據，這些智庫總營業額超過二十億美元。營收數據來自Guidestar與年報。
26. Tevi Troy, "Devaluing the Think Tank," *National Affairs*, Winter 2012, http://www.nationalaffairs.com/publications/detail/devaluing-the-think-tank.
27. 想取得美國著名智庫清單，請見：James G. McGann, "2015 Global Go To Think Tank Index Report," February 9, 2016, http://repository.upenn.edu/cgi/viewcontent.cgi?article=1009&context=think_tanks. 黨派色彩與傾向的認定依據，來自與許多人士的磋商，包含：James G. McGann, *Think Tanks and Policy Advice in the United States* (Abingdon, UK: Routledge, 2007); Michael Dolny, "FAIR Study: Think Tank Spectrum 2012," July 1, 2013, http://fair.org/extra/fair%E2%80%88study-think-tank-spectrum-2012/; and InsideGov, "Research Think Tanks," accessed March 2017, http://think-tanks.insidegov.com/.
28. 作者分析，數據來自布魯金斯研究院（Brookings Institution）："Vital Statistics on Congress," https://www.brookings.edu/multi-chapter-report/vital-statistics-on-congress/.
29. Lee Drutman and Steven Teles, "Why Congress Relies on Lobbyists Instead of Thinking for Itself," *Atlantic*,

March 10, 2015, https://www.theatlantic.com/politics/archive/2015/03/when-congress-cant-think-for-itself-it-turns-to-lobbyists/387295/.

30. "Lobbying Data Summary," Center for Responsive Politics, accessed July 2017, https://www.opensecrets.org/lobby/.

31. Ezra Klein, "Corporations Now Spend More Lobbying Congress Than Taxpayers Spend Funding Congress," Vox, updated July 15, 2015, https://www.vox.com/2015/4/20/8455235/congress-lobbying-money-statistic.

32. 政治產業複合體的直接開支，不能充分說明政治產業對其他產業造成的全面經濟影響力。研究人員已經找出與遊說活動相關的幾種「報酬」類型，例如聯邦稅節稅、訂定較有利的法規、企業詐欺檢測的推遲，以及分配更多聯邦資源等。我們在以下清單中將這些發現整理成六大類。這張清單儘管不能巨細靡遺，所有這些研究已足以提供令人信服的證據，證明遊說確實是可以影響公共政策的一種財務上有效的機制。

(1) 遊說與美國就業創造法的節稅

A. Raquel Alexander, Stephen W. Mazza, and Susan Scholz, "Measuring Rates of Return on Lobbying Expenditures: An Empirical Case Study of Tax Breaks for Multinational Corporations," *Journal of Law and Politics* (2009).

B. Hui Chen, Katherine Gunny, and Karthik Ramanna, "Return on Political Investment in the American Jobs Creation Act of 2004," working paper 15-050, Harvard Business School, December 2014.

(2) 遊說與貿易政策

A. Seung-Hyun Lee and Yoon-Suk Baik, "Corporate Lobbying in Antidumping Cases: Looking into the Continued Dumping and Subsidy Offset Act," *Journal of Business Ethics* 96, no. 3 (October 2010).

B. Patricia Tovar, "Lobbying Costs and Trade Policy," *Journal of International Economics* 83 (2011).

C. Karam Kang, "Policy Influence and Private Returns from Lobbying in the Energy Sector," *Review of Economic Studies* 83 (2016).

(3) 遊說與法律運用空間（Fraud Detection, SEC Enforcement）

A. Frank Yu and Xiaoyun Yu, "Corporate Lobbying and Fraud Detection," *Journal of Financial and Quantitative Analysis* 46, no. 6 (2011).

B. Maria M. Correia, "Political Connections and SEC Enforcement," *Journal of Accounting and Economics* 57 (2014).

(4) 遊說與問題資產救濟計畫的支援

A. Benjamin M. Blau, Tyler J. Brough, and Diana W. Thomas, "Corporate Lobbying, Political Connections, and the Bailout of Banks," *Journal of Banking & Finance* 37 (2013).

B. Ran Duchin and Denis Sosyura, "The Politics of Government Investment," *Journal of Financial Economics* 106 (2012).

(5) 遊說與公共領域（Education Institutions, Cities）

A. John M. de Figueiredo and Brian S. Silverman, "Academic Earmarks and Returns to Lobbying," *Journal of Law & Economics* 49, no. 2 (2006).

B. Rebecca Goldstein and Hye Young You, "Cities as Lobbyists," *American Journal of Political Science* (April 2017).

(6) 遊說與能源領域

A. m Kang, "Policy Influence and Private Returns from Lobbying in the Energy Sector," *Review of Economic Studies* (2016).

33. 總額是二〇一七至二〇一八年選舉週期，包括「顧問意見二〇一四－一二（准許為全國性會議委員會訂定個別捐助限制）。Methodology from R. Sam Garrett, "Increased Campaign Contribution Limits in the FY2015 Omnibus Appropriations Law: Frequently Asked Questions," Congressional Research Service, December 19, 2014, http://op.bna.com.s3.amazonaws.com/der.nsf/r%3FOpen%3Dsbay-9s6pa3. 新的獻金限制來自："Contribution Limits for 2015-2016 Federal Elections," Federal Election Commission, accessed March 2017, http://www.fec.gov/info/contriblimitschart1516.pdf.

34. 自一八六〇年以來最重要的新政黨「進步黨」（Progressive Party），也稱「布爾．穆斯黨」（Bull Moose Party），源起於一九一二至一九一六年那段期間。老羅斯福在一九一二年角逐共和黨提名失敗後，為競選總統而成立這個政黨。這個政黨成功選出十三名眾議員，但之後因大多數黨員回歸共和黨而解體。近年來唯一在選戰中取勝的新政黨「改革黨」（Reform Party）源出於裴洛（Ross Perot）一九九二年的總統選戰。裴洛在這場選戰中贏得一九%普選選民票。改革黨從一九九二年延續到二〇〇〇年，最重要的勝利是在一九九八年將范圖拉（Jesse Ventura）送上明尼蘇達州州長寶座。今天最重要的第三黨是自由黨與綠黨，它們每年都推出許多候選人，但直到目前為止還沒有拿過一席國會議員或州長席位。請見："Bull Moose Party," Encyclopædia Britannica, July 12, 2015, https://www.britannica.com/topic/Bull-Moose-Party; "Progressive (Bull Moose) Party (1912)," in *Guide to U.S. Elections*, 6th ed., vol. 1 (Washington: CQ Press, 2010); Reform Party National Committee, "About," accessed March 2017, http://www.reformparty.org/about/; CQ Voting and Elections Collection, "Third Party Results," CQ Press Electronic Library, accessed March 2017.

35. John Laloggia, "Six Facts About U.S. Political Independents," Pew Research Center, May 5, 2019, https://www.pewresearch.org/fact-tank/2019/05/15/facts-about-us-political-independents/.

36. Federal Election Commission, "Contribution Limits," accessed February 3, 2020, https://www.fec.gov/help-candidates-and-committees/candidate-taking-receipts/contribution-limits/.

37. 例如請見：Office of Commissioner Ann M. Ravel, "Dysfunction and Deadlock: The Enforcement Crisis at the Federal Election Commission Reveals the Unlikelihood of Draining the Swamp," Federal Election Commission, February 2017, https://www.fec.gov/resources/aboutfec/commissioners/ravel/statements/ravelreport_feb2017.pdf.

38. Nicholas Confessore and Karen Yourish, "$2 Billion Worth of Free Media for Donald Trump," *New York Times*, March 15, 2016, https://www.nytimes.com/2016/03/16/upshot/measuring-donald-trumps-mammoth-advantage-in-free-media.html.

39. Dwight D. Eisenhower, "Farewell Address, Delivered January 17, 1961," American Rhetoric, Top 100 Speeches, last updated February 18, 2017, https://americanrhetoric.com/speeches/dwightdeisenhowerfarewell.html.

40. 舉例來說，根據「反應政治中心」（Center for Responsive Politics）的數據，從一九九九至二〇〇〇年週期，到二〇一五至二〇一六年週期，在經過通貨膨脹調整之後，總統選舉週期的總選舉成本增加了六〇%。反應政治中心指出，二〇一六年總選舉成本估算包括政治行動委員會有關國會選舉的經常開支。總開支包括「總統候選人、參議員與眾議員候選人、政黨、意圖影響聯邦選舉的獨立利益團體的所有金錢開銷」。請見："Cost of Election," The Center for Responsive Politics, https://www.opensecrets.org/overview/cost.php, accessed February 2017.

41. 想了解這些數字的推斷方法，請見：Katherine M. Gehl and Michael E. Porter, "Why Competition in the Politics Industry Is Failing America: A Strategy for Reinvigorating Our Democracy" (Boston: Harvard Business School, 2017): Appendix E.

42. 這些評估以來自多個來源的數據為根據。聯邦選舉開支來自聯邦選舉委員會（Federal Election Commission）：https://beta.fec.gov/data/, accessed March 2017, 此外也有選自反應政治中心的數據：http://www.opensecrets.org/outsidespending/fes_summ.php, accessed March 2017. 遊說數據來自反應政治中心，以參議院公共紀錄辦公室（Senate Office of Public Records）的數據為基礎：https://www.opensecrets.org/lobby/, accessed March 2017. 智庫清單來自：James G. McGann, "2015 Global Go To Think Tank Index Report," TTCSP Global Go To Think Tank Index Reports, February 9, 2016, table 7. 為蒐羅智庫的政治導向，我們參考許多來源：James G. McCann, *Think Tanks and Policy Advice in the United States* (Abingdon, UK: Routledge, 2007); FAIR Think Tank Spectrum Study 2012; and InsideGov.com. 智庫的營利數字來自Guidestar/organization網站。來自政治性節目的媒體廣告營收，以作者根據坎塔媒體（Kantar

Media）提供的廣告營收數據進行的分析為基礎。為了將政治廣告排斥在我們的政治性節目清單（以避免重複計算）之外，我們使用來自政治電視廣告檔案（Political TV Ad Archive）的數據：https://politicaladarchive.org/data/, accessed March 2017, and Erika Franklin Fowler, Travis N. Ridout, and Michael M. Franz, "Political Advertising in 2016: The Presidential Election as Outlier?" *Journal of Applied Research in Contemporary Politics*, February 22, 2017.

43. 評估代表的是主要為政治報導的電視節目的廣告營收，以作者根據坎塔媒體提供的廣告營收數據進行的分析為基礎。

44. 總就業數字反映的是登記有案的遊說人員、黨派/有黨派傾向的智庫員工、個人收入至少一萬五千零八十美元（聯邦全職工人最低年收入）者的評估數字。所謂「重大」顧問合約指的是在二〇一六年累積收入至少五萬美元的合約。遊說就業數據來自反應政治中心：https://www.opensecrets.org/lobby/, accessed June 2017. 智庫就業數據來自Guidestar年報。競選陣營員工薪酬與顧問合約數據來自作者對聯邦選舉委員會數據的分析：https://www.fec.gov/data/disbursements, accessed July 2017. 單只是註冊遊說人一項在二〇一六年就代表了一萬一千一百七十份就業。請見反應政治中心遊說數據資料庫：Center for Responsive Politics, Lobbying Database, https://www.opensecrets.org/lobby/, accessed August 2017.

45. 舉例來說，州長、州議會與其他州職位的候選人，在二〇一八年籌得二十二億美元競選資金。如果我們將遊說、廣告等其他開支管道的開支計入，州選舉的開支必然暴增，顯示出政治產業的驚人規模。想了解州選舉開支細節，請見：Geoff Mulvihill, "AP: Political Money in State-Level Campaigns Exceeds $2B," AP NEWS, Associated Press, November 1, 2018, https://www.apnews.com/b3ead0614b664bd89fbe1c8c1

9c42131.

46. 請見：e.g., Tim LaPira, "How Much Lobbying Is There in Washington? It's Double What You Think," Sunlight Foundation, November 25, 2013, and Emma Baccellieri and Soo Rin Kim, "Boehner Joins the Not-Quite-a-Lobbyist Ranks," Center for Responsive Politics, September 21, 2016.

47. 請見：Leadership Now Project, "Democracy Market Analysis 1.0: Highlights, April 2019," https://app.box.com/s/62p88nxqny80x3efgya079fgt6k92q3j.

48. 產業規模的判定根據，是「政府」（將(a)聯邦與(b)州與地方政府相加得出總價值）與經濟分析局（Bureau of Economic Analysis）各項產業產值的國內生產毛額的對比。請見：Data from Bureau of Economic Analysis, GDP-by-Industry data, accessed August 2017; author analysis. Federal outlays data (FY 2016) from Congressional Budget Office, "The Budget and Economic Outlook: 2017 to 2027," Budget Data, January 24, 2017, https://www.cbo.gov/publication/52370.

第二章　遊戲規則

1. Samuel F. Toth, *The Political Duopoly: Antitrust Applicability to Political Parties and the Commission on Presidential Debates*, 64 Case W. Res. L. Rev. 239 (2013), https://scholarlycommons.law.case.edu/cgi/viewcontent.cgi?article=1180&context=caselrev.

2. Brennan Center for Justice et al., "Deteriorating Democracy: How the Commission for Presidential Debates

Undermines Democracy," August 2004, https://www.opendebates.org/pdfs/REPORT2.pdf.

3. 米諾（Newton Minow）領導的哈佛大學政治研究所（Harvard University Institute of Politics）的一個獨立委員會也達成類似結論，請見：the Commission on Presidential Debates, https://www.debates.org/about-cpd/overview/. 米諾後來成為這個委員會的副主席。也可見：Robert E. Hunter, *Electing the President: A Program for Reform* (Center for Strategic and International Studies, Georgetown University, 1986), https://www.fordlibrarymuseum.gov/library/document/0375/1682722repro.pdf.
4. Brennan Center for Justice et al., "Deteriorating Democracy."
5. Hunter, *Electing the President*.
6. Phil Gailey, "Democrats and Republicans Form Panel to Hold Presidential Debates," *New York Times*, February 19, 1987, https://www.nytimes.com/1987/02/19/us/democrats-andrepublicans-form-panel-to-hold-presidential-debates.html?pagewanted=1.
7. Brennan Center for Justice et al., "Deteriorating Democracy."
8. Toth, *The Political Duopoly*," 249.
9. George Farah, *No Debate: How the Republican and Democratic Parties Secretly Control the Presidential Debate* (New York: Seven Stories Press, 2004).
10. Brennan Center for Justice et al., "Deteriorating Democracy."
11. "Opinion: Fixing the Presidential Debates," *New York Times*, September 18, 1996, https://www.nytimes.com/1996/09/18/opinion/fi xing-the-presidential-debates.html.

12. "About the CPD," Commission on Presidential Debates, accessed November 2019, https://www.debates.org/about-cpd/.
13. 本文引用的數據節錄自「劃平競技場」（Level the Playing Field）訴訟。「這項請願的事實陳述部分的關鍵是兩篇報告，這兩篇報告指出，總統辯論委員會訂定的這個一五％的門檻，目的只在於排斥獨立參選或第三黨候選人。由楊博士（Dr. Clifford Young）撰寫的第一篇報告達成結論，為跨過一五％的門檻，候選人必須讓六〇至八〇％的民眾叫得出或聽過他（她）的名號。由熊恩（Douglas Schoen）撰寫的第二篇報告估計，獨立參選或第三黨候選人想達到六〇％的民眾知名度，得花費超過二．六六億美元，包括約一．二億美元付費媒體內容產品與傳播費用，就常理而言，對非主要政黨候選人來說，這是一筆無力承擔的花費。此外，楊博士與熊恩都在結論中指出，三方面選戰的民調本質上就不可靠，也因此對第三黨與獨立參選人士並不公正。楊博士與熊恩都在他們的結論中強調，第三黨與獨立參選人士還有一個劣勢，就是他們享受不到『政黨光環效應』的好處。而民主黨與共和黨候選人無論名聲如何，只因為與大黨的關係，加上媒體在主要政黨舉行初選時的採訪導致知名度增加，至少都能贏得一部分選票。」請見：https://www.gpo.gov/fdsys/pkg/FR-2017-03-29/pdf/2017-06150.pdf.
14. "Political Typology Reveals Deep Fissures on the Right and the Left," Pew Research Center, October 24, 2017, https://www.people-press.org/2017/10/24/1-partisanship-andpolitical-engagement/.
15. 這個例證由愛德華（Mickey Edwards）提供，請見："How to Turn Democrats and Republicans into Americans," in *Politics to the Extreme: American Political Institutions in the Twenty-First Century*, ed. Scott A. Frisch and Sean Q. Kelly (New York: Palgrave Macmillan, 2013) 219-226.

也可見：Will Bunch, "The Backlash," *New York Times*, September 13, 2010, https://www.nytimes.com/2010/09/13/books/excerpt-backlash.html.

16. Jeff Zeleny, "G.O.P. Leaders Say Delaware Upset Damages Senate Hopes," *New York Times*, September 14, 2010, https://www.nytimes.com/2010/09/15/us/politics/15elect.html.

17. Ed Hornick, "Christine O'Donnell: From 'witchcraft' to Tea Party favorite," CNN, October 13, 2010, http://www.cnn.com/2010/POLITICS/10/13/christine.odonnell.profi le/index.html.

18. "O'Donnell Winning Tea Party, Losing Delaware," Fairleigh Dickinson University's PublicMind, October 28, 2010, http://publicmind.fdu.edu/winsome/final.pdf.

19. Edwards, "How to Turn Democrats and Republicans into Americans," in *Politics to the Extreme*, 219-226.

20. Mickey H. Edwards, "The Case for Transcending Partisanship," *Daedalus* 142, no. 2 (2013): 84-94, https://www.amacad.org/publication/case-transcending-partisanship.

21. "Sore Loser Laws in the 50 States," Ballotpedia, accessed November 2019, https://ballotpedia.org/Sore_loser_laws_in_the_50_states.

22. 在華盛頓州（二〇〇四年）與加州（二〇一一年）採用非黨內初選之後，這個數字略微下降。想詳細了解「輸不起法」的各種形式，以及各州何時採用這類法規，請見：Barry C. Burden, Bradley M. Jones, and Michael S. Kang, "Sore Loser Laws and Congressional Polarization," *Legislative Studies Quarterly* 39, no. 3 (August 2014): 299-325. Contrary to Burden et al. (2014), 我們不將非黨內初選歸為一種「輸不起法」形式。

23. 請見：Troy K. Schneider, "Can't Win for Losing," *New York Times*, July 16, 2006, http://www.nytimes.com/2006/07/16/opinion/nyregionopinions/16CTschneider.html?mcubz=0.

24. "The Worst Ballot Access Laws in the United States," FairVote, January 13, 2015, https://www.fairvote.org/the-worst-ballot-access-laws-in-the-united-states.

25. 坎特絕不是一位重協商的政界人物。但有一篇分析總結得很好：「過去幾年的發展，讓坎特清楚發現，如果當上眾議院議長，除了要帶領一批看起來管不了的共和黨人，還需要與民主黨合作才能好好執政。他逐漸改變立場，從議長貝納的頭號政敵變成一位比較肯協商、願意交易的保守派，他在債務上限問題上的協商立場就是例子。他同時以比他在共和黨會議中那些同僚更多的時間與精力，訂定保守派政策另類選擇……坎特私下嚴厲斥責造成二〇一三年政府停擺的茶黨人士，他贊成恢復《投票權利法》（Voting Rights Act）部分條文，還協助起草《夢想法案》，為幼年時代非法進入美國的移民提供一條合法移民的途徑。但他在這樣做的同時，似乎完全沒有考慮家鄉那些死硬保守派初選選民對這些實用主義姿態會有什麼反應。」請見：David Wasserman, "What We Can Learn From Eric Cantor's Defeat," FiveThirtyEight, June 20, 2014, https://fivethirtyeight.com/features/what-we-can-learnfrom-eric-cantors-defeat/. See also Robert Costa, Laura Vozzella, and David A. Fahrenthold, "Republican House Party Leader Eric Cantor Succumbs to Tea Party Challenge Eric Bratt," *Washington Post*, June 11, 2014, https://www.washingtonpost.com/local/virginia-politics/ericcantor-faces-tea-party-challenge-tuesday/2014/06/10/17da5d20-f092-11e3-bf76-447a5df6411f_story.html?noredirect=on&utm_term=.f17ee81ef6b7. 關於坎特轉變的更多訊息，請見：Ryan Lizza, "The House of Pain," *New Yorker*, February

24, 2013, https://www.newyorker.com/magazine/2013/03/04/the-house-of-pain; Robert Costa, "Eric Cantor Attempts to Remake the House GOP Brand, and His Own," *Washington Post*, March 24, 2014, https://www.washingtonpost.com/politics/eric cantor-attempts-to-remake-the-house-gop-brand-and-his-own/2014/03/23/b1a5e430-af9f-11e3-95e8-39bef8e9a48b_story.html?noredirect=on&utm_term=.aae084ba0938; Jason Zengerle, "Eric Cantor's America," *New York*, September 30, 2011, http://nymag.com/news/politics/eric-cantor-2011-10/#print.

26. Cameron Easley, "America's Most and Least Popular Governors: Q1 2018 Rankings," Morning Consult, April 12, 2018, https://morningconsult.com/2018/04/12/americas-mostand-least-popular-governors/.

27. Greg Orman, *A Declaration of Independents: How We Can Break the Two-Party Stranglehold and Restore the American Dream* (Austin, TX: Greenleaf Group Book Press, 2016), 61.

28. Lee Drutman, *Breaking the Two- Party Doom Loop: The Case for Multiparty Democracy in America* (New York; Oxford: Oxford University Press, 2020), 31.

29. Russell Berman, "Cruz: Political 'Tsunami' Needed to Win Fight to Defund Obamacare," The Hill, August 25, 2013, https://thehill.com/video/sunday-shows/318647-cruz-tsunami-neededto-defund-obamacare.

30. 想全盤了解這次停擺，請見：Walter J. Oleszek, "The Government Shutdown of 2013: A Perspective," in *Party and Procedure in the United States Congress, 2nd Edition*, ed. Jacob Straus and Matthew Glassman (2017).

31. Leigh Ann Caldwell, "Architect of the Brink: Meet the Man behind the Government Shutdown," CNN, updated October 1, 2013, http://www.cnn.com/2013/09/27/politics/housetea-party/index.html.

32. 想了解整個進程，請見：Eric Krupke, "How We Got Here: A Shutdown Timeline," National Public Radio, October 17, 2013, https://www.npr.org/sections/itsallpolitics/2013/10/16/235442199/how-we-got-here-a-shutdown-timeline.
33. Brad Plumer, "Absolutely Everything You Need to Know about How the Government Shutdown Will Work," *Washington Post*, September 30, 2013, https://www.washingtonpost.com/news/wonk/wp/2013/09/30/absolutely-everything-you-need-to-know-about-how-thegovernment-shutdown-will-work/?noredirect=on&utm_term=.b2871aafe0a4.
34. Oleszek, "The Government Shutdown of 2013: A Perspective," *Party and Procedure in the United States Congress, 2nd Edition*.
35. 想全面了解哈斯特規則，請見：Sarah A. Binder, "Oh 113th Congress Hastert Rule, We Hardly Knew Ye!" Brookings Institution, January 17, 2013, https://www.brookings.edu/blog/up-front/2013/01/17/oh-113th-congress-hastert-rule-we-hardly-knew-ye/.
36. Shushannah Walshe, "The Costs of the Government Shutdown," ABC News, October 17, 2013, https://abcnews.go.com/blogs/politics/2013/10/the-costs-of-the-government-shutdown/.
37. 想綜觀立法機制的演進，請見：Kenneth Shepsle, "The Changing Textbook Congress," in *Can Government Govern?* ed. John Chubb and Paul Peterson (Washington, DC: Brookings Institution Press, 2010); David W. Rohde, *Parties and Leaders in the Postreform House* (Chicago: University of Chicago Press, 1991); Sam Rosenfeld, chapter 1 in *The Polarizers: Postwar Architects of Our Polarized Era* (Chicago: University of

Chicago Press, 2017); Jeffrey Jenkins, "The Evolution of Party Leadership," in *The Oxford Handbook of the American Congress* (2011); Barbara Sinclair, *Unorthodox Lawmaking: New Legislative Processes in the U.S. Congress 5th Edition* (Thousand Oaks, CA: Sage CQ Press, 2016), chapter 6; Steven S. Smith, *Party Influence in Congress* (New York; Cambridge: Cambridge University Press, 2007); Steven Smith and Gerald Gamm, "The Dynamics of Party Government In Congress," in *Congress Reconsidered, 10th Edition*, ed. Lawrence Dodd and Bruce Oppenheimer (Thousand Oaks, CA: CQ Press, 2013); Barbara Sinclair, "The Dream Fulfilled? Party Development in Congress, 1950-2000," in *Responsible Partisanship? The Evolution of American Political Parties Since 1950*, ed. John C. Green and Paul S. Hernson (Lawrence, KS: University Press of Kansas, 2002); John Aldrich and David Rohde, "Congressional Committees in a Partisan Era," in *Congress Reconsidered, 8th Edition*, ed. Lawrence Dodd and Bruce Oppenheimer (Thousand Oaks, CA: CQ Press, 2005); Nathan Monroe, Jason Roberts, and David Rhode, *Why Not Parties? Party Effects in the United States Senate* (Chicago: University of Chicago Press, 2008); Sean M. Theriault, *Party Polarization in Congress* (New York; Cambridge: Cambridge University Press, 2008); Barbara Sinclair, *Party Wars* (Norman, OK: University of Oklahoma Press, 2006); Lawrence Dodd and Bruce Oppenheimer, "The House in a Time of Crisis," in *Congress Reconsidered, 10th Edition*, ed. Dodd and Oppenheimer (2013). 不過，有些人認為，這許多年來，政黨在國會中的力量並沒有出現重大變化。這個觀點見考克斯（Gary Cox）與麥克庫賓（Matthew McCubbins）的「卡特爾理論」（Cartel Theory）：*Legislative Leviathan: Party Government in the House, 2nd Edition* (New York; Cambridge: Cambridge University Press, 2007).

38. 「教科書國會」一詞首見於：Shepsle, "The Changing Textbook Congress."

39. John H. Aldrich, Brittany N. Perry, and David W. Rhode, "Richard Fenno's Theory of Congressional Committees and the Partisan Polarization of the House," *Congress Reconsidered*, ed. Dodd and Oppenheimer (Washington, DC: CQ Press, 2001).

40. 一項著名的國會研究，總結政黨在這段期間扮演的次要角色時強調，「任何討論美國國會的理論，若將政黨視為分析單位，這理論都無法行之久遠。在探討國會時，我們要探討的是五百三十五位個別男、女議員，而不是兩個政黨。」請見：David Mayhew, *The Electoral Connection* (New Haven: Yale University Press, 1974), 27.

41. 想了解針對這個時期國會委員會進行的研究，請見：Richard Fenno, *Congressmen in Committees* (1973). 想了解范諾（Richard Fenno）最近對兩極化的影響進行的評估，請見：John H. Aldrich, Brittany N. Perry, and David W. Rhode, "Richard Fenno's Theory of Congressional Committees and the Partisan Polarization of the House," in *Congress Reconsidered, 10th Edition*, 193-220. 分配理論對委員會的角色另有見解，強調委員會制度基本上是一種跨越管轄範圍、進行討價還價交易的制度，目的在通過地方選民支持的政策。請見：Barry R. Weingast and William J. Marshall, "The Industrial Organizations of Congress; Or Why Legislatures, Like Firms, Are Not Organized as a Market," *Journal of Political Economy* (1988), 132-163; Barry R. Weingast, Kenneth A. Shepsle, and Christopher Johnsen, "The Political Economy of Benefits and Costs: A Neoclassical Approach to Distributive Politics," *Journal of Political Economy* (1981), 642-664; Christopher R. Berry and Anthony Fowler, "Cardinals or Clerics? Congressional Committees and the

Distribution of Pork," *American Journal of Political Science* (2015), 692-708. 近期關於委員會制度所發揮的積極作用，以及為何應再次加強委員會權力的案例，請見：Kevin R. Kosar and Adam Chan, "A Case for Stronger Congressional Committees," R Street Institute, 2016.

42. 請見：David W. Rohde, *Parties and Leaders in the Post Reform House* (1991); John H. Aldrich, *Why Parties?* (1995); Lawrence Dodd and Bruce Oppenheimer, "The House in a Time of Crisis," *Congress Reconsidered, 10th Edition*.

43. DSG background paper, "The Case for House Democratic Caucus Action against Rep. John Bell Williams and Rep. Albert W Watson" (December 1964). Quoted in Sam Rosenfeld, *The Polarizers* (Chicago: University of Chicago Press, 2018).

44. Shepsle, "The Changing Textbook Congress." The frequency of party caucuses has since soared. See Richard Forgette, "Party Caucuses and Coordination: Assessing Caucus Activity and Party Effects," *Legislative Studies Quarterly* (204), 407-430.

45. Marjorie Hunter, "Seniority System Revised," *New York Times*, January 21, 1971.

46. Kevin R. Kosar and Adam Chan, "A Case for Stronger Congressional Committees," R Street Policy Study No. 66, August 2016, https://www.rstreet.org/wp-content/uploads/2016/08/66.pdf.

47. 委員會主席都了解這些訊息，也改變了他們的做法，以做為回應。請見：See Sara Brandes Cook and John R. Hibbing, "Congressional Reform and Party Discipline: The Effects of Changes in the Seniority System on Party Loyalty in the House of Representatives," *British Journal of Political Science* 15 (1985), 207-226; Fiona

M. Wright, "The Caucus Reelection Requirement and the Transformation of Committee Chairs," *Legislative Studies Quarterly* 25 (2000), 469-480.

48. Walter Oleszek, "Speakers Reed, Cannon, and Gingrich: Catalysts of Institutional Change," *The Cannon Centenary Conference: The Changing Nature of the Speakership* (Joint Commission on Printing, 2003).

49. Lawrence Dodd and Bruce Oppenheimer, "The House in a Time of Crisis," 29-31; C. Lawrence Evans and Walter J. Oleszek, *Congress Under Fire: Reform Politics and the Republican Majority* (Belmont, CA: Wadsworth, 1997); Eric Shickler, Epilogue in *Disjointed Pluralism: Institutional Innovation and the Development of the U.S. Congress* (Princeton, NJ: Princeton University Press, 2001).

50. Paul Glastris and Haley Sweetland Edwards, "The Big Lobotomy: How Republicans Made Congress Stupid," *Washington Monthly*, June/July/August 2014, https://washingtonmonthly.com/magazine/junejulyaug-2014/the-big-lobotomy/.

51. 想全盤了解科技評估辦公室的衰敗過程，請見：Grant Tudor and Justin Warner, "The Congressional Futures Offices: A Modern Model for Science & Technology Expertise in Congress," Belfer Center for Science & International Affairs (2019), 28-31.

52. Derek Willis, *ProPublica*, and Paul Kane, "How Congress Stopped Working," *ProPublica*, November 5, 2018, https://www.propublica.org/article/how-congress-stopped-working.

53. Thomas Spulak and George Crawford, "How to Fix Congress in One Step," *Politico*, September 19, 2018, https://www.politico.com/agenda/story/2018/09/19/house-rules-committee-congress-000699.

54. McKay Coppins, "The Man Who Broke Politics," *Atlantic*, October 17, 2018, https://www.theatlantic.com/magazine/archive/2018/11/newt-gingrich-says-youre-welcome/570832/; Alex Seitz-Wald, "How Newt Gingrich Crippled Congress," *Nation*, January 30, 2012, https://www.thenation.com/article/how-newt-gingrich-crippled-congress/.

55. Ryan Grim and Aida Chávez, "Here's How Much the Democratic Party Charges to Be on Each House Committee," The Intercept, September 3, 2019, https://theintercept.com/2019/09/03/dccc-house-committees-dues/.

56. 舉例來說，佩洛西由於丁格爾（John Dingell）在議長選戰中反對自己，並且在一項能源法案上與自己意見相左，遂於二〇〇七年將丁格爾逐出能源與商務委員會（Energy and Commerce Committee）主席職位。請見：David W. Rhode, Edward Stiglitz, and Barry Weingast, "Dynamic Theory of Congressional Organization," Stanford working paper, February 17, 2013, https://web.stanford.edu/group/mcnollgast/cgi-bin/wordpress/wp-content/uploads/2013/10/rsw_dynamics_1302171.pdf. 想取得遭到黨紀處分的國會議員清單，可以參考：Matthew Green and Briana Bee, "Keeping the Team Together: Explaining Party Discipline and Dissent in the U.S. Congress," in Jacob Straus and Matthew Glassman, *Party and Procedure in the United States Congress, 2nd Edition* (2017), 48-49. 史提里茲（Stiglitz）與韋恩蓋斯特（Weingast）發現，黨派懲處的案例似乎愈來愈普遍，不過他們承認，懲處案例所以增加，可能只不過反映出最近的懲處宣揚得比過去好的事實而已。在大多數情況下，政黨只會讓那些被視為對黨「不忠」的議員坐冷板凳。新澤西州共和黨眾議員魯克馬（Marge Roukema）因為不肯遵照黨派路線行事，沒有獲得政黨提名出

任財務委員會（Financial Service Committee）主席。她因此「極度不滿」的從國會退休。請見：Sam Theriault, *Party Polarization in Congress* (2008), 132. In *Party Discipline in the U.S. House of Representatives* (2015). 皮爾森（Kathryn Pearson）發現，在決定哪些人可以享用有限名額，或轉調更有力、更出名的委員會，以及哪些人可以出任委員會主席時，黨派的指導與政策委員會確實會將忠誠度納入考量。此外，四個最有力、最熱門的委員會的成員，包括撥款委員會、能源與商務委員會、法規委員會、籌款委員會，一般都比不是這四大委員會成員的人更忠於他們的政黨。這些研究成果佐證了考克斯與麥克庫賓的發現：「統計證據很明確：比較忠誠的黨員〔以唱名投票中的表現為依據〕比較容易調職（在就職之初也比較可能分派到較好的職位）。」請見：*Legislative Leviathan*, 170.

57. 委員會主席不再是獨立運作的個體，而且往往與多數黨的傀儡無異。哈斯特（Dennis Hastert）直言不諱的說：「委員會主席會遵照領導層的旨意行事，因為他們知道如果不這麼做，主席職位將不保。」請見：Cox and McCubbins, *Legislative Leviathan*, 232.

58. Eric Schickler and Kathryn Pearson, "The House Leadership in an Era of Partisan Warfare," in Lawrence Dodd and Bruce Oppenheimer, *Congress Reconsidered, 10th Edition*.

59. J. Lewallen, S. M. Theriault, and B. D. Jones, "Congressional Dysfunction: An Information Processing Perspective," *Regulation & Governance* 10, no. 2 (2016): 179-190.

60. 法案在離開委員會以後進行調整的相關數據，可以參考：Barbara Sinclair, *Unorthodox Lawmaking: New Legislative Processes in the U.S. Congress, 5th Edition* (Thousand Oaks, CA: Sage CQ Press, 2016): 149. See Mark J. Oleszek, "Post-Committee Adjustment in the Contemporary House: The Use of Rules Committee

Prints," Jacob Straus and Matthew Glassman, *Party and Procedure in the United States Congress, 2nd Edition* (Lanham, MD: Rowman & Littlefield Publishers, 2017), 109.

61. 「在一九八〇年代末，幾乎每五項重要法案就有一項未經眾議院的一個委員會審議。到一九九〇年代，這個頻率減少到大約平均每十項才有一項。但從二〇〇一年到二〇〇六年，頻率再次增加到每五項就有一項，而二〇〇七至二〇一四年間更增加到每三項就有一項。」請見：Sinclair, *Unorthodox Lawmaking, 5th Edition*, 18. 想知道哪些委員會被略過，可以參考：Sinclair, *Unorthodox Lawmaking, 5th Edition*, 151.

62. Sinclair, *Unorthodox Lawmaking, 5th Edition*, 20. 這是遵照共和黨人在一九九五年控制國會時創下的先例，當時金里奇建立特別任務小組，迅速通過「與美國的合約」（Contract with America）。

63. Bill Pascrell Jr., "Why Is Congress So Dumb," *Washington Post*, January 11, 2019, https://www.washingtonpost.com/news/posteverything/wp/2019/01/11/feature/why-is-congress-so-dumb/?utm_term=.e1927c724b28.

庫里（James M. Curry）與李（Frances E. Lee）發現，愈來愈多的法案不再遵照傳統「例行秩序」，在委員會程序之外成形。有趣的是，這種「例行秩序」是否獲得遵行，與通過投票的黨派色彩是否濃厚，兩者之間並無關聯。根據對二十四名國會議員與高層國會幕僚人員的訪談，兩人認為，這是因為國會議員為了取得效益、祕密與彈性這類黨派優勢以外的東西，會使用非正統的法案開發程序。請見：James M. Curry and Frances E. Lee, "What Is Regular Order Worth? Partisan Lawmaking and Congressional Processes," *Journal of Politics* (2018). 這樣的結論與傳統智慧及其他經驗性研究相衝突，請見例如：Laurel Harbridge, *Is Bipartisanship Dead? Policy Agreement and Agenda-Setting in the House of*

Representatives (New York; Cambridge: Cambridge University Press, 2015). 毫無疑問，這個關鍵領域還需要更多研究。

64. 或者套用歐本海默（Bruce Oppenheimer）的名言，法規委員會現在成了「領導層的一隻手臂」。請見：Oppenheimer, "The Rules Committee: New Arm of Leadership in a Decentralized House," *Congress Reconsidered*.

65. 每年有數以千計的法案與修正案在國會提出，其中只有一小部分排入國會議程。在第一一四屆國會，所有提出的法案／決議案只有五%進行了投票。請見：https://www.govtrack.us/congress/bills/statistics, accessed February 15, 2018. 這讓多數黨領導層享有一些對國會議員的操控權。國會議員有特定在地性、選區內選民非常關注的議題。為尋求連任，國會議員希望自己成為選民眼中的政治企業家。他們能否勝選，因此取決於多數政黨領導層是否願意把他們關注的法案與修正案排進院會議程。皮爾森（二〇一五）顯示政黨如何利用這一點吸引黨籍議員的效忠。只有遵循黨派路線的議員才能獲得他們渴望的這些立法機會。請見：Kathryn Pearson, chapter 4 in *Party Discipline in the U.S. House of Representatives* (Ann Arbor, MI: University of Michigan Press, 2015).

就技術角度而言，國會議員可以運用「解除請願書」（Discharge Petition）「解除」法規委員會的審核權限。如果兩百一十八名國會議員簽署了解除請願書，法案將根據請願書中明訂的規則，越過法規委員會，直接提交院會。解除請願書首創於一九一〇年，是本書第四章討論的「坎農叛變」的產物，國會議員也曾在一九六〇年代用它來通過民權改革。不過，政黨不容許黨員打破規矩、進行這類程序性投票，成功的解除請願書行動極為罕見。一九九三年，解除規則改變，將解除請願書所有簽署人的名字定期公布在國會紀錄（*Congressional Record*）上。請見：Clifford Krauss, "Public Mood Bolsters Effort to End House's Secrecy Rule," *New York Times*, September 13, 1993, https://www.nytimes.com/1993/09/14/us/public-mood-bolsters-effort-to-end-house-s-secrecy-rule.html. 皮爾森發現，從那時起，直到二〇一二年，多數黨領導層反對、而能達到兩百一十八票門檻的解除請願書只有三個。值得一提的是，麥肯－芬戈（McCain-Feingold）在二〇〇二年的競選財務改革是其中之一。請見：Pearson, *Party Discipline in the U.S. House of Representatives*, 58. 當然，僅憑解除請願書的威脅也能迫使多數黨領導層有所忌憚，近年來，在重新授權進出口銀行（Export-Import Bank）與迫使移民改革投票的法案上，我們都見到這種情形。請見：https://www.conginst.org/2015/10/15/the-discharge-petition-bipartisan-effort-might-revive-the-ex-im-bank/; http://time.com/5308755/discharge-petitions-definition-purpose-history/. 不過，由於一般都將解除請願書投票視為對政黨領導層的抗拒，黨員通常不願使用這項工具。班德（Sara Binder）在論及黨員如何不願簽署解除請願書時寫道：「主要政黨的國會議員，一般都不肯簽署這種削弱政黨與委員會領導人權力的解除請願書。我們在國會議員對程序性問題的投票上更常見到這種狀況。無論在眾議院與參議院，程序性問題投票展現的黨派色彩都比實質性問題的投票更濃。」請見："Governing from the Monkey Cage: Discharge Rule Edition," *Washington Post*, October 4, 2013, https://www.washingtonpost.com/news/monkey-cage/wp/2013/10/04/governing-from-the-monkey-cage-discharge-rule-edition/?utm_term=.4bf3ad318e5b. 席里奧（Sean Theriault）認為，自一九七〇年代以來，國會議員愈來愈不願意在程序性投票上與他們的政黨唱反調，這是最後唱名投票黨派色彩愈來愈濃的一項主因。請見：Sean M. Theriault, *Party Polarization in Congress* (2008), 223. 更多關於解除請願書的事，請

見：https://www.brookings.edu/wp-content/uploads/2016/06/Jackman_Discharge-Procedure-Immigration-Reform_v17.pdf. 也可見：Kathryn Pearson and Eric Schickler, "Discharge Petitions, Agenda Control, and the Congressional Committee System, 1929-76," *The Journal of Politics* (Oct, 2009), 1238-1256; Richard Beth, "The Discharge Rule in the House: Recent Use in Historical Context,' ' Congressional Research Service Report for Congress, Report 97-856 (2003).

66. David Hawkings, "Topic for Debate: Time to End Congressional Debates?," *Roll Call*, January 4, 2018, https://www.rollcall.com/news/hawkings/congressional-debates-little-impact.

67. 有趣的是，參議院就像眾議院一樣，也有類似程度的兩極化，但參議院的政黨對立法機制的控制權略遜一籌。政黨的議程控制權受限於參議院章程。舉例來說，參議院章程一般規定修正案的提案不受限制（即沒有議決規定），而且甚至無須切題（不必與正在考慮中的議案有關）。請見：Steven Smith and Gerald Gamm, "The Dynamics of Party Government in Congress" in Lawrence Dodd and Bruce Oppenheimer, *Congress Reconsidered, 10th Edition*. 這並不是說政黨在過去五十年一直沒有採取行動來加強他們在參議院的控制權，請見：Nathan Monroe, Jason Roberts, and David W. Rhode, *Why Not Parties?; Steven Smith, The Senate Syndrome: The Evolution of Procedural Warfare in the Modern US Senate* (Norman, OK: University of Oklahoma Press, 2014).

68. Congress.gov, accessed August 2017.

69. 懷登對參議院院會舉行「共和黨稅務方案會議」（Republican tax plan Conference）的聲明：December 6, 2017, https://www.finance.senate.gov/wyden-statement-on-senate-floor-on-republican-tax-plan-conference.

70. Vito J. Racanelli, "Lobbying Index Beats the Market," Barron's, April 27, 2018, https://www.barrons.com/articles/lobbying-index-beats-the-market-1524863200.

——第三章　後果與成果

1. 意識型態偏向以唱名式投票為基礎。如李（Frances E. Lee）所說，唱名式投票基於兩大理由，未必能掌握真正的意識型態偏向。首先，唱名式投票只能掌握送到眾議院院會進行表決的法案的投票。但我們得知道，幾十年來，黨領導層已經控制立法機制，他們有系統的汰除可能破壞政黨團結、取得兩黨支持的法案。這使國會中溫和派議員的人數比我們預期的少。其次，今天的許多法案（就像廢止《平價醫療法案》的那些企圖）根本不會舉行投票。因為國會議員投票表決的不是公共政策，而是政治訊息。但無論怎麼說，這些「裝腔作勢的投票」展現愈來愈高的政黨性，仍是今天政黨實力及黨派競爭惡質特性的寫照。請見：Frances E. Lee, "The 115th Congress and Challenges of Measuring Party Unity in a Polarized Era" (paper presented at the Dynamics of American Democracy conference, Brown University, November 14-15, 2018).

2. 許多有關國會效率的研究，也顯示近年來通過的法案不斷減少的類似事實。不過，這些計算通常納入「紀念性立法」（commemorative legislation）。紀念性立法對我們的日常生活並無實質意義。這類法案的內容往往只是為一棟建築物命名，或指定一個新假日，例如「國家冰淇淋日」。由於紀念性立法對美國人民日常生活並無實質意義，我們將這類法案從數據集內剔除。我們能分辨紀念性立法與非紀念性立法之間的差異，得歸功於雷瓦蘭（Jonathan Lewallen）的國會效率比較研究："You Better Find Something to Do: Lawmaking and Agenda Setting in a Centralized Congress," (PhD diss., University of Texas Austin, 2017).

有些人對這類國會效率比較研究提出批判，強調國會通過的法案平均長度比過去增加了。他們指出，國會通過的法案的總頁數事實上比過去更多。不過，這種增加的主要原因是綜合性法案增加了。綜合性法案將幾個議題（往往毫不相關）結合在一個大型法案裡。綜合性法案早在美國開國時期已經出現，但在二十一世紀才大行其道。這類型法案所以熱門，是因為它們比較容易通過。它們是一種類似「你幫我抓背，我也幫你抓背」的交易。它們讓國會議員一方面通過他們對A議題支持的條款，同時還讓他們的同僚通過他們對B議題支持的條款。雖說這或許似乎是一種有效率的協商形式，實際上沒那麼簡單。這類法案往往長得嚇人，而且時間很匆促，讓國會議員根本無暇細讀。例如二〇一八年的《綜合撥款法案》（Consolidated Appropriations Act）有兩千兩百三十二頁。為了盡快通過以避免政府停擺，國會議員得加速立法程序。由於法案在投票前不到二十四小時才終於出爐，國會議員在投票前根本來不及仔細閱讀這重要的法案，完全否定了立法程序要旨。綜合性法案是針對國會無能協商的一劑創口貼。想進一步了解國會近年來通過多少法案與法案的頁數，請見：Andrew J. Taylor, *Congress: A Performance Appraisal* (Boulder, CO: Westview Press, 2013), 145. 想進一步了解綜合性法案，請見：Glen S. Krutz, "Tactical Maneuvering on Omnibus Bills in Congress," *American Journal of Political Science* 45, no. 1 (2001): 210-223.

也可見：Drew Desilver, "A Productivity Scorecard for the 115th Congress: More Laws Than Before, But Not

More Substance," Pew Research Center, January 25, 2019, https://www.pewresearch.org/fact-tank/2019/01/25/a-productivity-scorecard-for-115th-congress/.

3. "In Interview, Outgoing House Speaker Ryan Says He Doesn't See Himself Ever Running Again," *Milwaukee Journal Sentinel*, April 11, 2018, https://www.jsonline.com/story/news/2018/04/11/interview-outgoing-house-speaker-ryan-says-he-doesnt-see-himself-ever-running-again/508830002/.

4. Data from "Public Trust in Government: 1958-2017," Pew Research Center, May 3, 2017, http://www.people-press.org/2015/11/23/public-trust-in-government-1958-2015/.

5. "Congress and the Public," Gallup, November 12, 2019, https://news.gallup.com/poll/1600/congress-public.aspx.

6. 請見：Lee Drutman, William Galston, and Tod Lindberg, "Spoiler Alert: Why Americans' Desires for a Third Party Are Unlikely to Come True," Voter Study Group, September 2018, https://www.voterstudygroup.org/publication/spoiler-alert.

7. 這些數字是蓋洛普民調對政黨忠誠度調查的年平均數。接受民調的人被問到的問題是：「就現今的政治情況而言，你認為你自己是共和黨人、民主黨人，還是獨立人士？」請見：https://news.gallup.com/poll/15370/party-affiliation.aspx, accessed August 2018.

8. "Gallup Poll Social Series: Governance, Question 20," Gallup, accessed October 2017, http://news.gallup.com/file/poll/219977/170927ThirdParty.pdf. See also Lee Drutman, William Galston, and Tod Lindberg, "Spoiler Alert: Why Americans' Desires for a Third Party Are Unlikely to Come True," Voter Study Group, September

9. 2018, https://www.voterstudygroup.org/publication/spoiler-alert.
A similar point is made in Will Wilkinson, Brink Lindsey, Steven Teles, and Sam Hammond, "The Center Can Hold: Public Policy for an Age of Extremes," Niskanen Center (2018).

10. Robert Stefan Foa and Yascha Mounk, "The Democratic Disconnect," *Journal of Democracy* (2016); see also Yascha Mounk, *The People vs. Democracy: Why Our Freedom Is in Danger and How to Save It* (Cambridge, MA: Harvard University Press, 2018). 蒙克（Yascha Mounk）認為，美國人對民主的支持度每況愈下，這情景已經在攻擊民主自由理念的民粹主義政客身上展露無遺。在答覆造成這種狀況的原因時，蒙克指出，社群媒體與認同政治的毒害效應難辭其咎。但他認為，經濟萎縮與美國中產階級收入自一九八〇年代以來一直沒有起色的事實也是原因。這種貧乏的經濟表現基本上改變了民眾對政治的看法。這種強調經濟、而不是文化要件的論點，遭到英格哈特（Ronald Inglehart）與諾里斯（Pippa Norris）的反駁，請見："Trump, Brexit, and the Rise of Populism: Economic Have-Nots and Cultural Backlash," working paper RWP16-026, Harvard Kennedy School, Cambridge (2016).

11. 「廢除按國籍分配的移民配額的《哈特－瑟拉法案》（Hart-Cellar Act）以三百二十票對七十票在民主黨控制的眾議院通過。在參加這次投票的兩百六十二名民主黨眾議員中，有兩百零二人，即七七%的人投了贊成票。在參加這次投票的一百二十七名共和黨眾議員中，僅有十人，即八%的人投票反對這項法案。換言之，九二%的共和黨眾議員加入民主黨眾議員陣營，投票終止這個國籍配額制度。」請見：Tom K. Wong, *The Politics of Immigration* (New York: Oxford University Press, 2017).

12. Wong, *The Politics of Immigration*. 一九九六年的《非法移民改革與移民責任法》（The Illegal

Immigration Reform and Immigrant Responsibility Act of 1996, IIRIRA）「以三百七十票對三十七票在共和黨控制的眾議院通過。在參加這次投票的兩百二十六名共和黨眾議員中，有兩百零二人，即八九％的人投了贊成票。在參加這次投票的一百八十名民主黨眾議員中，僅有十三人，即七％的人投票反對這項法案。這意味有九三％的民主黨眾議員加入共和黨眾議員陣營，投票通過IIRIRA。」

13. 請見：Marc R. Rosenblum, "US Immigration Policy Since 9/11: Understanding the Stalemate over Comprehensive Immigration Reform," Regional Migration Study Group, Woodrow Wilson International Center for Scholars (August 2011), https://www.wilsoncenter.org/publication/us-immigration-policy-911-understanding-the-stalemate-over-comprehensive-immigration.

14. 原為邊界地區州長的小布希，在二〇〇〇年競選總統期間將移民問題列為他的首要政見。他在就職第一年期間也積極投入移民議題，直到九一一事件爆發，才將重心轉移到海外。之後幾年，阿富汗與伊拉克一直是全國性辯論重心，但就在他的第二任任期行將結束時，在移民問題上加最後一把勁的機會到來。民主、共和兩黨只在極少數議題上沒有明確的立場劃分，移民是其中之一。跨黨派的聯盟建立了，保守鷹派與自由派工會結伴，鼓吹更嚴厲的執法及較低的合法移民門檻，共和黨商業領袖與民主黨選民合作，共同支持一個更開放的立場。請見：Rosenblum, "US Immigration Policy Since 9/11."

15. 特立獨行的馬侃與「自由派之獅」參議員甘迺迪提出一項兩黨法案，處理全面性移民改革的三大問題：提升邊界安全、為沒有合法文件的工人開一條取得美國公民身分之路、修訂簽證制度，藉此增加技術移民，擴大臨時工的機會。民主黨領袖瑞德（Harry Reid）與舒默（Chuck Schumer）在一開始反對這項法案，因為他們不願意讓小布希總統在期中選舉即將舉行時取得一場政策性大勝。但馬侃與甘迺迪最後說服兩人。這項法案在幾乎所有民主黨人與幾近半數共和黨人支持下在參議院院會通過。請見：Rosenblum, "US Immigration Policy Since 9/11"; Robert Draper, "The Democrats Have an Immigration Problem," *New York Times*, October 10, 2018, https://www.nytimes.com/2018/10/10/magazine/the-democrats-have-an-immigration-problem.html.

16. Wong, *The Politics of Immigration*.

17. Greg Orman, *A Declaration of Independents: How We Can Break the Two-Party Stranglehold and Restore the American Dream* (Austin, TX: Greenleaf Book Group Press, 2016).

18. 歐巴馬建議，以績效為評估標準的新綠卡制度訂定五年日落條款，這個構想頗獲民主黨人歡迎，但遭到主張增加技術工人人數的共和黨人反對。這項修正案沒有過關，但甘迺迪沒有因此放過歐巴馬。據說，他當時斥責這位年輕的同事：「你不能初來乍到，就想推翻這裡的一切規矩！」請見：Jake Tapper, "Obama Pushing Immigration Action Today, Said to Have Hurt Effort in the Past," CNN, November 24, 2014, https://www.cnn.com/2014/11/21/politics/obama-immigration-flashback/index.html.

19. 這項修正案的提案人是北達科他州參議員杜根（Bryan Dorgan），甘迺迪知道這項修正案的通過會讓法案陷入困境，於是又抨擊他的民主黨同事：「這位從北達科他州來胡搞瞎搞的傻蛋是誰？」請見：Orman, *Declaration of Independents*.

20. Greg Orman, "Debaters Should Press Biden on Killing Immigration Reform in '07," RealClearPolitics, October 14, 2019, https://www.realclearpolitics.com/articles/2019/10/14/debaters_should_press_biden_on_killing_immigration_reform_in_07_141490.html.

21. 競選期間，在這項改革案失敗的幾個月後，歐巴馬承諾，如果當選，會在第一年推動移民改革。請見：Orman, *Declaration of Independents.*

22. 共和黨人原本希望羅姆尼（Mitt Romney）能當下一任總統，但二〇一二年的選舉由於西班牙裔選民興風作浪，意外頻傳。八年前，小布希贏得四成以上西班牙裔選民的選票。這對共和黨人敲了一記警鐘。在羅姆尼敗選後進行的檢討中，共和黨全國委員會堅持說，共和黨人若還想主持國政，就得擁抱全面移民改革，解決他們的西班牙裔選民赤字問題。根據這些指示，參議院共和黨人與民主黨人結夥，成立一個名為「八人幫」（Gang of Eight）的兩黨小組，在二〇一三年又一次嘗試推動全面移民改革。他們的建議重提過去幾次未能過關的改革內容，包括為移民建一條取得美國國籍的途徑、加強邊界執法，以及一個精簡的合法移民制度。這項新法案的命運也同樣不佳。它在參議院獲得全體民主黨人與十四名共和黨人支持而過關，但在眾議院因議長貝納運用哈斯特規則而受阻。貝納當時堅持：「法案想通過眾議院，必須獲得我們（共和黨）眾議員大多數支持。」這項法案如果交付眾議院院會表決，可能會取得多數支持，但它一直沒有交付表決。因為眾議院共和黨人既怕遭到初選挑戰，又不相信共和黨全國委員會的評估。他們主張另闢蹊徑——不強調擴大訴求，全力提升基本盤的支持——取得選戰勝利。想知道更多貝納如何運用哈斯特規則的訊息，請見：Molly Hooper, "Boehner Commits to Hastert Rule on Immigration Reform," *Hill*, June 18, 2013, https://thehill.com/homenews/house/306179-boehner-commits-to-hastert-rule-on-immigration-reform.

23. 例如請見：Adam Liptak and Michael D. Shear, "Supreme Court Tie Blocks Obama Immigration Plan," *New York Times*, June 23, 2016, https://www.nytimes.com/2016/06/24/us/supreme-court-immigration-obama-dapa.

html.

24. Jynnah Radford, "Key Findings about U.S. Immigrants," Pew Research Center, June 17, 2019, http://www.pewresearch.org/fact-tank/2018/11/30/key-findings-about-u-s-immigrants/.
25. Michael E. Porter et al., "A Recovery Squandered: The State of U.S. Competitiveness 2019," Harvard Business School (2019).
26. 想了解更詳盡的細節與相關數據，請見：Michael E. Porter, Jan W. Rivkin, Mihir A. Desai, with Manjari Raman, "Problems Unresolved and a Nation Divided: The State of U.S. Competitiveness 2016," Harvard Business School (2016).
27. Porter, Rivkin, Desai, with Raman, "Problems Unresolved and a Nation Divided."
28. Michael E. Porter, "America Traded One Recession for a Far More Serious One," *Boston Globe*, September 21, 2018, https://www.bostonglobe.com/opinion/2018/09/21/america-traded-one-recession-for-far-more-serious-one/IIl10IwZ7DElJ5YDXJ7BjO/story.html.
29. 請見：the 2019 Social Progress Index scorecard, https://socialprogress.org.
30. Marc F. Plattner, "Illiberal Democracy and the Struggle on the Right," *Journal of Democracy* 30, no. 1 (2019): 5-19 https://www.journalofdemocracy.org/articles/illiberal-democracy-and-the-struggle-on-the-right/.
31. 想了解社會安全歷史全貌，請見：Larry DeWitt, "Social Security Administration," Social Security Administration Research, Statistics, and Policy Analysis, August 1, 2010, https://www.ssa.gov/policy/docs/ssb/v70n3/v70n3p1.html; and "Social Security," Social Security History, https://www.ssa.gov/history/briefhistory3.

html.

32. "Social Security," Social Security History, https://www.ssa.gov/history/fdrsignstate.html.

33. 除了肯塔基州共和黨參議員邦寧（Jim Bunning）。邦寧沒有投票。請見：United States Senate. "Roll Call Vote 11th Congress | 1st Session," https://www.senate.gov/legislative/LIS/roll_call_lists/roll_call_vote_cfm.cfm?congress=111&session=1&vote=00396.

34. Tessa Berenson, "Reminder: The House Voted to Repeal Obamacare More Than 50 Times," *Time*, March 24, 2017, http://time.com/4712725/ahca-house-repeal-votes-obamacare/.

35. 想進一步了解裝腔作勢式投票，可以參考：Frances Lee, *Insecure Majorities: Congress and the Perpetual Campaign* (Chicago: The University of Chicago Press, 2016).

36. 前共和黨參議員史諾伊（Olympia Snowe）說得很好：「今天發生在國會的事，大體上就是我們往往稱為『政治訊息』的那些事。兩黨國會議員提出的只是一種政治宣示，不是實際可行的、可以解決問題的法案。特別是，他們起草法案或修正案的目的，為的只是讓對手陣營在一個議題上難看出醜，不是為了讓法案通過。」請見：Olympia Snow, "The Effect of Modern Partisanship on Legislative Effectiveness in the 112th Congress," *Harvard Journal on Legislation* (2013): 27.

37. 共和黨人唯一能夠做的，就是有效的取消做為二〇一七年減稅與就業法案一部分的個人授權。

38. The Lead with Jake Tapper, "Republican Health Care Bill Failure," CNN (March 24, 2017), http://www.cnn.com/TRANSCRIPTS/1703/24/cg.01.html.

39. 有關辛普森－鮑爾斯計畫的討論，來自：Katherine M. Gehl and Michael E. Porter, "Why Competition

in the Politics Industry Is Failing America: A Strategy for Reinvigorating Our Democracy," Harvard Business School, September 2017.

40. US Senate, "The National Commission on Fiscal Responsibility and Reform," December 2010, https://www.senate.gov/reference/resources/pdf/NationalCommissiononFiscalResponsibilityandReform_Dec012010.pdf.

41. National Commission on Fiscal Responsibility and Reform, "The Moment of Truth," December 2010, https://www.fiscalcommission.gov/sites/fiscalcommission.gov/files/documents/TheMomentofTruth12_1_2010.pdf, emphasis added.

42. 作者對布魯金斯研究院編纂的這些廣為人們使用的數據進行了分析，請見："Vital Statistics on Congress," January 9, 2017, tables 2-7 and 2-8, https://www.brookings.edu/multi-chapter-report/vital-statistics-on-congress/.

第四章　一種美國傳承

1. "Washington's Farewell Address 1796," The Avalon Project, https://avalon.law.yale.edu/18th_century/washing.asp.

2. Joseph Stromberg, "The Real Birth of American Democracy," *Smithsonian*, September 20, 2011, https://www.smithsonianmag.com/smithsonian-institution/the-real-birth-of-american-democracy-83232825/.

3. 傑佛遜紀念堂的銘文，*Thomas Jefferson Encyclopedia*, https://www.monticello.org/site/research-and-

collections/quotations-jefferson-memorial.

4. "Waldorf-Astoria—Famous Dinners, Balls, and Guests, Yodelout! New York City History," https://web.archive.org/web/20181215173537/; http://new-york-city.yodelout.com/waldorf-astoria-famous-dinners-balls-and-guests/.

5. 這邊的極化程度，是根據國會的記名投票結果算出來的。這種量化方法雖然最常用，但局限也很明顯。首先，這種研究很難區分記名投票的結果，究竟是意識型態的分化，還是黨派內部團結所造成。其次，數據沒有反映出立法議程在不同時代中的變化，所以很難比較不同時間的差異。甚至有許多證據都顯示，兩黨在鍍金時代的意識型態沒有分化得這麼嚴重，當時的意見分歧主要都來自誰將掌握勝選之後的酬庸能力。請見：Hans Noel's *Political Ideologies and Political Parties in America* (New York; Cambridge: Cambridge University Press, 2013). 但即使有上述限制，這些數據依然顯示當代兩黨無法協商的困境，跟十九世紀末有許多類似之處。

6. 卡爾森（W. Bernard Carlson）寫道：「一八二〇年，一個農場工人生產的食物可以養活四．一人；到了一九〇〇年可以養活七個。為什麼糧食產量增加這麼多？因為美國人在十九世紀後半葉擴張了耕地面積，而且使用了更多農耕機器。」請見：W. Bernard Carlson, "Industrialization and the Rise of Big Business," in *The Gilded Age: Perspectives on the Origins of Modern America*, ed. Charles Calhoun (Lanham, MD: Rowman & Littlefield Publishers, Inc., 2007), 31.

7. 請見：Richard White, *Railroaded: The Transcontinentals and the Making of Modern America* (New York: W.W. Norton & Co., 2012); Joshua D. Wolff, *Western Union and the Creation of the American Corporate Order, 1845-*

1893 (New York; Cambridge: Cambridge University Press, 2013).

8. Alfred Chandler, *The Visible Hand: The Managerial Revolution in American Business* (Cambridge, MA: Harvard University Press, 1977), Ch. 7-11; Glenn Porter, *The Rise of Big Business, 1860-1920* (Wheeling, IL: Harlan Davidson, 1992).

9. Naomi Lamoreaux, *The Great Merger Movement in American Business, 1895-1904* (New York; Cambridge: Cambridge University Press, 1985); Oliver Zunz, *Making America Corporate, 1870-1920* (Chicago: The University of Chicago Press, 1990); William Roy, *Socializing Capital: The Rise of the Large Industrial Corporation in America* (Princeton, NJ: Princeton University Press, 1997).

10. 請見：Robert Wiebe, *The Search for Order, 1877-1920* (New York: Hill and Wang, 1967).

11. 亞當斯（Henry Adams）寫道：「一八五四年的美國男孩，還比一九〇〇年的美國男孩看起來更像是個十一年級的孩子。」請見：Henry Adams, *The Education of Henry Adams: An Autobiography* (New York; Oxford: Oxford University Press, 1961), 53.

12. 「這個新國家在一七八八年憲法正式生效時，全國大概只有五%的人住在都市裡。現在卻有大概八〇%。所以美國歷史的核心主題之一，就是農村的農業社會轉變為高度都市化社會的過程。其中一個關鍵時期就是十九世紀最後那三十年，當時都市化、工業化、移民潮都臻至高峰，而且三者不斷彼此影響……南北戰爭開打前的一八六〇年，全美兩千五百多個城市裡只住了六百二十萬人，不到總人口五分之一；到了該世紀末，城市人口已增至三千萬，占總人口五分之二。也就是說，城市人口在短短四十年內幾乎增加了四倍，占總人口的比例也提升了一倍有餘。」請見：Robert Barrow, "Urbanizing

America," in *The Gilded Age*, ed. Calhoun.
一八七〇年至一九〇〇年大約有一千兩百萬人移民至美國。請見：*Historical Statistics of the United States* (1975), 1:106. 關於移民經驗概述，可見：Roger Daniels, "The Immigrant Experience in the Gilded Age," chapter 4 in *The Gilded Age*, ed. Calhoun. 直到最近，在外國出生的公民所占的比例才回到鍍金時代的水準。請見：https://www.census.gov/newsroom/pdf/cspan_fb_slides.pdf.

13. Calhoun, *The Gilded Age*, 2.

14. 請見：John Higham, chapters 3-4 in *Strangers in the Land: Patterns of American Nativism, 1860-1925* (Rutgers University Press, 2008); Steven Diner, chapter 3 in *A Very Different Age: Americans of the Progressive Era* (New York: Hill and Wang, 1997).

15. Jean Pfaelzer, *Driven Out: The Forgotten War against Chinese Americans* (New York: Random House, 2007).

16. Eric Arnesen, "American Workers and the Labor Movement in the Late Nineteenth Century," in *The Gilded Age*, ed. Calhoun; Peter Lindert and Jeffrey Williamson, chapter 7 in *Unequal Gains: American Growth and Inequality Since 1700* (Princeton, NJ: Princeton University Press, 2016); Neil Irvin Painter, *Standing at Armageddon: The United States, 1877-1919* (New York: W.W. Norton & Company, 1989), xix-xxviii.

17. Michael McGerr, chapter 1 in *A Fierce Discontent: The Rise and Fall of the Progressive Movement in America, 1870-1920* (New York; Oxford: Oxford University Press, 2003).

18. 各方的估計值有差異，但都同意這段時間的經濟成長很強勁。請見：Thomas C. Cochran and William Miller, *The Age of Enterprise: A Social History of Industrial America* (New York: Harper & Row, 1961), 230. N. S.

Balke and R. J. Gordon, "The Estimation of Prewar Gross National Product: Methodology and New Evidence," *Journal of Political Economy* 97.1, 38-92; Christina D. Romer, "The Prewar Business Cycle Reconsidered: New Estimates of Gross National Product, 1869-1908," *Journal of Political Economy* 97.1, 1-37.

19. Arnesen, "American Workers and the Labor Movement in the Late Nineteenth Century," *The Gilded Age*, ed. Calhoun, 55-56.

20. Robert Cherny, *American Politics in the Gilded Age: 1868-1900* (Hoboken, NJ: Wiley-Blackwell, 1997), 60.

21. John Lewis and Archie E. Allen, "Black Voter Registration Efforts in the South," *Notre Dame Law Review* 48, no. 1 (October 1972).

22. B. E. H., and J. J. K., Jr. "Federal Protection of Negro Voting Rights," *Virginia Law Review* 51, no. 6 (1965): 1051-213, https://www.jstor.org/stable/1071533?read-now=1&refreqid=excelsior%3A4e762a1fd0ddbe8c6b81dfb52335a8a3&seq=15#page_scan_tab_contents.

23. C. Vann Woodward, *Reunion and Reaction: The Compromise of 1877 and the End of Reconstruction* (New York; Oxford: Oxford University Press, 1991).

24. 切爾尼（Cherny）堅稱：「政黨在一八三〇年代至一八九〇年代間主導美國政治決策的能力，高到前無古人後無來者。當時所有競選公職的機會、選舉制度的各個層面，以及決策的各個層面，幾乎都牢牢掌握在政黨手中。」請見：Cherny, *American Politics in the Gilded Age*, 5.

25. 迪納（Diner）寫道：「根據美國的政治理念，政府應該代表人民的意志，但目前政府似乎卻成為利益團體的附庸。」請見：Diner, A Very Different Age, 5. See also Cherny, *American Politics in the Gilded*

Age.

26. 一八八三年的《潘得頓法》（The Pendleton Act）開始逐步削弱贊助制度，並開創了美國最早的職業公務員制度。

27. David D. Kirkpatrick, "Does Corporate Money Lead to Political Corruption?" January 23, 2010, https://www.nytimes.com/2010/01/24/weekinreview/24kirkpatrick.html.

28. 例如一九〇四年老羅斯福的競選經費裡，企業的政治獻金就占了七三%。請見：Kathleen Dalton, *Theodore Roosevelt: A Strenuous Life* (New York: Vintage Books, 2002), 265.

29. 正如歷史學家鮑曼（James L. Baughman）所言：「南北戰爭之前，其實政黨贊助了許多報紙。有些是直接資助，有些則是讓該公司幫政府印刷文件。許多資助都是間接的，讀者也並不知道。當時有許多編輯或旗下的記者會兼職幫州議員或國會議員工作，有些這類關係甚至延續到十九世紀末。」請見：James L. Baughman, "The Fall and Rise of Partisan Journalism," University of Wisconsin Center for Journalism Ethics, April 20, 2011, https://ethics.journalism.wisc.edu/2011/04/20/the-fall-and-rise-of-partisan-journalism/.

30. Mark Wahlgren Summers, *Party Games: Getting, Keeping, and Using Power in Gilded Age Politics* (Chapel Hill, NC: The University of North Carolina Press, 2004), 75; Cherny, *American Politics in the Gilded Age*, 11; Tim Groeling and Matthew Baum, "Partisan News Before Fox: Newspaper Partisanship and Partisan Polarization, 1881-1972," working paper, Harvard Kennedy School, Cambridge, 2013, https://ethics.journalism.wisc.edu/2011/04/20/the-fall-and-rise-of-partisan-journalism/.

31. Worth Robert Miller, "The Lost World of Gilded Age Politics," in *The Journal of the Gilded Age and Progressive*

Era (New York; Cambridge: Cambridge University Press, 2002), 49-67; Calhoun, *The Gilded Age*, 254.

32. 事實上，歷史學家經常指出，一八九六年的選舉是美國歷史上的轉捩點。當時商人和共和黨全國委員會主席共同打造了一個強大的國家機器，強化中央集權的政黨結構，把政治變成國家的玩物。請見：Sidney Milkis and Anthony Sparacino, "Pivotal Elections," in, *A Companion to the Gilded Age and Progressive Era*, ed. Christopher McKnight Nichols and Nancy Unger (Hoboken, NJ: Wiley Blackwell, 2017).

33. 根據馬禮德（Richard McCormick）的說法，「美國兩大黨的組織力和忠誠度在十九世紀的最後三十年都臻至高峰。雖然還無法緊密整合全國各地，但民主黨和共和黨在支持度較高的地方都能呼風喚雨，總是能在選舉日帶著一大群死忠的熱情支持者去投票。」請見：Richard McCormick, *The Party Period and Public Policy: American Politics from the Age of Jackson to the Progressive Era*, 171.

34. Worth Robert Miller, "Farmers and Third-Party Politics," chapter 13 in *The Gilded Age*, ed. Calhoun.

35. Alexander Keyssar, *The Right to Vote: The Contested History of Democracy in the United States* (New York: Basic Books, 2000), 103.

36. Summers, *Party Games*, 131-132.

37. Alan Ware, *The American Direct Primary—Party Institutionalization and Transformation in the United States* (New York; Cambridge: Cambridge University Press, 2002).

38. Thomas Mann and Norman Ornstein, *The Broken Branch: How Congress Is Failing America and How to Get It Back on Track* (New York; Oxford: Oxford University Press, 2002), 31; Steven S. Smith and Gerald Gamm, "The Dynamics of Party Government in Congress," in *Congress Reconsidered, 10th Edition*, ed. Lawrence Dodd and

39. Bruce Oppenheimer (Washington, DC: CQ Press, 2013), 172-182; David W. Brady, *Congressional Voting in a Partisan Era: A Study of the McKinley Houses* (Lawrence, KS: University Press of Kansas, 1973); Eric Shickler, chapter 2 in *Disjointed Pluralism: Institutional Innovation and the Development of the U.S. Congress* (Princeton, NJ: Princeton University Press, 2001).
美國《國會記錄》，一八八○年四月二十二日，頁二六六一。引述於：Gary Cox and Matthew McCubbins, "Legislative Leviathan Revisited," University of California working paper, https://law.yale.edu/sites/default/files/documents/pdf/mccubbins.pdf.

40. Summers, *Party Games*, chapter 2.

41. Cherny, *American Politics in the Gilded Age*, chapter 2.

42. 薩默斯（Summers）寫道：「共和黨一天到晚覺得世界會毀滅。這種末日感是政治狂歡的副作用。」
請見：Summers, *Party Games*, 4.

43. 請見：Mann and Ornstein, *The Broken Branch*, chapter 2.

44. 這種「酬庸制度」是整個鍍金時代政治爭奪的核心，但在一八八三年《潘得頓法》奠定職業公務員基礎之後，整個制度逐漸消亡。請見：Francis Fukuyama, chapter 10 in *Political Order and Political Decay* (New York: Farrar, Straus and Giroux, 2014).

45. 卡爾霍恩（Charles Calhoun）認為，雖然這段期間的黨派對立使立法磕磕絆絆，但還是通過了一大堆有用的政策解決方案。此外，他認為鍍金時代的政府還不是真正的現代管制型國家，我們不該用當代的標準去評斷。請見：*The Gilded Age*, ed. Calhoun. 若想進一步了解反托拉斯法的發展，可見：

Wayne Collins, "Trusts and the Origins of Antitrust Legislation," *Fordham Law Review* (New York: Fordham University School of Law, 2013); William Letwin, "Congress and the Sherman Antitrust Law: 1887-1890," *The University of Chicago Law Review* (Chicago: The Law School, The University of Chicago, 1956).

46. 阿內森（Arnesen）寫道：「這個經濟轉型時期的勞工，一定會覺得自己根本是坐在動得比較慢的雲霄飛車上。十九世紀後期的經濟發展斷斷續續，美國出現兩次經濟大蕭條，一次是一八七三至一八七七年，一次是一八九三至一八九七年。這兩段時期的失業率都衝破一六%，許多勞工同時面對低度就業和薪資降低的問題。而且當時國家沒有資助任何失業保險或福利，失業的人很可能活不下去。」請見：Arnesen, "American Workers and the Labor Movement in the Late Nineteenth Century," in *The Gilded Age*, Calhoun, 56.

47. Worth Robert Miller, "Farmers and Third-Party Politics," in chapter 13, *The Gilded Age*, ed. Calhoun et al.

48. 阿內森寫道：「十九世紀最後幾十年最有名的，就是某種程度的階級衝突。許多衝突都是暴力衝突，而且跟其他工業化社會的階級衝突一樣嚴重。根據勞工統計局的資料，美國在一八八〇年代的勞工罷工和資方停工近一萬次。光是被稱為『大動亂』的一八八六那一年，就有大約七十萬勞工參與罷工或被雇主關在廠外。參與一八九〇年代初那些巨大衝突的勞工人數更是不止如此。」請見：Arnesen, "American Workers and the Labor Movement in the Late Nineteenth Century," in *The Gilded Age*, ed. Calhoun.

49. 公立學校運動（Common School Movement）在南北戰爭前取得初步進展；但反童工法和強制性全民教育一直到了進步時代才有人再次開始推動。這波潮流最後在公立中學運動（High School Movement）達到高峰。請見：Claudia Goldin and Lawrence Katz, *The Race between Education and*

Technology (Cambridge, MA: Harvard University Press, 2008); James Marten, *Children and Youth during the Gilded Age and Progressive Era: Volume Two* (New York: NYU Press, 2014).

50. 當時這些狀況都被里斯（Jacob Riis）寫了下來。請見：Jacob Riis, *How the Other Half Lives* (New York: C. Scribners Sons, 1890). 更晚近的評估則可見：Sean Dennis Cashman, *America in the Gilded Age, 3rd Edition* (New York: New York University Press, 1993), 146-150. 一項令人震驚的數據顯示，當時匹茲堡是全球最容易感染傷寒的城市之一。請見：Arthur Link and Richard McCormick, *Progressivism* (Hoboken, NJ: Wiley-Blackwell, 1983), 29.

51. 這個時代始於特威德老大（Boss Tweed）下臺，特威德跟黨羽坦慕尼聯盟（Tammany Hall Allies）從紐約市侵吞的錢多到不可思議。請見："Boss Tweed," *New York Times*, March 27, 2005, https://www.nytimes.com/2005/03/27/books/chapters/boss-tweed.html. 但他下臺後，事情並未就此結束。

52. Henry Adams, *The Education of Henry Adams* (New York: Popular Edition, 1927), 294.

53. 這一節的內容受益於莫斯（David Moss）、昂格爾（Nancy Unger）、萊文（Peter Levine）、約翰斯頓（Robert Johnston）、桑圖奇（Jack Santucci）、弗拉納根（Maureen Flanagan）、鈕金特（Walter Nugent）與韓（Hahrie Han）的慷慨指導。

54. 進步運動的精神值得支持，但它也有缺點。進步運動某些部分帶有偏見，改革者以「好政府」的名義壓抑少數民族和少數族群。許多成員以冷漠、甚至鄙視的態度對待勞工階級，並試圖箝制一般美國大眾的言論。這場運動在促進公共利益、杜絕貪腐的過程中，有時候會摧毀「都市機器」等既有體制，因而讓一般人，尤其是窮人與移民更難參與政治。此外正如之前所言，進步運動所推動的某些改革，例如黨內初選，反而意外造成了惡果。不過目前有許多研究都只局限在這些缺點，而忽略了進步運動更宏觀的重要意義：我們可以不任人宰割，可以把民主掌握在手中。我們可以改變遊戲規則，產生不同的結果。這才是我們該從進步運動學到的事情。

弗拉納根寫道：「進步運動沒有要推翻資本主義，而是要藉由消滅或至少降低資本主義最惡劣的部分，讓民主重新恢復正義和平等。他們想讓崇尚競爭的個人主義社會，變成更重視合作的民主社會。他們想為所有人找到一種衡量社會正義的標準，他們想消除貪腐，想以監理經濟的方式來重新平衡勞工、企業、消費者三方之間的關係。」請見：Maureen A. Flanagan, "Progressives and Progressivism in an Era of Reform," *Oxford Research Encyclopedia on American History* (New York; Oxford: Oxford University Press, 2016). 進步運動的起源，可進一步參見：Link and McCormick, *Progressivism*, Part One.

55. 斯蒂芬斯（Lincoln Steffens）在一九〇四年的著作（*The Shame of the Cities*, New York: S. S. McClure, 1904）中詳細描述了好幾個城市的政治機器之後認為，從貪腐中獲益的大眾，比貪腐的政治領袖更該受到譴責；至於那些雖然沒有因貪腐受益，卻冷眼旁觀、不可一世、憤世嫉俗的人，則比受益的人更可恥。更多細節可見：Frank Norris, *The Octopus: A Story of California* (Leipzig, Germany: Bernhard Tauchnitz, 1901); Ida Tarbell, *The History of the Standard Oil Company* (Mineola, NY: Dover Publications, 1901); Upton Sinclair, *The Jungle* (New York: Doubleday, 1904); Lincoln Steffens, *The Shame of the Cities* (Bloomingdale, IL: McClure, Philips, and Co, 1904); David Graham Phillips, "The Treason of the Senate," *Cosmopolitan*, 1906. 林克（Link）和馬禮德（McCormick）寫道：「要先了解美國民眾對這類事件的看法和反應，才能了解進步運動。在運動過程中，各種雜誌向全國各地的人揭露齷齪的貪腐事證，將改

革的呼聲傳遍每一個城市、每一個村莊、每一個郡。」請見：Link and McCormick, *Progressivism*, 9.

56. 請見：Link and McCormick, *Progressivism*.

57. 林克和馬禮德寫道：「十九世紀後期的改革者之間幾乎沒有連繫其實並不奇怪。不同改革者的抗議和計畫原因不同，目標也不同，各自解決不同的問題。幾乎沒有哪個改革運動是在全面了解當時的經濟社會機制之後才啟動的。」請見：Link and McCormick, *Progressivism*, 16. 相較之下，進步運動則是一場橫跨族群與階級的全國性運動。李普曼在一九二二年寫道：「你幾乎可以拿任何詞彙罵美國人，但不能罵他不進步。」請見：Walter Lippmann, *Public Opinion* (New York: Harcourt, 1922), 71. 很多文獻討論進步運動由誰帶領、為何而戰，請見：David Kennedy, "Overview: The Progressive Era," *The Historian* 37, no. 3 (1975): 453-468. 傳統的「進步觀點」認為，只要是那些想要擴大民主參與、把權力從那些勾結政府謀取私利的集團手上拿回來的人，都算是改革派。請見：Benjamin Parke DeWitt, *The Progressive Movement* (Seattle: University of Washington Press, 1915). 但在一九五〇年代霍夫士達特（Richard Hofstadter）出版《改革的時代》（*The Age of Reform*）之後，開始有人認為進步運動其實是由反動派上流社會所帶領的，他們因為高高在上的地位被商業大亨與黨魁所挑戰而陷入「地位焦慮」。請見：Richard Hofstadter, *The Age of Reform: From Bryan to FDR* (New York: Vintage, 1955). 但其他人依然認為，進步運動的領袖並非反動的保守派，而是工業化催生出來的中產階級，這個新興的階級想要用專業的科學知識，讓國家變得更有效率。Samuel P. Hays, *The Response to Industrialism: 1885-1914* (Chicago: University of Chicago Press, 1957); Robert Wiebe, *The Search for Order: 1877-1920* (New York: Hill and Wang, 1967). 進步運動內部的歧異性，甚至讓某些人認為它其實根本就是好幾場不同的運動。請見：Daniel T. Rodgers, "In Search of Progressivism," *Reviews in American History* (Baltimore: The Johns Hopkins University Press, 1982), 113-132; Peter G. Filene, "An Obituary for 'The Progressive Movement,' " *American Quarterly* (Baltimore: The Johns Hopkins University Press, 1970), 20-34; John D. Buenker, "The Progressive Era: A Search for Synthesis," in Eileen Tamura, *Americanization, Acculturation, and Ethnic Identity* (Champaign, IL: University of Illinois Press, 1994). 但萊文（Peter Levine）點出了進步運動有一個共同主題：「『進步』這個詞在世紀之交的意義，模糊到幾乎無法定義；但幾乎所有自稱進步派的人，都至少主張『國家利益』或『公共利益』比特定團體的利益或市場產生的結果更重要。」請見：Peter Levine, *The New Progressive Era* (Lanham, MD: Rowman & Littlefield Publishers, 2000), 18.

58. Robert Putnam, chapter 23 in *Bowling Alone: The Collapse and Revival of American Community* (New York: Simon & Schuster, 2001); Gerald Gamm and Robert Putnam, "The Growth of Voluntary Association in America, 1840-1940." *The Journal of Interdisciplinary History* (1999), 551-557; Theda Skocpol, *How Americans Became Civic* (Washington, DC: Brookings Institution Press, 1990); Richard McCormick, "Public Life in Industrial America, 1877, 1917" in Eric Foner, chapter 5 in *The New American History* (Philadelphia: Temple University Press, 1997).

59. 普特南（Robert Putnam）在作品中提到這種轉變：「整體來說，整起浪潮始於十九世紀的最後三十年，當時兄弟會、文化團體這類組織的營運重點，都還是為了滿足成員的休閒和勵志需求。但到了一八九〇年代至一九一〇年代，這些組織以及當時誕生的新團體，開始把注意力轉向當地社區的問題，最終催生了政治改革。人民最初為了彼此照應而形成的社群網絡，後來成為了向外推動改革的基礎。」請見：Robert Putnam, *Bowling Alone: The Collapse and Revival of American Community* (New York: Simon & Schuster, 2001), 399.

60. 運動成員的內部差異，讓某些人認為「進步運動」並非同一場運動，而是很多場不同的運動。有些人甚至認為「進步運動」根本就不存在。請見：Peter Filene, "An Obituary for 'The Progressive Movement.' " *American Quarterly*, 20-34; Daniel T. Rodgers, "In Search of Progressivism," *Reviews in American History* (1982), 113-132; Maureen Flanagan, *America Reformed: Progressives and Progressivism: 1890s-1920* (Baltimore: The Johns Hopkins University Press, 2007).

61. 這種新的投票制度最早來自一八八二年的費城改革協會（Philadelphia Reform Association）。請見：Eldon Cobb Evans, *A History of the Australian Ballot System in the United States* (1917), 18. 後來被一八八六年紐約市長候選人亨利．喬治（Henry George）和其政黨團結勞動黨（United Labor Party）採納。請見：Sarah Henry, *Progressivism and Democracy: Electoral Reform in the United States, 1888-1919*, 40. 接下來改革快速的發生，人民對賄選的怒火讓路易斯維爾市在一八八八年開始採用。該城有一位民眾在該年選完之後說：「上週二的選舉，是我第一次看到沒有任何賄選的地方選舉。事實上甚至根本看不到任何人想要行賄。」請見：David Moss et al., "An Australian Ballot for California?" (Harvard Business School paper, 2017). 麻州也有許多不同團體共同推動了類似的投票改革。一群波士頓精英希望藉此讓選舉重歸秩序，並壓制貪腐的政黨機器。以福斯特（Frank Foster）為首的波士頓中央工會（Boston Central Labor Union）則希望藉此讓投票更能反映勞工的意見。這些改革團體之所以能成功，關鍵在於與州政府內部關係良好。波士頓改革團體「荷蘭招待俱樂部」（Dutch Treat Club）的大老斯普拉格（H. H.

Sprague）當選該州參議員，並成為選舉法立法委員會主席。同屬該俱樂部的丹納三世（Richard Henry Danna III）則是麻州政界的核心人物，並長期倡議改革。他起草的投票法案在一八八五年五月獲得參眾兩院絕大多數委員的通過。請見：See Henry, *Progressivism and Democracy*, chapter 6.

62. Ware, *The American Direct Primary*, 31.

63. 選票改革當然也引發了問題。有些支持者濫用新的制度，以識字測試的方法剝奪了許多移民與窮人的投票權。雙頭壟斷規則也讓新的陣營更難成為第三個選項。澳洲式選票讓政黨難以酬庸並限制分裂投票（同時支持好幾個政黨的候選人）；但同時也使教育程度較低的大量美國人民無法投票，而且讓現有的政黨得以額外新訂投票規則，阻止新勢力來共同競爭。莫斯（David Moss）寫道：「州政府統一印製的『澳洲式選票』取代了各政黨各自印行的選票，不懂英語的選民難以使用。許多有權投票的美國人因此不再投票，或更不常投票。總統選舉的投票率在一八八〇年代至一八九〇年代有七五%至八〇%，一九一六年僅剩六〇%左右。」請見：David Moss, "Chapter 13: The Battle over the Initiative and Referendum in Massachusetts (1918)" in *Democracy* (Cambridge, MA: Harvard University Press, 2017); 亨利在書中也提到這點，「最初的改革者很快就發現投票不是萬靈丹，發現它很容易被握有政黨機器的政治人物操弄，這些政治人物會刻意拉高政黨出現在選票上的門檻，並要求每個候選人都只能出現在一個政黨欄位，封殺了跨黨推薦的可能性。到了二十世紀初，評論人士開始抨擊這種新規則對第三黨支持者的負面影響；也有人說那些發起改革運動的人，其實跟下一個世代的歷史學家一樣，是故意要剝奪窮人的選舉權。」請見：Henry, *Progressivism and Democracy*, 43. See also Ware, *The American Direct Primary*.

64. 麻州的新投票制很快就成為美國其他地方的榜樣。埃文斯（一九一七）寫道：「當『荷蘭招待俱樂部』的斯普拉格先生當選該州參議員，並選上選舉法立法委員會主席時，這個團體的觸角也伸進了立法機關。俱樂部仗著大好情勢起草了一份法案，由斯普拉格先生提至議會。這項法案獲得海耶斯先生以及大量請願書的支持，在一八八八年五月二十九日正式頒布。」請見：Eldon Cobb Evans, *A History of the Australian Ballot System in the United States* (Ann Arbor, MI: University of Michigan Library, 1917), 19. 華雷（二〇〇二）則寫道：「到了一八九三年，美國三十三個非南部州裡面，有三十一個採用了某個版本的澳洲投票法變體。剩下兩個州到了一八九三年也跟進。」請見：Ware, *The American Direct Primary*, 32.

65. 澳洲式選票一直沿用至今。正如許多人所言，有些人在進步運動期間，利用選票改革來為政黨牟利，或以這種方法限制非裔美國人、移民、窮人的投票權。我們應該譴責這些行為，但除此之外，這種方法還是讓選舉變得更乾淨，也證明了改革的可能。

66. 梅里厄姆和奧佛拉克寫道：「倡議改用直接初選，是為了抗議之前的黨代表大會根本不具代表性。過去的人濫用委任機制，使大部分人都認為提名大會沒有正確反映政黨的意願。人們認為這些提名大會經常掌握在政治大老手中，而大老幾乎都被貪婪自私的企業集團所控制。」請見：Charles Edward Merriam and Louise Overacker, *Primary Elections* (Chicago: The University of Chicago Press, 1928).

67. 之前因為選票是各黨自己印製的，這些機制並沒有在民主過程中正式發揮作用。但澳洲式選票將選票掌握在政府手中，政黨必須請願將提名人列入選票內。於是大黨為了讓提名人自動列入選票，跟政府建立了另一種新關係，讓政府對待它們的態度有別於社會中的其他組織，同時讓政府得以干預大黨的內部運作。這點在緊接著選舉改革後的幾項重大改革運動中，變得相當重要。民主黨的波士頓市長昆斯（Josiah Quince）在下面的文字中就提到了上述的第二點：「……黨團轉型的問題是澳洲式選票直接造成的……我認為如今的大多數人至少都會同意，這種方案使政府必須承認並監管政黨、政黨會議或黨團。自行印製選票並以該選票代表民意，應該是每位公民，或至少每一群人數夠多的公民具備的權利；但澳洲式投票制度卻改變了規則，它讓國家必須承認政黨與政治機構，也因此必須去規範政黨、政黨會議、黨團的做事方式。」請見：Ware, *The American Direct Primary*, 79. 許多州在一八九〇至一八九九年間，通過了具有約束力的法案，規定政黨會議的舉行時間、組成方式、黨員資格判定等等。這些法案先是在波士頓、紐約、巴爾的摩、底特律、克里夫蘭、辛辛那提、聖路易斯、芝加哥、舊金山等大城市實施，然後上升到全國層級。到了二十世紀初，全美大約有三分之二的州都制定了某種形式的初選法律。請見：Merriam and Overacker, chapter 3, in *Primary Elections*.

68. Ware, *The American Direct Primary*, 81.

69. Ware, *The American Direct Primary*, 124. 有兩種互不相容的說法，各自解釋一九〇〇年代美國初選改革為何會成功。傳統的觀點來自梅里厄姆和奧佛拉克（一九二八），認為直接初選能夠快速普及，是因為改革派戰勝了政黨大老。但華雷（二〇〇二）提出另一種修正主義觀點，認為雖然各政黨都盡了最大努力，但其實改革並沒有真正成功；初選的普及其實是因為地方政治時代遺留下來的會議體系，在工業時代已經太難控制，所以政黨當權者在精心算計之後開放了直接初選。勞倫斯等人（二〇一三）以最早推出直接初選的州，政黨機器力量有多大，來檢驗這兩種假說，結果發現「反抗大老說」的解釋力比較高。很多進步運動的改革，最早都是出現在政黨機器力量最小的西部各州。那些州也最早開始採用倡議與公投制度。請見：Eric Lawrence et al., "The Adoption of Direct Primaries in the United States," *Party Politics* 19, no. 1 (2013).

70. J. W. Sullivan, *Direct Legislation by the Citizenship through the Initiative and Referendum* (University of California Libraries, 1893).

71. 直接立法聯盟的其中一位領袖巫倫（William Simon U'ren）支持蘇利文的倡議，在俄勒岡州創立了直接立法聯合委員會（Joint Committee on Direct Legislation）。該委員會獲得農民與勞工的支持，也使巫倫在一八九六年以人民黨（Populist Party）黨員的身分當選州議會議員。但巫倫的議員生涯並不得志，想推的法案都推不過。於是他改變策略，與人民黨分道揚鑣，不再把結構性改革跟爭議性政策綁在一起。他脫黨之後，繼續利用自己在政府中的關係組成一個跨黨派改革聯盟。他在一八九八年成立無黨派直接立法聯盟，把倡議和公投當成一個不偏袒任何黨派的改革來推動，既不支持企業也不支持勞工，既不支持民主黨也不支持共和黨，一切只為民主。這種推動方式在俄勒岡州不僅獲得了俄勒岡州勞工聯合會（Oregon Federation of Labor）和聯合貿易委員會（Federated Trade Council）的支持，也得到當地的中階經理、企業主、主要報紙的認同。一九〇二年，俄勒岡州通過了倡議與公投法案，並以六萬兩千零二十四票對五千六百六十八票獲得選民支持；巫倫也成了全國知名人物。請見：Moss, "Chapter 13"; Henry, *Progressivism and Democracy*, Part Two.

72. John Matsusaka, State Initiative & Referendum Institute, http://www.iandrinstitute.org/states.cfm. 不過值得注意的是，倡議與公投跟其他改革有個重大差異：這兩種制度一開始幾乎只有在西部蔚為風潮。在一九二〇年，密西西比以西的二十二個州裡面已經有十九個採用倡議與公投制度。請見：Thomas

Goebel, "'A Case of Democratic Contagion': Direct Democracy in the American West, 1890-1920," *Pacific Historical Review* 66, no. 2 (1997). 之所以如此，可能是因為東部各州的政黨機器比較強大，足以阻止倡議與公投的風潮。即使是麻州這樣的州，也連續拒絕了二十多年，直到一九一七年才讓倡議與公投通過州憲法會議。請見：Moss, "Chapter 13."

73. David Schmidt, *Citizen Lawmakers: The Ballot Initiative Revolution* (Philadelphia: Temple University Press, 1989), 25.

74. 托爾伯特指出：「在一九〇四至一九九四年間，選民提出並通過了五十八項政治改革與政府組織創制案。進步時代的政治改革包括澳洲式選票、地方政府與市政自治、無記名投票、議會經理人制、無黨派地方選舉、使法官不受政治壓力影響、直接初選、參議員直選、女性投票權……最早使用倡議程序的改革，是在阿肯色州、緬因州、蒙大拿州、俄勒岡州、南達科他州，以初選方式確立候選人的政黨提名。」請見：Caroline J. Tolbert, "Direct Democracy as a Catalyst for 21st Century Political Reform"; Schmidt, *Citizen Lawmakers*.

75. 在一八八八年前，眾議院的委員會沒有公布過任何法案。請見：Zachary Clopton and Steven Art, "The Meaning of the Seventeenth Amendment and a Century of State Defiance," *Northwestern University Law Review* 107, no. 3 (2015).

76. 芝加哥大學法律系教授史特勞斯寫道：「第十七修正案，充其量也只是為了解決少數幾個可能不久之後就會回復正常的罕見事件。」史特勞斯把這件事當成更宏觀的修憲問題，將其與進步時代的其他修憲案如授權徵收所得稅的第十六修正案、禁酒的第十八修正案、擴大女性選舉權的第十九修正案合併起來看，並指出：「雖然這些修正案都獲得許多關注，但只要沒有正式的修憲程序，我們的憲政秩序就幾乎沒有任何改變。至少在合眾國開國的前幾十年，憲法修正案並不是改變憲法施行方式的重要手段。有許多改變都在沒有通過修正案的情況下發生；而且有些時候，在修正案被否決之後，法條卻照著被否決的方向修正。有好幾項人們很重視的修正案，在社會以其他方式做出改變之前，都幾乎沒有發揮任何作用。還有一些修正案，其實只是在追認已經用其他方式做出的變化而已。如果這套說法沒錯，那麼事實上，很多時候判例和其他傳統就和修正過的憲法文本一樣重要。至於政治活動大部分的重點，則不該放在憲法修正案的草案上。我們不該把美國憲法當成由主權人民有意識制定的一整套獨立存在的政治規章，而該看成一個複雜演化過程的產物。」請見：David Strauss, "The Irrelevance of Constitutional Amendments," *Harvard Law Review* (2001).

77. Moss, *Democracy*, "Chapter 13."

78. 在一九〇一年的俄勒岡州參議員「初選」中，第一次讓選民表達自己的意志。兩黨一開始都無視選舉結果，由州議員自己選出要支持的候選人。但巫倫與其支持者在一九〇四年通過一項改革，要求州議會候選人公開承諾自己是否會尊重參議院初選的結果，並要求候選人必須把立場寫在選票上，印在自己名字旁邊。於是在日益增強的公眾壓力下，幾乎所有候選人都同意尊重初選，讓參議院選舉變成了有實無名的全民直選。一九〇八年，俄勒岡州公民又通過一項改革，使競選承諾具有強制力，進一步鞏固民主果實。請見：Henry, *Progressivism and Democracy*, Part Two.

79. Caroline J. Tolbert, "Direct Democracy as a Catalyst for 21st Century Political Reform," *Political Science Quarterly* (September 2003).

80. Jeffrey Jenkins, "The Evolution of Party Leadership," *The Oxford Handbook of the American Congress* (2011); Lawrence Dodd and Bruce Oppenheimer, "The House in a Time of Crisis: Economic Turmoil and Partisan Upheaval," in *Congress Reconsidered, 10th Edition*, ed. Dodd and Oppenheimer, 28.

81. Kenneth Shepsle, "The Changing Textbook Congress," in John Chubb and Paul Peterson, *Can Government Govern?* (Washington, DC: Brookings Institution Press, 1989).

82. Lawrence Dodd and Bruce Oppenheimer, "The House in a Time of Crisis," in *Congress Reconsidered 10th Edition*, ed. Lawrence Dodd and Bruce Oppenheimer.

83. Robert E. Mutch, *Buying the Vote: A History of Campaign Finance Reform* (New York; Oxford: Oxford University Press, 2014), chapters 1-2.

84. Mutch, *Buying the Vote: A History of Campaign Finance Reform*, chapters 3-4.

85. 懷特在一九一〇年寫下的這段文字，可以看出這個產業改變得有多大：「如果你跟一九八四年或一九八八年的競選總幹事說，整個國家在二十五年內都會變成無記名投票；有三分之二的州會讓民眾直選決定要推出那些候選人，黨代表會議和黨團會議完全無法插手；候選人與政黨委員會花出去的每一分錢都必須公開解釋……這些總幹事大概只會笑你笑到臉色發紫。」請見：William Allen White, *The Old Order Changeth* (CreateSpace Publishing, 1910), 241.

86. 例如可見：David Huyssen, *Progressive Inequality* (Cambridge, MA: Harvard University Press, 2014).

87. 魯斯（Henry Luce）在一九四一年提出「美國世紀」這個詞，意思是美國在政治、經濟、文化上主導世界的時期。

88. "World Exports as Percentage of Gross World Product," Global Policy Forum, archived from the original on July 12, 2008, https://web.archive.org/web/20080712023541/; http://www.globalpolicy.org/socecon/trade/tables/exports2.htm.

89. United States Census Bureau, *The Foreign-Born Population in the United States*, https://www.census.gov/newsroom/pdf/cspan_fb_slides.pdf.

90. Jynnah Radford, "Key Findings About U.S. Immigrants," Pew Research Center, June 17, 2019, https://www.pewresearch.org/fact-tank/2019/06/17/key-findings-about-u-s-immigrants/.

91. "The Effects of Immigration on the United States Economy," Penn Wharton University of Pennsylvania, June 27, 2016, https://budgetmodel.wharton.upenn.edu/issues/2016/1/27/the-effects-of-immigration-on-the-united-states-economy.

——第五章　新遊戲規則

1. Jason D. Olson and Omar H. Ali, "A Quiet Revolution: The Early Successes of California's Top Two Nonpartisan Primary," Open Primaries, August, 2015, https://d3n8a8pro7vhmx.cloudfront.net/openprimaries/pages/418/attachments/original/1440450728/CaliforniaReportFinal8.24small.pdf?1440450728.

2. Louis Jacobson, "The Six Most Dysfunctional State Governments," *National Journal*, July 13, 2009. http://www.nationaljour-nal.com/njonline/the-six-most-dysfunctional-state-governments-20090713.

3. Charles Munger Jr., "California's Top-Two Primary: A Successful Reform" (paper presented the USC Schwarzenegger Institute for State and Global Policy, February 22, 2019), http://www.schwarzeneggerinstitute.com/institute-in-action/article/californias-top-two-primary-a-successful-reform.

4. 在二〇一二、二〇一四、二〇一六年這三次選舉週期中，加州的州議會、州參議院、美國眾議員黨內普選總共進行了八十場。其中二十二場選舉是現任議員象徵性的對抗黨內的其他對手；但其他五十八場就競爭激烈，光是總經費就高達二億零五百萬美元，現任議員甚至在其中十場敗選。相比之下，在二〇〇二至二〇一〇年的五次選舉週期期間，現任議員總共只在黨內初選敗選三次，一次是角逐州議會議員、一次是州參議院議員、一次是美國眾議院議員。請見：http://schwarzeneggerinstitute.com/institute-in-action/article/californias-top-two-primary-a-successful-reform. 露西．伯恩研究院（Lucy Burns Institute）的研究結果也類似，改革實施之後，加州的競爭變得更激烈。請見：Carl Klarner, "Democracy in Decline: The Collapse of the 'Close Race' in State Legislatures," Lucy Burns Institute, May 6, 2015, http://ballotpedia.org/Competitiveness_in_State_Legislative_Elections:_1972-2014.

5. Taryn Luna, "State Legislature's Approval Rating Hits 50 Percent," *Sacramento Bee*, September 28, 2016, https://www.sacbee.com/news/politics-government/capitol-alert/article104797076.html.

6. Arnold Schwarzenegger and Ro Khanna, "Don't Listen to the Establishment Critics. California's Open Primary Works," *Washington Post*, June 18, 2018, https://www.washingtonpost.com/news/posteverything/wp/2018/06/18/dont-listen-to-the-establishment-critics-californias-open-primary-works/.

7. Nancy Lavin and Rich Robinson, "John McCain Understood How Ranked Choice Voting Strengthens Our

Democracy," FairVote, August 27, 2018, https://www.fairvote.org/john_mccain_understood_how_ranked_choice_voting_strengthens_our_democracy.

8. Sarah John and Andrew Douglas, "Candidate Civility and Voter Engagement in Seven Cities with Ranked Choice Voting," *National Civic Review* 106, no. 1 (2017): 25-29.

9. Denise Munro Robb, "The Effects on Democracy of Instant Runoff Voting" (PhD diss., University of California Irvine, 2011).

10. Lee Drutman, *Breaking the Two-Party Doom Loop: The Case for Multiparty Democracy in America* (New York; Oxford: Oxford University Press, 2020).

11. Robert Pear, "If Only Laws Were Like Sausages," *New York Times*, December 4, 2010, https://www.nytimes.com/2010/12/05/weekinreview/05pear.html.

12. Mike Gallagher, "How to Salvage Congress," *Atlantic*, November 13, 2018, https://www.theatlantic.com/ideas/archive/2018/11/gallagher-congress/575689/.

13. 請見：Judy Schneider, Christopher M. Davis, and Betsy Palmer, "Reorganization of the House of Representatives: Modern Reform Efforts," CRS Report for Congress, 2003; Congressional Institute, "Joint Committees on the Organization of Congress: A Short History," October 15, 2015; Donald R. Wolfensberger, "A Brief History of Congressional Reform Efforts," February, 2013; Casey Burgat, "Congressional Reorganization Acts," R Street Institute, 2018; Lee Drutman and Kevin R. Kosar, "The Other Biggest Problem in Washington," *New York Times*, September 11, 2018, https://www.nytimes.com/2018/09/11/opinion/congress-

senate-house-washington-.html.

14. 一九四六年四月的一項全國性民調發現，只有一四%的選民認為國會「做得很好」。請見：Donald R. Matthews, "American Political Science and Congressional Reform," *The Reorganization of Congress: A Report of the Committee on Congress of the American Political Science Association* (Washington, DC: Public Affairs Press, 1945).
15. Matthews, "American Political Science and Congressional Reform," 92-93.
16. *The Reorganization of Congress: A Report of the Committee on Congress of the American Political Science Association* (Washington, DC: Public Affairs Press, 1945), 10.
17. *The Reorganization of Congress*, 4.
18. *The Reorganization of Congress*.
19. Matthews, "American Political Science and Congressional Reform," 95-98.
20. H. R. 18. 70th Cong., Sec. 2 (February 19, 1945).
21. Roger H. Davidson, "The Advent of the Modern Congress," *Legislative Studies Quarterly* 15, no. 3 (August 1990): 365-370.
22. Davidson, "The Advent of the Modern Congress," 365.

1. "New State Ice Co. v. Liebmann," 285 U.S. 262, 311 (1932) (Brandeis, J., dissenting).
2. 華府的立法者可以用修改聯邦法的方式，改變全國的國會選舉制度。在二〇一七至二〇一八年的第一一五屆國會中，維吉尼亞州代表布雷耶（Donald Breyer）提出了《公平代議法》（Fair Representation Act）草案，希望將所有國會選舉都改為排名複選制（ranked-choice voting），馬里蘭州代表德拉尼（John Delaney）則推出《開放民主法》（Open Our Democracy Act）草案，希望讓所有國會初選得票前兩名的候選人都能晉級大選。除了這些最重要的政治創新，該屆國會還提出其他十幾項草案試圖解決惡意重劃選區的問題，以及更多草案試圖解決政治中的金錢問題。此外，也有一些很有創意的草案試圖把立法機關改造得更容易審議與協商，有一些則試圖把聯邦選舉委員會重塑為真正的監理機構。當然，由於雙頭壟斷的關係，這些法案目前在國會進展甚微。但如果這些改革在夠多州出現，國會就有可能將其納入全國性的國會選舉中。
3. 請見：John Matsusaka, "State-by-State List of Initiative and Referendum Provisions," Initiative & Referendum Institute, http://www.iandrinstitute.org/states.cfm.
4. 同時有倡議和公投制度的州有二十一個，馬里蘭與新墨西哥州則是有公投但沒有倡議，選民若想改革政治制度，某種程度上還是得透過政治人物。請見：Initiative & Referendum Institute, "State-by-State List of Initiative and Referendum Provisions," http://www.iandrinstitute.org/states.cfm.
5. "Movement by State," Open Primaries, https://www.openprimaries.org/movement_by_state; "2019 Legislation Advancing Ranked Choice Voting," FairVote, https://www.fairvote.org/2019_legislation_advancing_ranked_choice_voting.

6. 除了加州與華盛頓州，內布拉斯加州與路易斯安那州也採用最高票兩人制。正如下文所述，內布拉斯加的州議會選舉就是最高票兩人非黨派單一初選制。路易斯安那的決選結構則非常類似最高票兩人制。選民可以在「初選」中無視候選人的黨派，選擇自己最喜歡的候選人。與最高票兩人制的差異則是，如果有任何候選人在這一輪中獲得五〇%以上的選票，就直接獲勝，不需要進入下一輪。但如果沒有人滿足條件，得票最多的兩位候選人就進入「普選」對決。

二〇一九年，三位民主黨州議員莫里（Marcia Morey）、霍金斯（Zack Hawkins）、羅素（Ray Russell）都向北卡羅來納州議會推出一項草案，提議「建立一個在初選中得票前四名進入普選的制度，並撥款支付所需經費」，該法案還包括在普選中使用排名複選制。請見：https://www.ncleg.gov/Sessions/2019/Bills/House/PDF/H994v0.pdf. 參議員羅斯福斯（Chris Rothfuss）於二〇一九年一月也在懷俄明州提了類似的法案，主張在初選中用排名複選制，讓得票最高的四位候選人進入普選。並建議以排名複選制決定普選中其他候選人由誰勝出。請見：https://wyoleg.gov/Legislation/2019/SF0065.

7. 華盛頓州葛蘭吉協會（Washington State Grange）支持了綜合性初選，在一九三五年成功倡議了一項法案。請見："History of Washington State Primary Systems," https://www.sos.wa.gov/_assets/elections/historyofwashingtonstateprimarysystems.pdf; "Initiative 872," *Spokesman-Review*, July 1, 2009, http://www.spokesman.com/stories/2004/oct/26/initiative-872/.

8. 二〇〇二年，聯邦法院最初裁定華盛頓州的綜合性初選合憲。於是各方決定上訴到向聯邦第九巡迴上訴法院，第九巡迴法院認為綜合性初選侵犯自由結社的權利，所以違憲。華盛頓州與該州葛蘭吉協會隨後上訴到最高法院，但最高法院在二〇〇四年二月拒絕審理此案，使第九巡迴上訴法院的裁決成立。請見："History of Washington State Primary Systems," accessed November 2019, https://www.sos.wa.gov/_assets/elections/historyofwashingtonstateprimarysystems.pdf.

9. 國務卿里德（Sam Reed）在二〇〇一年的會議上，首次向立法機關提出兩強初選制的想法，並在葛蘭吉協會的遊說之下建立了一個橫跨民主黨與共和黨議員的聯盟去支持該法案。可惜該法案雖然成功通過了參議院，眾議院議長卻拒絕為此舉行投票。資料來自作者在二〇一九年四月與里德的電話對談。

10. 作者與里德的電話對談。

11. 在州長否決之後，改革者開始全面推動倡議運動。國務卿里德與來自兩黨葛蘭吉協會的關鍵議員舉行記者會，公告其中兩項最重要的提案。資料來自作者與里德的電話對談。當週，葛蘭吉協會也首次發起以擴及全州的廣播來譴責州長的決定，並鼓勵選民簽署第八七二號倡議請願書。二〇〇四年六月，第八七二號倡議請願書以三十萬八千百四百零二份有效連署，獲得在十一月舉行投票的資格。請見：http://blanketprimary.org/pressroom/release-2004-04-05.php. 二〇〇四年十一月二日，華盛頓州選民投票通過第八七二號倡議，成為第一個在議會選舉與州選舉中採用兩強初選制的州。請見：https://ballotpedia.org/Top-two_primary.

12. Susan Gilmore, "Supreme Court Rules in Favor of Washington State Top-Two Primary," *Seattle Times*, March 18, 2008, https://www.seattletimes.com/seattle-news/supreme-court-rules-in-favor-of-washington-state-top-two-primary/.

13. Eric McGhee, "Political Reform and Moderation in California's Legislature," Public Policy Institute of California, May 2018, https://www.ppic.org/wp-content/uploads/r-0517emr.pdf.

14. Phillip Reese, "California Legislators Rarely Break from Party Line in Floor Votes," *Sacramento Bee*, October 11, 2012.
15. Arnold Schwarzenegger and Ro Khanna, "Don't Listen to the Establishment Critics. California's Open Primary Works," *Washington Post*, June 18, 2018, https://www.washingtonpost.com/news/posteverything/wp/2018/06/18/dont-listen-to-the-establishment-critics-californias-open-primary-works/?noredirect=on&utm_term=.42066db02666.
16. "Grading the States 2005: A Look Inside," Government Performance Project, Pew Charitable Trust, 2004-2006, http://www.pewtrusts.org/~/media/legacy/uploadedfiles/pcs_assets/2004-2006/GPPReport2005pdf.pdf.
17. "Californians and Their Government," Public Policy Institute of California, March 2010.
18. Schwarzenegger and Khanna, "Don't Listen to the Establishment Critics."
19. Jason D. Olson and Omar H. Ali, "A Quiet Revolution: The Early Successes of California's Top Two Nonpartisan Primary," OpenPrimaries, August 2015, https://www.openprimaries.org/research_california.
20. Olson and Ali, "A Quiet Revolution."
21. "California Proposition 62, 'Modified Blanket' Primaries Act (2004)," https://ballotpedia.org/California_Proposition_62,_%22Modified_Blanket%22_Primaries_Act_(2004).
22. Christopher Caen, "The Consequences of California's Top-Two Primary," *Atlantic*, December 29, 2015, https://www.theatlantic.com/politics/archive/2015/12/california-top-two-open-primary/421557/.
23. "The Unforgivable State," *Economist*, February 19, 2009, https://www.economist.com/united-states/2009/02/19/

the-ungovernable-state.

24. Jesse McKinley, "Calif. Voting Change Could Signal Big Political Shift," *New York Times*, June 9, 2010, https://www.nytimes.com/2010/06/10/us/politics/10prop.html.

25. "USC Dornsife/Los Angeles Times California Poll," USC Dornsife/Los Angeles Times, May 25, 2018, https://drive.google.com/file/d/1g5uibGxcEuknURkZZvT4Ah4Q9-IvalVz/view.

26. 請見：http://schwarzeneggerinstitute.com/institute-in-action/article/californias-top-two-primary-a-successful-reform. 露西．伯恩研究院的研究結果也類似，改革實施之後，加州的競爭變得更激烈。請見：Carl Klarner, "Democracy in Decline: The Collapse of the 'Close Race' in State Legislatures," Lucy Burns Institute, May 6, 2015, http://ballotpedia.org/Competitiveness_in_State_Legislative_Elections:_1972-2014.

27. 該次普選有三四％競爭相當激烈。如果是沿用過去的初選制度，這些候選人早在黨內初選中就敗於同黨競爭者，根本無法晉級普選。請見：http://schwarzeneggerinstitute.com/institute-in-action/article/californias-top-two-primary-a-successful-reform.

28. Olson and Ali, "A Quiet Revolution."

29. Christian Grose, "Political Reforms in California Are Associated with Less Ideological Extreme State Legislators." 加州公共政策研究院（Public Policy Institute of California, PPIC）發現，「在其他州的民主黨與共和黨都走向極化的時候……加州的代表卻既沒有極化，立場也完全沒有變得更中庸。」請見：https://www.ppic.org/wp-content/uploads/r-0517emr.pdf. 麥基（Eric McGhee）和紹爾（Boris Shor）也發現，加州州議會的支持度近幾年來略有上升。請見：Eric McGhee and Boris Shor, "Has the Top Two

Primary Elected More Moderates?" *Perspectives on Politics* 15, no. 4 (2017): 1053-1066.

30. Schwarzenegger and Khanna, "Don't Listen to the Establishment Critics"; Li Zhou, "Washington Has a Top-Two Primary. Here's How It Works," Vox, August 7, 2018, https://www.vox.com/2018/8/7/17649564/washington-primary-results.
31. Zhou, "Washington Has a Top-Two Primary."
32. Adam Nagourney, "California Sees Gridlock Ease in Governing," *New York Times*, October 18, 2013, https://www.nytimes.com/2013/10/19/us/california-upends-its-image-of-legislative-dysfunction.html?%20r=1&amp.
33. "California Top-Four Primary Initiative (2018)," Ballotpedia, https://ballotpedia.org/California_Top-Four_Primary_Initiative_(2018); "FairVote California," FairVote, https://www.fairvoteca.org/.
34. Marina Villeneuve, "AP EXPLAINS: Maine Tries Ranked-Choice Voting," *U.S. News*, June 11, 2018, https://www.usnews.com/news/best-states/maine/articles/2018-06-11/ap-explains-maine-tries-ranked-choice-voting.
35. Jessie Scanlon, "Could Maine's New Ranked-Choice Voting Change American Elections?" *Boston Globe Magazine*, October 17, 2018, https://www.bostonglobe.com/magazine/2018/10/17/could-maine-new-ranked-choice-voting-change-american-elections/6VqNC73bQzMrPd0RSepA8L/story.html.
36. Editorial Board, "Ranked-Choice Voting Unlikely to Gain Traction in Maine," *Sun Journal*, November 11, 2010, https://www.sunjournal.com/2010/11/11/ranked-choice-voting-unlikely-gain-traction-maine/.
37. "Spotlight: Maine," FairVote, https://www.fairvote.org/spotlight_maine#portland.
38. Howard Dean, "Howard Dean: How to Move Beyond the Two-Party System," *New York Times*, October 7,

2016, https://www.nytimes.com/2016/10/08/opinion/howard-dean-how-to-move-beyond-the-two-party-system.html.

39. "Portland: Ranked Choice Voting in Portland, Maine," FairVote, https://www.fairvote.org/portland; Matt Dunlap radio interview, 100.5 WLOB News Talk Maine, September 15, 2017, https://wlobradio.com/index.php/2017/09/15/09-15-17-matt-dunlap/.

40. "Spotlight: Maine," FairVote, https://www.fairvote.org/spotlight_maine#portland.

41. Colin Woodard, "Maine's Radical Democratic Experiment," *Politico Magazine*, March 27, 2018, https://www.politico.com/magazine/story/2018/03/27/paul-lepage-maine-governor-ranked-choice-voting-217715.

42. "Timeline of Ranked Choice Voting in Maine," FairVote, https://www.fairvote.org/maine_ballot_initiative.

43. Larry Diamond, "How to Reverse the Degradation of Our Politics," *American Interest*, November 10, 2017, https://www.the-american-interest.com/2017/11/10/reverse-degradation-politics/.

44. Larry Diamond, "A Victory for Democratic Reform," *American Interest*, June 15, 2018, https://www.the-american-interest.com/2018/06/15/a-victory-for-democratic-reform/.

45. 作者二〇一九年五月訪問麥柯米克的紀錄。

46. Diamond, "A Victory for Democratic Reform."

47. Edward D. Murphy and Peter McGuire, "As Mainers Vote in First Ranked-Choice Election, LePage Says He 'Probably' Won't Certify Referendum Results," *Press Herald*, June 12, 2018, https://www.pressherald.com/2018/06/12/voters-turn-out-for-historic-election-day/.

48. "Enough's Enough," *Ellsworth American*, May 9, 2018, https://www.ellsworthamerican.com/opinions/editorials/enoughs-enough/.

49. Dennis Hoey, "Oscar Winner Jennifer Lawrence Lends Support to Ranked-Choice Voting," *Press Herald*, June 7, 2018, https://www.pressherald.com/2018/06/07/oscar-winner-jennifer-lawrence-lends-support-to-ranked-choice-voting/.

50. "Maine Question 1, Ranked-Choice Voting Delayed Enactment and Automatic Repeal Referendum (June 2018)," Ballotpedia, https://ballotpedia.org/Maine_Question_1,_Ranked-Choice_Voting_Delayed_Enactment_and_Automatic_Repeal_Referendum_(June_2018).

51. Larry Diamond, "A New Age of Reform," *American Interest*, November 16, 2018, https://www.the-american-interest.com/2018/11/16/a-new-age-of-reform/.

52. "Maine Gov. Signs Off on Congressional Race Results, But Calls the Election 'Stolen,'" CBS News, December 28, 2018, https://www.cbsnews.com/news/maine-congressional-race-governor-paul-lepage-signs-off-on-jared-golden-winner/.

53. Diamond, "How to Reverse the Degradation of Our Politics."

54. 截至二〇一九年，已經有緬因州、加州、科羅拉多州、馬里蘭州、麻州、明尼蘇達州、新墨西哥州在城市選舉中採用了排名複選制。至於佛羅里達州、密西根州、俄勒岡州、田納西州也有一些城市接受了排名複選制，但尚未實施。猶他州在二〇一八年通過了一個實驗計畫，允許該州的市政府在二〇一九年的選舉中採用排名複選制，獲得卡頓高地、李海、佩森、葡萄園、西喬丹等市的參與。請見："Ranked Choice Voting," Ballotpedia, accessed April 2019, https://ballotpedia.org/Ranked-choice_voting_(RCV)#Ranked_choice_voting_in_the_United_States.

55. 愛荷華州與內華達州打算讓早期選民使用這套制度：夏威夷、阿拉斯加、堪薩斯、懷俄明州則打算允許讓所有選民使用。請見："Where Ranked Choice Voting Is Used," FairVote, https://www.fairvote.org/where_is_ranked_choice_voting_used.

56. 請見：USC Price, "Terminate Gerrymandering: Engineering Victories in Michigan, Colorado, Utah, Missouri and Ohio," YouTube, January 15, 2019, https://www.youtube.com/watch?v=vWUXpMO3-88&t=102s.

57. David Brooks, "The Localist Revolution," *New York Times*, July 19, 2018, www.nytimes.com/2018/07/19/opinion/national-politics-localism-populism.html.

58. Roger Davidson, "The Advent of the Modern Congress: The Legislative Reorganization Act of 1946," *Legislative Studies Quarterly* 15, no. 3 (1990): 360.

59. Paul Kane, "Against the Odds, Select Committee Aims to Push Congress into the 21st Century," The *Washington Post*, May 25, 2019, https://www.washingtonpost.com/powerpost/against-the-odds-select-committee-aims-to-push-congress-into-the-21st-century/2019/05/24/3dff17f6-7d97-11e9-8bb7-0fc796cf2ec0_story.html.

60. John F. Kennedy, chapter 8, in *Profiles in Courage* (1956). 諾里斯（George Norris）在一九四五年的自傳中，提到他對於「眾議院那讓議長得以獨裁的規則」相當失望。他第一次參加眾議院公共場地與建築委員會（House Committee on Public Grounds and Buildings）時，就發現議長竟然有權決定委員會要不要擬訂綜合公共建築草案。他對此感到相當不解，「並在那時突然發現，控制共和黨的力量跟我之前認為控制民主黨的力量其實很像：不久之後我更是明白，兩黨在這部分根本就一樣，這兩個黨都被機器所控制，而兩黨的機器往往一搭一唱，狼狽為奸。」請見：George Norris, *Fighting Liberal: The Autobiography of George W. Norris* (New York: Macmillan, 1945), 96.

61. 內布拉斯加州立法機關其中一支的變革，主要就來自於希望「州政府機器能夠適應社會與經濟變化」的進步思維。請見：John P. Senning, *The One-House Legislature* (New York: McGraw-Hill Book Company, 1937), 42.

62. 一九一五年，由眾議員諾頓（John N. Norton）帶領的內布拉斯加聯合立法委員會，曾經討論過如何讓政治改革符合進步思維，並建議將立法機關改為一院制；但沒有化為任何實際行動。後來諾頓等人在一九一七年的「一九一九至一九二〇年憲政會議」上提出此案，可惜未能通過，之後在一九二三、一九二五、一九三三年也接連闖關失敗。直到一九三三年，立法機關在「稅務立法、酒類管制、議席重新分配上嚴重失策」，而且無法通過撥款法案，人民才開始認真看待結構性改革。請見：James R. Rogers, "Judicial Review Standards in Unicameral Legislative Systems: A Positive Theoretic and Historical Analysis," *Creighton Law Review* 33 (1999) 69-70; Nebraska Legislature, "Inside Our Nation's Only Unicameral," (2018) 13; Charlyne Berens, *One House: The Unicameral's Progressive Vision for Nebraska* (Lincoln: University of Nebraska Press, 2005).

63. Seth Masket and Boris Shor, "Polarization without Parties: Term Limits and Legislative Partisanship in Nebraska's Unicameral Legislature," *State Politics & Policy Quarterly* (2014).

64. Berens, *One House*, 36; Senning, *The One-House Legislature*.

65. Berens, *One House*; Senning, *The One-House Legislature*. 美國立法者協會（American Legislators' Association）在一九三四年秋天進行的民調發現，以下群體中都有超過半數的人反對一院制立法機關：內布拉斯加眾議員、美國眾議員、州參議員、美國參議員、美國銀行家協會（American Bankers Associations）、州眾議員、美國律師協會（American Bar Association）、內布拉斯加參議員、報紙編輯、企業高層。以下團體中則有超過半數的人支持一院制立法機關：美國大學婦女聯合會（American Association of University Women）、美國勞工聯合會（American Foundation of Labor）、美國女性選民聯盟（League of Women Voters）、政府研究協會（Government Research Association）、美國政治學會（American Political Science Association）。請見："Two Houses—or One?" *State Government*, 207-208, as cited in *Unicameralism in Practice: The Nebraska Legislative System*, compiled by Harrison Boyd Summers, vol. 11, no. 5 (1937).

66. 明尼蘇達州的立法機關，在一九一三至一九七三年間也不受政黨左右。不過它與內布拉斯加州不同的是，非黨派投票不是基層運動的結果，反而是由該州立法者倡議出來的。某種意義上，明尼蘇達州採用非黨派投票是一場意外。它在一九一三年跟其他在二十世紀初支持進步運動的州一樣，提案將市政和司法選舉改為非黨派投票。這時，羅克尼（A. J. Rockne）領導的保守黨為了擋下改革，故意把提案改得更激進，要求該州的立法機關選舉也要改採非黨派投票。結果出乎意料的，提案通過了。可惜的是，雖然這項法案希望立法機關跳脫政黨控制，州議會在一九三〇年代依然變回了自由派與保守派兩大意識型態對立。馬斯基特（Seth Masket）認為，這是因為議會會場外的利益團體，會設法讓立法機關分成不同黨團。結果就是明尼蘇達州的無黨派立法機制沒有持續很久，到了一九七三年已「徒具形式」，實質上的投票方向再次被政黨決定。請見：Seth E. Masket, *The Inevitable Party: Why Attempts to Kill the Party System Fail and How They Weaken Democracy* (New York; Oxford: Oxford University Press, 2016), 84-104. 內布拉斯加與明尼蘇達最後的命運落差，可能來自兩州推動無黨派立法機制的方法差異。內布拉斯加的改革是人民運動持續多年的成果；明尼蘇達州卻是快速提案下的產物，而且大部分的參與者都位於州議會內部。兩者的落差可能表示，這種巨大的改革需要大眾的支持，需要在長時間下以透明的方式累積而成。

67. 雖然選舉程序不會寫明官員的黨派，但選民依然可以用其他方式知道當選的官員屬於民主黨還是共和黨。例如丹佛大學的馬斯基特和喬治城大學的紹爾就指出，報紙與網路上報導的競選活動經常明確提到候選人的政黨關係，研究人員和政治活動參與者也很容易從媒體、州立法機關的選民紀錄、州政府出版的名冊得知。請見：Masket and Shor, "Polarization without Parties," 4.

68. 正如馬斯基特所言：「立法機關裡既沒有正式的多數黨或少數黨黨團（所謂的「Unicam」），也沒有正式的黨鞭或政黨領袖。議長與每個常務委員會的主席，都是以無記名方式由議員選出的。」請見：Masket and Shor, "Polarization without Parties," 4.

69. Michael Dulaney, "Committee Structure of the Nebraska Legislature," Nebraska Council of School Administrators, accessed February 10, 2018, http://legislative.ncsa.org/nebraska-unicameral/committee-structure-nebraska-legislature.

70. 內布拉斯加州第三十五任副州長羅巴克（Kim Robak）說：「議長不需要忠於政黨，而是必須忠於全體議員。」請見：Kim Robak, "The Nebraska Unicameral and Its Lasting Benefits," *Nebraska Law Review* 76 (1997).

71. *Lincoln Star*, January 5, 1937, as cited in Berens, *One House*, 45.

72. 研究發現，沒有證據顯示內布拉斯加州的議員在記名投票中跟隨黨的方向投票。韋爾克（Welch）與卡爾森（Carlson）發現內布拉斯加的議員，在記名投票中具有「隨機性」。相較於議會根據黨派對立而設計的一九二七年，以及雖然制度已經改革、但大部分議員都還是從舊制度延任過來的一九三七年，自一九四七年後，該州議員在記名投票中的行為與黨派立場之間的相關性明顯低很多。資料來自：Eric H. Carlson and Susan Welch, "The Impact of Party on Voting Behavior in the Nebraska Legislature," in *Nonpartisanship in the Legislative Process*, John C. Comer and James B. Johnson (Washington, DC: University Press of America, 1978), as cited in John C. Comer, "The Nebraska Nonpartisan Legislature: An Evaluation," *State & Local Government Review* 12, no. 3 (1980), 101. 賴特（Wright）與夏夫納（Schaffner）研究會議中至少發生過一些爭議的一九九九至二〇〇〇年議會記名投票，也得出相同結果，「內布拉斯加的議員幾乎像是隨機的在各種議題上投票給彼此」。請見：Gerald C. Wright and Brian F. Schaffner, "The Influence of Party: Evidence from the State Legislatures," *American Political Science Review* 96, no. 2 (2002), 374. 夏夫納同樣研究會議中發生過一些爭議的一九九九至二〇〇〇年議會記名投票，發現「內布拉斯加兩黨議員的投票方向，都超越了意識型態的藩籬，兩黨的分布幾乎完全重疊」。請見：Brian F. Schaffner, "Political Parties and the Representativeness of Legislative Committees," *Legislative Studies Quarterly* XXXII, no. 3 (August 2007), 489. 但紹爾和馬斯基特研究一九九三至二〇一三年各州立法機關

的記名投票，發現在一九九〇年代中期，除了內布拉斯加，還有其他州的立法機關並未被意識型態所分裂。請見：Masket and Shor, "Polarization without Parties," 5. 這可能和二〇〇〇年開始實施的任期限制有關。該法在二〇〇六年生效之後，大量現任議員被迫退休，兩黨也都藉此機會招募、訓練、資助一整批新的民代候選人，讓他們乖乖照著黨的意志投票。

73. Masket and Shor, "Polarization without Parties," 6-10.

74. 好心做壞事的任期限制，使這項佳績在近年褪色。二〇〇〇年倡議通過的一項法案，限制內布拉斯加州議員只能連任一次，兩任任期共四年。這讓一院制的議會開始極化，該法律在二〇〇六年生效時，迫使一大批議員退休，兩黨也都藉此機會招募、訓練、資助一整批新的民代候選人，讓他們乖乖照著黨的意志投票。結果在一九九〇年代中期全國立法機關極化程度最低的內布拉斯加，如今雖然極化程度依然低於平均，但已經掉到中段班。請見：Masket and Shor, "Polarization without Parties."

75. "Unicameral Update," accessed February 25, 2018, http://update.legislature.ne.gov/?p=15429.

76. Mark Berman, "Nebraska Lawmakers Abolish the Death Penalty, Narrowly Overriding Governor's Veto," *Washington Post*, May 27, 2015, https://www.washingtonpost.com/news/post-nation/wp/2015/05/27/nebraska-lawmakers-officially-abolish-the-death-penalty/.

77. "Nebraska Lawmakers Override Veto to Allow Undocumented to State License," Fox News, April 12, 2016, http://www.foxnews.com/politics/2016/04/21/nebraska-lawmakers-override-veto-to-allow-undocumented-to-obtain-state-licenses.html.

78. Press Release, Nebraska State Legislature, accessed February 2018, https://bloximages.chicago2.vip.

townnews.com/journalstar.com/content/tncms/assets/v3/editorial/7/59/7593b6c2-5e4a-5718-9024-6e0329d85f8f/574db362c5137.pdf.pdf.

79. 如今已經有很多人費心思考如何重新設計華府的立法機制。這些組織包括「Problem Solvers」，以及由「Issue One」和「Harvard Negotiation Project」多年來進行的「重建國會倡議」（Rebuild Congress Initiative）計畫共同推動的跨黨派「國會現代化特別委員會」。此外，兩黨政策中心（Bipartisan Policy Center）所做的「有效的國會」（Congress That Works）計畫，提出了一套提高國會效率的改革方案。而R街研究院（R Street Institute）以及國會研究院（Congressional Institute）等其他機構也在積極推動國會的結構性改革。

80. Nancy C. Unger, "Passive Citizenship Is Not Enough," *Origins*, March 29, 2007, http://origins.osu.edu/history-news/passive-citizenship-not-enough.

81. "Liberty Medal Ceremony," CNN, October 16, 2017, https://www.cnn.com/2017/10/16/politics/mccain-full-speech-liberty-medal/index.html.

——結語　投資政治創新

1. 州政府的開支並不包括聯邦政府資助的資金。請見：State spending (FY 2017) from National Association of State Budget Officers, State Expenditure Report (Washington: National Association of State Budget Officers, 2018), "Archive of State Expenditure Report," National Association of State Budget Officers, accessed June

2019, https://www.nasbo.org/reports-data/state-expenditure-report/state-expenditure-archives; 作者的分析（不包含各州對聯邦基金的支出）。國會預算局財政年度二〇一七年的聯邦支出資料請見："The Budget and Economic Outlook: 2017 to 2027," January 24, 2017, "The Budget and Economic Outlook: 2017 to 2027," Congressional Budget Office, January 24, 2017, https://www.cbo.gov/publication/52370; 分析為作者所做。

2. Melinda Gates, "The Best Investment America Can Make," CNN, April 20, 2017, https://www.cnn.com/2017/04/20/opinions/melinda-gates-the-best-investment-america-can-make/index.html.
3. Seema Chowdhry, "Bill and Melinda Gates: The World Needs to Adapt to What's Happening and What We Know Is Coming," livemint, February 14, 2018, https://www.livemint.com/Companies/6XSuKEMMkD81F1Be6WJ04K/Bill-and-Melinda-Gates-The-world-needs-to-adapt-to-whats-h.html.
4. David G. Crane, "Tithe to Democracy—Donate to Well-Meaning Candidates," SFGATE, May 17, 2014, http://www.sfgate.com/opinion/article/Tithe-to-democracy-donate-to-well-meaning-5484784.php.
5. Crane, "Tithe to Democracy."
6. "Benjamin Franklin: Founding Father Quote," Founding Father Quotes, http://www.foundingfatherquotes.com/quote/913.
7. Suzy Platt, ed., "Respectfully Quoted: A Dictionary of Quotations Requested from the Congressional Research Service," in *Washington: Library of Congress, 1989, no. 1593*, via Bartleby.com, accessed March 2017, http://www.bartleby.com/73/1593.html.

社會人文 BGB511

當政治成為一種產業

創造民主新制度

The Politics Industry

How Political Innovation Can Break Partisan Gridlock and Save Our Democracy

作者——凱瑟琳・蓋爾Katherine M. Gehl
麥可・波特Michael E. Porter
譯者——譚天

當政治成為一種產業：創造民主新制度/凱瑟琳・蓋爾（Katherine M. Gehl）、麥可・波特（Michael E. Porter）著；譚天譯. -- 第一版. -- 臺北市：遠見天下文化, 2021.07
336面；14.8×21公分. --（社會人文；BGB511）
譯自：*The Politics Industry: How Political Innovation Can Break Partisan Gridlock and Save Our Democracy*
ISBN（平裝）978-986-525-261-8
1.政治制度 2.政治文化 3.美國
574.52　　　　110012164

總編輯——吳佩穎
責任編輯——張彤華
封面設計——張議文
內頁設計及排版——蔡美芳（特約）
校對——凌午（特約）

出版者——遠見天下文化出版股份有限公司
創辦人——高希均、王力行
遠見・天下文化・事業群 董事長——高希均
事業群發行人／CEO——王力行
天下文化社長——林天來
天下文化總經理——林芳燕
國際事務開發部兼版權中心總監——潘欣
法律顧問——理律法律事務所陳長文律師
著作權顧問——魏啟翔律師
地址——台北市104松江路93巷1號2樓

讀者服務專線——02-2662-0012 ｜ 傳真——02-2662-0007, 02-2662-0009
電子郵件信箱——cwpc@cwgv.com.tw
直接郵撥帳號——1326703-6號　遠見天下文化出版股份有限公司

製版廠——中原造像股份有限公司
印刷廠——中原造像股份有限公司
裝訂廠——中原造像股份有限公司
登記證——局版台業字第2517號
總經銷——大和書報圖書股份有限公司｜電話 — 02-8990-2588
出版日期——2021 年7月30日第一版第一次印行
定價——NT450元
ISBN——978-986-525-261-8
書號——BGB511
天下文化官網——bookzone.cwgv.com.tw

天下文化
BELIEVE IN READING